中国吸收外资四十年

（1979—2018）

中国国际投资促进会 编著

中国财经出版传媒集团
中国财政经济出版社

图书在版编目（CIP）数据

中国吸收外资四十年：1979—2018 / 中国国际投资促进会编著 .—北京：中国财政经济出版社，2020.8
ISBN 978-7-5095-9980-8

Ⅰ.①中⋯ Ⅱ.①中⋯ Ⅲ.①外资利用–研究–中国–1979–2018 Ⅳ.①F832.6

中国版本图书馆CIP数据核字（2020）第151969号

责任编辑：李昊民　张怡然　刘孺泾　　策划编辑：李昊民
文稿统筹：刘孺泾　　　　　　　　　　　责任印制：张　健

中国财政经济出版社 出版

URL：http://www.cfeph.cn
E-mail：cfeph@cfemg.cn

（版权所有　翻印必究）

社址：北京市海淀区阜成路甲28号　邮政编码：100142
营销中心电话：010-88191537
廊坊市佳艺印务有限公司印制　各地新华书店经销
787×1092毫米　16开　19.25印张　311 000字
2020年8月第1版　2021年8月河北第2次印刷
定价：280.00元
ISBN 978-7-5095-9980-8
（图书出现印装问题，本社负责调换）
本社质量投诉电话：010-88190744
打击盗版举报热线：010-88191661　QQ：2242791300

《中国吸收外资四十年（1979—2018）》
编委会

总 顾 问：石广生

主　　编：马秀红

副 主 编：刘作章　范文洁　葛顺奇

成　　员：马　宇　詹晓宁　李　玲　张月姣　周晓燕　刘亚军
　　　　　　胡景岩　王辽平　周　铭　吕建华　杨国华　祁志军

特邀顾问：魏玉明　汤炳权　刘文杰　陈文玲　张燕生　招玉芳
　　　　　　张家坤　曹德淦　叶双瑜　洪永世　张卫国　叶迪生
　　　　　　王述祖　朱晓明　王金华　张　健　刘一民　王永钧
　　　　　　朱群荣　卢永宽　张志舜　何　力　陈祖武　贺汪洋
　　　　　　黄　菱　翁云雷　陈　捷　朱奖思　刘锦屏　黄　峰
　　　　　　冼国明　吴　军　李　玲　胡天侠　贾连保

工作人员：张　曦　李少君　邓　洁　赵循波　张翠英　刘雪莹

序

  2018年是中国改革开放40周年，是中国特色社会主义建设进入新时代的关键一年。吸收外商直接投资是我国对外开放基本国策的重要内容。40年来，中国始终坚持对外开放基本国策不动摇，以开放促改革、促发展，紧紧把握全球产业结构调整的历史机遇，积极合理有效吸收外资，有力地促进了我国经济持续健康快速发展，为实现我国宏伟发展目标奠定了坚实基础。

  40年来，我国始终坚持不断改善投资环境，按照不同阶段的发展战略和目标，正确引导并积极有效吸收外资，外商对华投资从无到有，从小到大，年度实际使用外资金额由1983年的9.2亿美元增长到2018年的1383.1亿美元，增长了近150倍，年均增幅15.4%，高于同期全球跨国直接投资（FDI）平均增幅5.7个百分点。我国吸收外资规模巨大，成效显著，自1992年起，已连续27年居发展中国家吸收外资之首位，并在13个年度位居全球第二，2018年吸收外资规模占全球外商直接投资流入总量的比重达10.7%。截至2018年底，全国累计设立外商投资企业96.1万家，实际使用外资2.1万亿美元，外商对华投资结构不断优化，已拓展至几乎所有行业，遍及我国东、中、西部所有地区。

  40年来，外商投资对我国经济增长的贡献率超过25%，不足全国企业总数3%的外商投资企业，创造了约50%的进出口总额、25%以上的工业产值、20%的税收和10%的城镇就业，此外，还间接创造了与其配套的加工、服务等相关就业。外商直接投资及外商投资企业的资本和经常项下的顺差是我国外汇储备的重要来源，有效改善了我国的国际收支状况，增强了抵御国际金融风险的能力，为进一步扩大对外开放、更广泛地开展对外经济贸易合作提供了重要保障。经过40年的发展，外商投资企业不断发展壮大，已经成为我国国民经济的重要组成部分，为我国经济持续健康快速发展做出重要贡献。

40年来，外商直接投资以其承载的资本、技术、人才、信息、管理经验、国内外市场和资源等综合竞争要素，不仅成为我国经济增长的重要引擎之一，同时带动了国内的科技进步和管理水平的整体提高，引进并培养了大量人才，促进了社会主义法治建设，加速了开放型经济的形成与发展，推进了经济体制改革的深入和经济结构优化及产业升级，对我国社会主义市场经济体制的建立与完善和国民福祉的提升发挥了积极作用，对促进香港、澳门平稳回归并保持繁荣稳定，加强海峡两岸经济合作与人员交流起到不可替代的重要作用。

改革开放40年的实践证明，积极合理有效吸收外资，符合我国国家发展战略的需要，对新时期进一步增强我国的综合竞争优势、建设创新型国家、提升劳动生产率、促进先进制造业和现代服务业发展、加速对外经济贸易结构调整、创造更多的就业、营造良好的国际环境、释放新经济增长潜力和实现科技强国将起到重要作用。

当前，世界面临百年未有之大变局。新一轮技术和工业革命强势登场，深刻改变着人们的生活方式和生产方式，创新增长、绿色发展与数字经济正在成为各国政府共同关注的发展主题。同时，世界经济格局、地缘政治正在发生重大变革，全球突发事件频发，经济民族主义日益严重，投资贸易保护主义明显加剧，全球化严重受阻，产业链国际分工重构加速，价值链、供应链区域化趋势明显。上述因素对全球跨国直接投资的发展趋势造成重大影响，我国吸收外资挑战与机遇并存。2020年，突如其来的新冠疫情对全世界造成极大的冲击，世界经济明显衰退，国际贸易和跨国投资大幅萎缩，我国吸收外资面临新的重大变化和前所未有的严峻挑战，推进投资贸易自由化和便利化，改善投资营商环境任重道远。

为适应新时期的发展需要，在认真总结过去40年吸收外资成功经验的基础上，采取更加积极有力的措施，从国家层面制定并实施新一轮政策激励、制度创新和正确的舆论引导，对于准确把握机遇，突破外部阻力，有效应对挑战，提高吸收外资的质量和水平将起到决定性作用。在当前形势下，全面回顾40年我国吸收外资的发展历程和基本情况，认真总结经验，深入分析问题，正确判断发展趋势，对制定新时期积极有效吸收外资的战略和政策显得尤为重要，具有重要的现实意义。

值此中国对外开放吸收外商直接投资40年之际，中国国际投资促进会成立调研小组，联合南开大学跨国公司研究中心等机构，邀集了一些长期从事吸收外资工作的同志及对外资工作进行长期研究的专家、学者，经过一年半的深入调查研究，完成了《中国吸收外资四十年（1979—2018）》一书。此书以翔实的数据、科学的整理和编排，记述了中国 40 年来吸收外资所走过的历程，实录了我国吸收外资的艰难起步、稳步增长、快速发展和实现飞跃的巨大变迁，梳理了我国吸引外资 40 年的总体情况及对我国经济社会发展的积极作用，分析了全球跨国直接投资的新趋势，对总结过去、坚定共识、开拓未来很有意义。该书立足新时代我国发展目标对吸引外资工作的新要求，面临的机遇、挑战和问题，提出关于积极有效吸收外资的政策思考，具有很强的针对性和可操作性，对新时代强化吸收外资政策力度，提高吸收外资工作质量和水平具有很好的决策参考价值。

我相信，《中国吸收外资四十年（1979—2018）》一书的出版发行，有助于相关部门、研究和教育机构、学者、研究人员等全面了解我国吸收外资的总体情况，为大家积极参与后疫情时期我国吸收外资战略和相关政策的制定提供有益的参考。

原外经贸部（现商务部）部长

前言

1978年，党的十一届三中全会做出改革开放战略决策，迈出对外开放关键的第一步，实现伟大历史转折。吸收外商直接投资是我国对外开放基本国策的重要内容。1979年7月《中华人民共和国中外合资经营企业法》颁布实施，拉开了我国吸收外资的序幕，1982年12月《中华人民共和国宪法》修正案第十八条将吸收外资纳入国家根本大法。

2018年是我国改革开放四十周年，2019年是《中外合资经营企业法》颁布实施四十周年。40年来，在中央及地方政策的大力支持和指导外商投资相关措施的正确引导下，随着对外开放步伐不断加速，经济体制改革不断深化，外商投资法律体系逐步健全，投资营商环境不断完善，外商对华投资从无到有，从东到西，投资规模不断扩大，质量效益不断提升，产业结构持续优化，区域布局更加合理，促进经济社会发展的积极作用日益增强，对我国社会主义现代化建设做出了重要贡献。2019年3月全国人民代表大会通过了新的《中华人民共和国外商投资法》，于2020年1月1日正式实施，开启了我国吸收外资工作的新篇章。

进一步完善投资营商环境，更加积极有效吸收外资，提高吸收外资工作的质量和水平，是新时代构建全方位高水平对外开放新格局、促进改革的进一步深化、推动经济高质量增长、实现我国宏伟发展目标的重要工作内容。在新的形势下，面对世界百年未有之大变局，如何在世界经济格局发生重大变革的进程中把握好新一轮技术和工业革命带来的新机遇，如何在全球化严重受阻的不利环境中继续延伸、完善、提升我国的产业配套体系和服务能力并在全球及区域价值链、产业链、供应链重构中进一步增强参与度和影响力，如何按照新时期国家发展战略和新的五年规划目标正确引导并加大鼓励外商对华投资力度改善投资结构，如何借力"一带一路"倡议、中部崛起及西部大开发战略的有效实施促进外商扩大对中西部地区的投资并积极参与"一带一路"建设，如何妥善应对新冠疫情、自然灾害等突发事件的重大冲击为企业和投资者及时排忧解难并提供投资和发展的新机遇等，是新时期做好吸收外资工作面对的新课题。

改革开放40年，解放思想、开拓创新始终贯穿于我国对外开放、吸收外资工作全过程。40年来，我国吸收外资经历了解放思想打开局面、创新环境稳步增长、统一思想快速发展、加速开放实现飞跃、攻坚克难结构优化等不同发展阶段，克服了重重困难，取得了瞩目业绩，积累了不少经验。全面回顾40年我国吸收外资的发展历程和总体及分阶段发展情况，认真总结和借鉴成功经验，对于新时期做好吸收外资工作具有重要的现实意义。为此，中国国际投资促进会于2018年成立调研小组，联合南开大学跨国公司研究中心等机构和部分长期从事吸收外资工作的同志及对外资工作进行长期研究的专家、学者，共同开展中国吸收外资40年回顾及展望调研工作。

在有关各方的大力支持下，调研小组全面梳理我国40年吸收外资工作的发展历程，汇总并归纳外商对华投资的相关数据，认真分析外商投资总体及分阶段发展情况和对我国经济社会发展的积极作用，并通过赴部分省市、开发区调研，召开座谈会，实地走访和问卷调查等多种方式，广泛深入了解现阶段吸收外资存在的主要问题，听取意见和建议，并在上述调研的基础上，编著完成了《中国吸收外资四十年（1979—2018）》一书。该书共计六章，包括：吸收外资40年发展历程、外商投资40年发展情况、全国外商投资企业运营情况、吸收外资对我国经济社会发展的积极作用、全球跨国投资新趋势、新时期积极有效吸收外资提高质量和水平的政策思考。

衷心希望《中国吸收外资四十年（1979—2018）》一书的出版发行对大家全面了解我国对外开放40年吸收外资情况，积极参与新时期国家吸收外资战略和政策的研究与制定提供有益的参考。

马秀红

中国国际投资促进会会长

（外经贸部、商务部原副部长）

目录

第一章　我国吸收外商直接投资40年发展历程 …………… 3

第一节　解放思想　打开局面（1979—1985年）…………… 3

一、解放思想，着力进行机构建设 ………………………… 3

二、解放思想，积极推动依法行政 ………………………… 4

三、解放思想，逐步拓展开放区域 ………………………… 5

四、解放思想，探索接轨国际市场 ………………………… 6

五、解放思想，努力营造投资环境 ………………………… 7

六、解放思想，吸收外资初见成效 ………………………… 8

第二节　创新环境　稳步增长（1986—1991年）…………… 8

一、创新环境，建立高效外资管理体制 …………………… 8

二、创新环境，构建鼓励外资政策体系 …………………… 9

三、创新环境，健全外商投资法律体系 …………………… 10

四、创新环境，加大对外开放力度 ………………………… 10

五、创新环境，加强投资促进工作 ………………………… 12

六、创新环境，外资倍增，成效显著 ……………………… 12

第三节　统一思想　快速发展（1992—2001年）…………… 13

一、统一思想，深化涉外体制改革 ………………………… 13

  二、统一思想，完善外资政策法规 ……………………………… 14
  三、统一思想，优化对外开放格局 ……………………………… 15
  四、统一思想，拓展外商投资方式 ……………………………… 17
  五、统一思想，加大投资促进力度 ……………………………… 18
  六、统一思想，外资规模跃居世界前列 ………………………… 19

 第四节 加速开放 实现飞跃（2002—2012年）………………… 20
  一、加速开放，体制改革日益深化 ……………………………… 20
  二、加速开放，清理修订法律法规 ……………………………… 21
  三、加速开放，形成全方位开放格局 …………………………… 23
  四、加速开放，构建投资促进网络 ……………………………… 23
  五、加速开放，外资规模扩大，质量显著提升 ………………… 24

 第五节 攻坚克难 结构优化（自2013年至今）………………… 25
  一、攻坚克难，创新外资管理体制 ……………………………… 25
  二、攻坚克难，重塑外资法律体系 ……………………………… 27
  三、攻坚克难，政策支持力度空前 ……………………………… 28
  四、攻坚克难，平台载体先行先试 ……………………………… 28
  五、攻坚克难，营商环境对标国际 ……………………………… 30
  六、攻坚克难，外资结构持续优化 ……………………………… 31

第二章 我国吸收外商直接投资40年发展情况 ………… 32

 第一节 基本情况 ……………………………………………………… 32
  一、截至2018年底外商对华投资简况 …………………………… 32
  二、外商直接投资的方式 ………………………………………… 36
  三、外商直接投资的形式 ………………………………………… 40

 第二节 我国吸收外资结构发展简况 ………………………………… 46
  一、外商投资一、二、三产业结构 ……………………………… 46

二、外商投资分领域结构 ··· 47
　　三、外商投资行业结构 ··· 49
　　四、外商投资主要行业分阶段发展简况 ································· 53

第三节　外商投资高技术产业发展简况 ·································· **66**
　　一、1998—2018年高技术产业吸收外资简况 ···························· 66
　　二、高技术产业外商投资行业结构 ····································· 70
　　三、高技术产业外商投资结构分阶段发展简况 ··························· 72

第四节　外商对华投资区域布局发展简况 ································ **78**
　　一、我国东、中、西部地区吸收外资概况 ······························· 78
　　二、东、中、西部地区吸收外资分阶段发展概况 ························· 79

第五节　国家级经开区和自贸试验区吸收外资简况 ······················· **85**
　　一、国家级经济技术开发区吸收外资简况 ······························· 85
　　二、自由贸易试验区吸收外资简况 ····································· 87

第六节　外商投资来源国别和地区简况 ·································· **88**
　　一、截至2018年底主要投资来源地前15位国家/地区简况 ················· 89
　　二、亚洲十国/地区投资简况 ·· 90
　　三、欧盟十五国投资简况 ··· 93
　　四、北美投资简况 ··· 95
　　五、部分自由港投资简况 ··· 97
　　六、香港地区投资简况 ·· 102
　　七、台湾地区投资简况 ·· 104
　　八、日本投资简况 ·· 108
　　九、美国投资简况 ·· 111
　　十、新加坡投资简况 ·· 114
　　十一、其他国家/地区投资简况 ······································· 117

第三章 全国外商投资企业运营情况 ... 125

第一节 全国外商投资企业基本情况 ... 125
一、在册实有外商投资企业 ... 125
二、外商投资企业合同外资增资 ... 126
三、外商投资企业对外依存度 ... 128
四、外商投资企业就业人员 ... 129

第二节 外商投资企业主要经济指标分阶段发展简况 ... 129
一、概况 ... 129
二、主要经济指标分阶段发展概况 ... 130

第三节 2018年全国吸收外资和外商投资企业运营简况 ... 150
一、2018年全国吸收外商直接投资简况 ... 150
二、2018年全国外商投资企业运营简况 ... 152

第四章 吸收外资对我国经济社会发展的积极作用 ... 154

第一节 促进我国经济持续快速健康发展 ... 154
一、外商直接投资是我国经济增长的重要引擎 ... 155
二、吸收外资为我国带来宝贵的建设资金 ... 155
三、吸收外资促进我国技术进步和创新能力的提高 ... 155
四、外商投资创造大量就业岗位，增加劳动者的收入 ... 156
五、外商投资促进我国对外贸易规模扩大和结构优化 ... 156

第二节 促进我国社会主义法治建设 ... 158
一、外商投资促进我国法治建设 ... 158
二、外商投资助推我国法律制度朝国际规范的方向发生重要变革 ... 158

第三节 促进我国经济管理体制改革 ... 159

一、外商投资带来的市场经济意识对传统经济管理体制产生巨大
冲击 ·· 159

二、吸收外资促进了社会主义市场经济管理体制的建立和
完善 ·· 159

三、吸收外资促进了政府职能转变和政府治理理念与治理方式的
改进 ·· 160

第四节 促进我国工业化、城镇化和经济市场化的进程 ············ 160

一、外商投资在我国城镇化和工业化进程中发挥了重要作用 ····· 160

二、外商投资将国际通行的商业文化和实践导入我国经济之中，
提升了本土企业的竞争优势和创新能力，推进了我国
工业化进程 ·· 161

三、外商投资促进了我国的市场化进程，有利于我国社会主义
市场经济体制的建立和完善 ······································ 161

四、外商投资引入了竞争机制，改变了国内的市场环境，促进了
内资企业的变革 ·· 162

第五节 促进我国开放型经济的形成与发展 ························· 162

一、吸收外资促进了我国开放型经济体系的建立，加快了我国
融入国际经济体系的进程 ··· 162

二、外商投资促进我国开放型经济快速发展 ····························· 163

三、外商投资企业是我国企业走向世界的中介和桥梁 ············· 163

第六节 促进我国经济结构优化和产业升级，推进新兴产业的
形成与发展 ··· 164

一、外商投资是我国经济结构优化和产业升级的重要驱动力量 ····· 164

二、外商投资推进新兴产业的形成与发展 ······························· 164

第七节 促进我国区域经济协调发展 ································ 165

第八节 外商投资企业积极履行社会责任 ························· 166

一、救灾防灾，扶危济困，积极参与精准扶贫 ······················ 166

二、节能环保，践行绿色发展理念 …………………………………… 167

三、捐资助教，促进可持续发展 …………………………………… 167

四、关注医疗健康，造福弱势群体 …………………………………… 167

第五章　全球跨国投资新趋势 …………………………………… 169

第一节　全球跨国直接投资总体趋势 …………………………… 169

一、全球跨国直接投资（FDI）是推动世界经济增长的重要动力 …… 169

二、无形资产正在成为推进国际投资发展的重要驱动力 ………… 170

三、国际投资持续下滑，跨国公司国际生产扩张放缓 …………… 170

四、全球FDI难以实现大幅增长 …………………………………… 171

第二节　区域分布发展趋势 ……………………………………… 171

第三节　行业分布发展趋势 ……………………………………… 172

一、国际直接投资（FDI）的增长主要集中在服务业 …………… 172

二、绿地投资近一半为制造业 ……………………………………… 173

三、跨境并购以服务业为主 ………………………………………… 173

四、跨国并购仍将是国际投资的重要形式 ………………………… 173

第四节　东道国吸引外资政策 …………………………………… 175

第五节　国际投资治理发展新趋势 ……………………………… 175

一、国际投资体制的演变 …………………………………………… 176

二、国际投资规制变化的新趋势 …………………………………… 176

三、投资便利化成为改善投资营商环境的重要内容 ……………… 179

第六节　全球跨国直接投资的新方向和新领域 ………………… 180

一、关于全球价值链重构与跨国直接投资 ………………………… 180

二、关于非股权投资与经济发展 …………………………………… 181

三、关于特殊经济区与外商投资 …………………………………… 182

四、关于投资与可持续发展 ·················· 183

　　五、关于新一代产业政策与吸引外资 ············ 184

　　六、关于数字经济与跨国投资 ················ 185

6 第六章　新时期提高吸收外资质量和水平的政策思考 ··· 186

第一节　新时期我国吸收外资面临的机遇和挑战 ·············· 186

　　一、新时期我国吸收外资的优势和机遇 ············ 187

　　二、新时期我国吸收外资面临的挑战 ············· 188

第二节　提高吸收外资工作质量和水平的若干政策思考 ········ 189

　　一、完善外资法律体系，提高依法行政水平 ·········· 190

　　二、创新外资政策，鼓励结构优化，促进产业升级 ······ 191

　　三、营造公平竞争环境，维护公平竞争秩序 ·········· 192

　　四、加强外资工作领导，深化管理体制改革 ·········· 193

　　五、改善投资营商环境，对标国际投资规则 ·········· 194

　　六、整合投资促进资源，完善投资促进体系 ·········· 195

附表：附表1—附表39 ······························· **197**

附件：对外开放40年吸收外商直接投资工作大事记
　　　（1978—2019年） ·························· **229**

附录1：与吸收外商投资相关的部分重要文件 ················ **272**

附录2：吸收外商投资相关法律、法规及部分部门规章 ········· **279**

中国吸收外资四十年

(1979—2018)

1978年,党的十一届三中全会作出改革开放战略决策,迈出对外开放第一步,实现了伟大的历史转折,开启了我国社会主义现代化的伟大征程。吸收外资是我国对外开放基本国策的重要内容。1979年7月,《中华人民共和国中外合资经营企业法》颁布实施(邓小平同志称之为中国对外开放的政治宣言),拉开了我国吸收外资的序幕。1982年12月,《〈中华人民共和国宪法〉修正案》第十八条将吸收外商直接投资纳入国家根本大法。

　　40年来,我国始终坚持对外开放的基本国策不动摇,坚持以开放促改革、促发展不动摇,坚持积极合理有效吸收外资不动摇。40年来,在中央及地方政策的大力支持和指导外商投资相关措施的正确引导下,随着对外开放步伐不断加速,经济体制改革不断深化,外商投资法律体系逐步健全,投资营商环境不断完善,外商对华投资从无到有,从东到西,投资规模不断扩大,质量效益不断提升,产业结构持续优化,区域布局更加合理,促进经济社会发展的积极作用日益增强,对我国社会主义现代化建设作出了重要贡献。

第一章
我国吸收外商直接投资40年发展历程

回溯改革开放40年，解放思想、开拓创新始终贯穿于我国对外开放、吸收外资工作的全过程。伴随着不断深化社会主义市场经济体制的改革进程，伴随着不断扩大开放区域和领域、不断创新开放平台和路径、不断健全法律体系和执法、不断接轨国际规则和市场、不断完善投资环境和政策，我国吸收外资规模已稳居世界前列，外商投资企业在国民经济总量中的比重大幅提升，由此有力地促进了我国经济持续快速健康发展。

按照外商实际投入资金的规模和增速划分，40年来，我国吸收外资工作经历了解放思想打开局面（1979—1985年，吸收外资从零起步，年均10亿美元）、创新环境稳步增长（1986—1991年，年均31亿美元）、统一思想快速发展（1992—2001年，年均370亿美元）、加速开放实现飞跃（2002—2012年，年均871亿美元）、攻坚克难结构优化（2013年至今，年均1327亿美元）等五个阶段。

第一节 解放思想 打开局面（1979—1985年）

一、解放思想，着力进行机构建设

1978年12月18日，党的十一届三中全会召开，作出进行改革开放的重大决策，要求"采取一系列新的重大经济措施，对经济管理体制和经营管理方法着手认真地改革"，"积极发展同世界各国平等互利的经济合作，努力采用世界先进技术和先进设备"。

为贯彻落实党的十一届三中全会精神，加强领导，打开对外开放局面，1979年2月，国务院成立"进出口领导小组"；1979年7月，全国人民代表大会常委会批准成立"国家外国投资管理委员会"和"国家进出口管理委员会"（以下简称"两委"），之后不久，全国各省（区、市）很快地建立相应的机构；1980年2月，国务院成立中华人民共和国海关总署，将全国海关业务和建制收归中央统一管理，形成了从中央到地方较为完整的对外经济管理体系，有力地保证了对外开放方针、政策的全面贯彻实施，在短短两年内，初步完成了中央交给的打开对外开放局面的任务。

为适应扩大对外开放、进行对外经贸体制改革、鼓励吸收外资的需要，1982年3月，全国人民代表大会常务委员会第二十二次会议根据国务院总理《关于国务院机构改革问题的报告》，决定将国家进出口委、国家外资委、外贸部、外经部合并，设立对外经济贸易部（简称"经贸部"，下同），成为国务院综合管理全国对外经济贸易和吸收外资工作的职能部门。1984年7月，国务院决定设立"特区办公室"，负责"调查研究沿海地区经济发展战略的实施情况……研究经济特区、沿海开放城市和经济开放地区的政策方针"。两委、国务院特区办公室的设立和1982年后的机构改革，对于加强对吸收外资和对外经济贸易工作的统一领导和归口管理起到重要作用，为吸收外资工作突破阻力、打开局面提供了机制保障。

二、解放思想，积极推动依法行政

我国吸收外资工作启动伊始，即将构建法律体系、全面依法行政作为工作必备要求。

1979年7月，第五届全国人民代表大会第二次会议审议通过《中华人民共和国中外合资经营企业法》，自7月8日起实施，吸收外资工作开始启动。1982年12月，中华人民共和国全国人民代表大会第五届全国人民代表大会第五次会议通过了新修订的《中华人民共和国宪法》，将对外开放和吸收外资写入国家根本大法。其中第十八条规定，中华人民共和国允许外国的企业和其他经济组织或者个人依照中华人民共和国法律的规定在中国投资，同中国的企业或者其他经济组织进行各种形式的经济合作，明确外商投资企业的合法权利和利益受中国法律保护。

1980年8月、9月和1985年3月，全国人民代表大会常务委员会相继颁布《中华人民共和国广东省经济特区条例》《中华人民共和国中外合资经营企业所得税法》和《中华人民共和国涉外经济合同法》。

1979年9月，国务院发布《开展对外加工装配和中小型补偿贸易办法》，为改革开放初期以"三来一补"方式吸收外资提供了法规依据。1980年5月、12月，国务院颁布实施《中华人民共和国中外合资经营企业登记管理办法》和《中华人民共和国中外合资经营企业劳动管理规定》，12月18日，国务院颁布《外汇管理条例》。1982年1月，国务院颁布《对外合作开采海洋石油资源条例》。1983年9月20日，国务院颁布《中华人民共和国中外合资经营企业法实施条例》（港澳台投资参照执行）。1985年4月、9月，国务院相继颁布《中华人民共和国经济特区外资银行、中外合资银行管理条例》《国务院关于口岸开放的若干规定》《中华人民共和国国务院关于中外合资建设港口码头优惠待遇的暂行规定》。

1982年3月，中国政府与瑞典政府签订双边投资保护协定，该协定是中国政府对外签订的首个双边投资保护协定。该协定明确了缔约双方对外国投资者的投资及与投资有关的业务活动给予公平合理的待遇，对外国投资的征收、国有化措施及其补偿，投资及其收益的回收，投资争议的解决等内容，成为我国外商投资法律体系的重要组成部分。

改革开放初期，在短短5年内，全国人大通过了修订的《中华人民共和国宪法》，并制定与外商投资相关的法律5部，国务院颁布与外商投资相关的法规9件，我国对外签订了首个双边投资保护协定（迄今共签订123个），为吸收外资工作依法行政，外商投资有法可依，构建外商投资法律体系，依法保护外资合法权益奠定了坚实基础，是吸收外资工作突破阻力、打开局面的根本保障。

三、解放思想，逐步拓展开放区域

在对外开放初期，基于对我国经济社会发展实际情况的客观准确判断和对政治经济体制改革总体部署的宏观把握，党中央、国务院决定，我国的对外开放、经济建设要从东到西、从沿海到内地逐步推进和发展。改革开放总设计师邓小平同志提出"要顾全两个大局"的战略构想。一是沿海地区率先加快对外开放，内地要顾全这个大局；二是发展到一定时期，即到20世纪末实现国内生产总值翻两番，达到初步小康水平时，全国特别是东部地区要拿出更多力量帮助中西部地区发展，东部沿海地区要服从这个大局。我国的对外开放遵循党中央、国务院的决策和战略部署，从沿海到内地、由点及面稳步推进。

1979年7月，党中央、国务院批准广东省、福建省在对外经济活动中实行特殊政策和灵活措施，给予两省更多的自主权，包括审批管理外资权限等；批准设立深圳、珠海、汕头、厦门4个经济特区，作为我国对外开放、吸收外资的窗口，在建设上以吸引外资、侨资为主，对外商投资企业（含港澳台投资企业，下同）给予包括税收优惠在内的较大优惠和便利。创办经济特区，是我国改革开放的重大决策和突破口，对中国对外开放、经济体制改革和现代化建设发挥了重要作用。

1983年5月，国务院召开第一次全国利用外资工作会议并转发相关文件。9月3日，党中央、国务院发布《关于加强利用外资工作的指示》，强调指出，利用外资在国民经济调整和发展中开始发挥重要作用，要求各地各部门统一思想、统一认识，放宽政策，把利用外资、引进先进技术提到战略的高度来认识，勇于实践，认真解决实际工作中存在的问题，更好地调动各方面的积极性，做好利用外资各项工作。

1984年5月4日，党中央、国务院批转《沿海部分城市座谈会纪要》，决定进一步开放天津等14个沿海城市，给予其吸收外资、引进技术更多自主权，放宽审批权限，鼓励吸收外资引进技术改造老企业，对外商投资给予优惠等；在沿海开放城市建立经济技术开发区，享受经济特区的部分政策。1985年，在开放沿海14个港口城市、开辟4个沿海经济开放区和批准设立14个经济技术开发区的过程中，党中央、国务院强调，沿海开放地带应当面向世界，开拓国际市场，扩大我国的出口，把国外的先进技术和先进经营管理方法引进来，加以消化、吸收、创新，向内地转移，成为对外辐射和对内辐射两个扇面的枢纽，要求经济技术开发区作为改革开放的排头兵，在吸收外资、发展制造业、促进对外贸易、致力于高新技术等方面走在前列，发挥窗口、示范、辐射和带动作用。

四、解放思想，探索接轨国际市场

1979年，国务院召开全国进出口工作会议，在全国普遍推进外贸体制改革。为促进广东、福建两省及其他沿海地区外向型经济发展，国务院部分下放外贸经营权；为适应外商投资企业充分利用国际国内两个市场、两种资源的需要，赋予生产性外商投资企业外贸经营权，允许其采用国际通行的加工贸易和一般贸易形式，自行出口本企业产品，进口自用设备、零部件、原材料等，凭进出口合同在海关直接办理手续。这些措施与国际惯例接轨，为外商投资企业经营提供了便利。

1985年5月24日，为支持外商投资企业引进先进适用技术，国务院颁布实施《中华人民共和国技术引进合同管理条例》，相关部门配套出台实施细则及技术引进和设备进口的管理办法，从以往以引进成套设备为主转为更加注重引进设计、生产工艺和设备制造技术。这些举措的实施使举办外商投资企业成为我国引进先进技术的重要途径，在引进、消化、吸收、推广、再创新的路径指引下，对增强我国国际竞争力，加快我国技术进步，赶超世界先进水平发挥了重要作用。

五、解放思想，努力营造投资环境

投资环境是关系一国能否实现吸收外资目标的前提条件。改革开放伊始，在我国实行计划经济体制，宏观政策环境与改革开放要求还不相适应的情况下，借鉴国际经验营造吸收外资所需的投资软、硬环境，是当时的一项重要工作。

在软环境建设方面，开放初期，我国即颁布实施一系列吸收外资的法律法规，推动建立外商投资法律体系和依法行政的管理体制。在计划、金融、物资、劳动等方面全局性改革尚未取得突破性进展，资金、技术、物资、劳动力等要素市场尚未形成的阶段，我国采取在局部地区改革先行一步的措施，在经济特区、开放地带、国家级经济技术开发区对外商投资企业给予一定优惠。国家级经济技术开发区采取精简高效的管委会管理体制，实行"一站式""一条龙"便捷服务，营造吸引外资的"小气候"。

在硬环境建设方面，在我国建设资金紧张、各地经济发展极不平衡的情况下，采取从东南沿海到内地、从经济特区到国家级经济技术开发区再到沿海开放地带逐步推进、区域内滚动开发的方式，加快基础设施建设，着力改善交通运输、土地供应、能源供应、通讯和城市公用事业等。

在此期间，我国通过国际合作，学习并借鉴国际成功经验，开启投资促进工作。例如，1982年，我国政府与联合国工业发展组织在广州联合举办"中国国际投资促进大会"，向世界表明我国改革开放的决心，宣介我国吸收外资政策和投资环境，推介鼓励外商投资的具体项目，搭建中外企业投资合作平台，充分展示我国对外开放的崭新形象。这是我国首次举办的大型国际投资促进活动，活动取得了圆满成功。

六、解放思想，吸收外资初见成效

1979—1985年，外商对华投资从零起步，年度新设立外商投资企业数从20世纪70年代末期的200余家跃升至1985年的3000余家，累计实际投入外资60.6亿美元，年均10亿美元，我国吸收外资初见成效。

在此期间，吸收外资在广东、福建等沿海省市起步，并迈出坚实步伐。从区域布局看，得益于特殊政策和灵活措施的支持，广东、福建两省合计新设立外商投资企业数量和实际使用外资金额分别占全国总量的2/3和1/3。从投资来源看，港澳地区对内地投资占全国总量的一半以上。从投资领域看，20世纪70年代末期外商投资主要集中在劳动密集型制造业、旅游宾馆、服务设施等，制造业领域以来料加工、来件装配、来样加工及补偿贸易等为主。进入20世纪80年代，一批大型或技术先进的企业，如广东核电站、上海贝尔电话设备、北京吉普、上海大众汽车、中国惠普计算机、IBM、迅达电梯、大冢制药、平朔露天煤矿、北京航空食品、建国饭店、长城饭店、广州白天鹅酒店等，以及首批中外合资港口、中外合作海上石油/天然气勘探开发企业投入运营，引进了先进技术和产品，填补了行业空白。

第二节 创新环境 稳步增长（1986—1991年）

一、创新环境，建立高效外资管理体制

随着沿海地区进一步开放，我国吸收外资工作有了较快发展，对国民经济发展起到有益的补充作用，但缺乏全国统一规划、管理分散、政出多门等问题也随之暴露，外商投资企业生产经营遇到一定困难。

为加强对吸收外资工作的统一领导，1986年国务院成立外国投资工作领导小组，由国务院主管领导负责，领导小组办公室设在国务院特区办，随后多数省市相继成立了外资工作领导小组。全国及省市外资工作领导小组的设立是党中央、国务院加强对外资工作的领导，统一思想，统筹协调，以开放促改革、促发展，充分调动各方积极性，全面落实鼓励外资政策措施的重大决策，对我国不断扩大开放，积极有

效吸收外资发挥了重要作用。1986年2月，国务院批转对外经济贸易部、国家经委、国家计委《关于加强吸收外商投资工作的报告》，要求在新形势下必须加强对外商投资的管理，从宏观上把外商投资纳入国民经济发展统一计划之内，在管理体制上，由对外经济贸易部门归口，对吸收外商直接投资实行中央和地方分级管理。1988年6月，上海市政府宣布设立"上海市外国投资工作委员会"，并将经济技术开发区创立的"一站式"服务模式运用于全市行政区域，开设外商投资服务窗口，外经贸、规划、环保、土地、工商、海关、商检、煤气、供水、供电、通信等部门统一在窗口办公，对设立外商投资企业需要的120多个审批事项实行"一站式"审批服务，大幅提高了行政效率。上海"一个机构、一个窗口、一个图章"外资管理模式开启政府简政放权改革先河。

二、创新环境，构建鼓励外资政策体系

受计划经济环境制约以及涉外经济法规不健全等因素影响，吸收外资在经历了最初几年的增长后，1985年增速明显放缓，1986年新设立企业数大幅下降51.3%（1984年、1985年增幅分别为239.5%、41.8%），实际使用外资增幅仅为14.3%（1984年、1985年增幅分别为54.3%、38%），为改革开放以来最低。为扭转这一局面，党中央、国务院审时度势，解放思想，大胆创新，决策在计划经济体制下构建适应外商投资的小环境，为其建立要素市场，制定与国际适度接轨的相关政策措施。

1986年10月，在总结经济特区、经济技术开发区等区域先行先试经验基础上，国务院发布《国务院关于鼓励外商投资的规定》（22条政策措施，简称"22条"），提出引进先进技术，提高产品质量，扩大出口创汇，发展国民经济的吸收外资导向政策；制定鼓励外商投资设立先进技术企业和出口型企业的政策措施；决定设立外汇调剂、自用零部件和原材料交易、员工聘用等生产要素市场（中心）；允许企业自行销售其产品等。国务院相关部门迅速制定了20余项配套文件及实施办法，从税收减免、外汇平衡、信贷支持、进出口便利、企业生产经营和用工自主权等方面提出了一系列鼓励外商投资的政策措施。

1987年，根据22条及配套规定，国家设立了外商投资企业外汇调剂中心，地方形成外商投资企业自主聘任员工的人才交流中心（劳动力市场），银行落实支持外商投资企业发展的信贷政策，海关实行便利外商投资企业进出口的监管模式，外商投

资企业自行采购原材料、销售其产品的障碍基本消除，形成了鼓励并适应外商投资的小环境。投资环境的大胆创新，22条及配套规定的全面实施，对改善外商投资企业生产经营条件，优化外商投资产业结构，鼓励外商扩大对华投资起到了十分重要的作用。

1987年12月，国务院相关部门制定了指导吸收外商投资方向的有关规定，首次确定鼓励类、限制类和禁止类外商投资的领域。

三、创新环境，健全外商投资法律体系

为适应外商投资方式的变化，规范外商独资或以契约式合作方式投资，1986年4月全国人民代表大会会议通过《中华人民共和国外资企业法》，1988年9月通过《中华人民共和国中外合作经营企业法》，连同1979年7月8日开始实施的《中华人民共和国中外合资经营企业法》构成了我国外商投资法律体系的基石（港澳台投资参照执行）。为鼓励台港澳投资者投资，参照"外资三法"及《国务院关于鼓励外商投资的规定》，1988年7月国务院发布《国务院关于鼓励台湾同胞投资的规定》，1990年8月发布《国务院关于鼓励华侨和香港、澳门同胞投资的规定》，明确对台港澳侨投资设立企业的鼓励和支持政策。1990年12月，国务院批准发布《中华人民共和国外资企业法实施细则》，外商投资法律体系得以不断充实健全。1991年4月全国人大会议通过《中华人民共和国外商投资企业和外国企业所得税法》，同年6月国务院发布实施细则，对外商投资企业所得税征收和减免作了系统规定。

四、创新环境，加大对外开放力度

1988年4月，中华人民共和国第七届全国人民代表大会第一次会议通过决议，批准海南岛建省并设立海南经济特区。随后，国务院批准下达和公布了《关于海南岛进一步对外开放、加快经济开发建设的座谈会纪要》和《国务院关于鼓励外商投资开发海南岛的规定》，对海南经济特区实行更加开放、更加灵活的体制和政策，授予海南省更大的自主权。

同年，党中央决定，将沿海经济发展作为一项重大战略加以部署，要求沿海开放地带，特别是沿海各大开放城市，着重发展外向型经济，逐步转到以外向型经济

为主的轨道上来；广东、福建两省继续先行一步，实行全面综合改革和扩大开放。国务院相继印发《国务院关于进一步扩大沿海经济开放区范围的通知》和《国务院关于沿海地区发展外向型经济的若干补充规定》。

1990年4月，党中央、国务院决定开发和开放上海浦东新区，6月下发《国务院关于开发和开放浦东问题的批复》，明确"开发和开放浦东，主要是利用国外资金发展外向型经济"，要求创造更加完善的投资环境，充分利用上海同海外各地广泛联系等优势，有计划、有步骤、积极稳妥地开发和开放浦东。在此阶段，浦东开发和开放的重点主要在基础设施建设，以及规划培育外高桥保税区、陆家嘴金融区、金桥出口加工区等功能园区方面，重点吸引外商投资和技术密集型产业。

开发和开放浦东是党中央、国务院进一步深化改革、扩大对外开放的重大战略部署。以1990年为起点，浦东新区在对外开放、管理体制改革、人才流动等方面创造了多个"浦东首创"和"全国第一"，成为高起点开放与综合改革相互促进的成功典范，在国家开放型经济发展战略中发挥示范带动作用。

1989年5月，国务院批准建立厦门海沧台商投资区，享受国家级经济技术开发区相关支持政策，此后3年又陆续批准建立福建马尾、杏林、集美台商投资区，重点吸收台商投资，促进对台经贸合作。至1991年底，首批14个国家级经济技术开发区全部设立，开发建设取得成效，基础设施条件不断改善，外商投资设立企业开始向区内集聚。

根据发展高科技并实现产业化的重要战略部署，作为实施"火炬计划"的重要措施，1988年，国务院批准设立我国第一个国家级高新技术产业开发区——北京新技术产业开发试验区，1991年又将27个由地方筹办的高新技术产业开发区确立为国家级高新区，并明确了支持区内高新技术企业发展的信贷、税收、进出口等优惠政策。

借鉴参考国际上自由贸易区/港和出口加工区的成功经验，自1990年，国务院陆续批准设立了15个保税区，重点开展保税仓储、商品展示、国际转口贸易和出口加工，探索通过具有中国特色的海关特殊监管区域扩大吸收外资。

上述特殊经济区域尽管有着不同的发展目标、功能定位，其设立目的均是以较短时间集中建设基础设施，建立精简高效务实亲商的管理机构，以相对完善的投资环境鼓励外商投资，发展对外贸易，促进科技创新，打造新的增长极，辐射带动地方或区域经济发展。

五、创新环境，加强投资促进工作

在总结1982年中国政府与联合国工发组织首次共同举办"中国国际投资促进大会"成功经验的基础上，借鉴国际投资促进理论和实践，国务院将国际投资促进列为国务院主管部门的工作职责。国务院主管部门将国际投资促进作为吸收外资工作的重要内容积极加以推进，在树立国家形象、改善投资环境、积极招商引资、提供投资服务等方面，进行了有益尝试，取得良好效果。

1987年，中国外商投资企业协会经批准成立。此后，根据国家外经贸部的有关通知，各省市相继都成立了外商投资企业协会。作为外商投资企业自愿加入的社团组织，协会承担保护外商投资企业合法权益、沟通政府和企业信息、宣传政府政策、反映企业诉求等任务，既是各级政府与外商投资企业之间沟通的桥梁，也成为服务外国投资者和外商投资企业，有效开展投资促进的平台。1989年11月，利用外资10年成果展在北京举行，首次系统地向中外各界展示了中国改革开放吸收外资的成就，成功对外宣介了中国坚定不移地贯彻改革开放的总方针、总政策，以及加速我国社会主义现代化建设的决心。

1990年，在中日两国领导人倡议下，"中日投资促进委员会"和"日中投资促进机构"相继成立，作为首个政府间双边投资促进机构，为宣传中国对外开放和吸收外资政策，促进日本企业来华投资发挥了积极作用。

在此阶段，沿海地区在境内外的招商引资活动趋于活跃，境外招商引资活动以港澳地区为主。

六、创新环境，外资倍增，成效显著

1986—1991年，外商对华投资规模明显扩大，年均新设立外商投资企业5951家，实际使用外资金额为31.7亿美元，分别为上一阶段的6.1倍和3.7倍，累计实际使用外资金额为190亿美元，是上一阶段的3.1倍。

从区域布局看，绝大多数外商投资仍集中在东部沿海地区，广东、福建两省合计新设立外商投资企业数占全国总量的53.2%，比上一阶段减少12个百分点，实际使用外资金额占全国总量的42.7%，比上一阶段提高10个百分点。

从投资领域看，通信设备、家用电器、机械设备、纺织服装、食品饮料等制造业逐步成为外商投资的主要领域，第二产业在吸收外资总量中所占比重超过80%。

外商投资对我国国民经济和社会发展的促进作用开始显现。1991年，2.1万家外商投资企业中，直接从业职工人数达210万人；当年实现工业产值为1241亿元人民币；缴纳税收为70亿元人民币；进出口额为289.6亿美元，占全国进出口总额的21.3%。外商投资企业出口增加额占全国出口增加额的比重高达43%，有力拉动了我国出口规模的增长，其出口以工业制成品出口为主，优化了我国出口产品结构。

1986年外汇调剂中心的建立，有效缓解了外商投资企业外汇平衡问题，同时为部分资金技术密集型外商投资企业解决了资本产品进口用汇。仅过一年，外商投资企业就实现了总体外汇收支平衡有余，净调出外汇逐年增长，对缓解我国外汇不足，增加外汇储备，改善外汇收支状况发挥了积极作用。

第三节 统一思想 快速发展（1992—2001年）

一、统一思想，深化涉外体制改革

1992年初，邓小平同志视察南方并发表重要谈话，指出要坚持党的十一届三中全会以来的路线方针政策，关键是坚持"一个中心，两个基本点"，并明确回答了长期困扰和束缚人民思想的重大问题，很大程度上平息了有关改革开放、设立经济特区、吸收外资利弊得失的议论。同年10月，党的十四大召开，确立了邓小平建设有中国特色社会主义思想在全党的指导地位，明确了经济体制改革目标是建立社会主义市场经济体制。南方谈话和党的十四大，进一步统一思想，振奋精神，坚定了加快改革开放和社会主义现代化建设的决心，我国改革开放和吸收外资进入新的发展阶段。

为进一步加强对外商投资工作的领导，扩大利用外资，促进国民经济的健康发展，1994年5月，国务院进一步明确由全国外资工作领导小组负责组织国务院各有关部门研究全国利用外资的重大问题，协调有关利用外资政策，指导全国利用外资工作，时任国务院主管副总理担任领导小组组长，国务院14个部门的负责同志担任成员。随后，许多省（区、市）政府很快相应成立外资工作领导小组，一些地方设立了外商投资管理委员会，作为吸收外资工作的职能部门，专职负责外商投资企业审批和管理工作。

1994年1月，国务院印发《国务院关于进一步深化外贸体制改革的决定》，要求改革外贸和外汇管理体制，继续鼓励外商对华投资。1995年，党中央、国务院在相关文件中全面阐述了利用外资在对外开放中的重要意义，充分肯定了外资在加快社会主义现代化建设中的作用，明确指出，利用外资有效弥补了我国建设资金不足，引进先进技术和管理经验，促进产业升级，创造更多就业机会，增加国家财政收入，促进开放型经济发展，有利于社会主义市场经济体制的建立和完善。党中央、国务院强调，积极合理有效利用外资，是我国对外开放政策的重要组成部分，是必须长期实行的指导方针，要求"更多更好地利用外资，促进国民经济持续快速健康发展和社会全面进步"。

二、统一思想，完善外资政策法规

在此阶段，国务院相继制定发布一系列政策法规，进一步扩大外资准入范围，完善外资法律体系。

进一步扩大市场准入。1992年7月，国务院批复对外贸易经济合作部等部门关于商业零售领域利用外资问题的请示，同意在北京等6个城市和5个经济特区各试办一家合资或合作商业零售企业，这一开放举措引起广泛关注；1993年10月，国务院发布《中华人民共和国对外合作开采陆上石油资源条例》；1994年2月，国务院颁布《中华人民共和国外资金融机构管理条例》；1996年9月，国务院批准颁布《国务院关于设立中外合资对外贸易公司试点暂行办法》；2001年10月，国务院批准发布《金融资产管理公司吸收外资参与资产重组与处置的暂行规定》。2001年12月，为适应中国加入世界贸易组织的新形势，履行服务业开放承诺，国务院颁布《中华人民共和国外资保险公司管理条例》和《外商投资电信企业管理规定》。

进一步明确外商投资产业和区域导向政策。1995年6月，国务院批准发布《指导外商投资方向暂行规定》及《外商投资产业指导目录》，这是我国首次公开发布外商投资的产业导向目录，为引导外资投向，提高投资效率发挥了积极作用。2000年6月，为配合西部大开发等区域发展战略的实施，国务院批准发布《中西部地区外商投资优势产业目录》，将中西部地区省（区、市）在环境、资源、人力、技术、市场等方面确有显著优势和潜力的产业和产品纳入目录，享受鼓励类外商投资的相关政策。

进一步加大鼓励外商投资政策。为有效应对亚洲金融危机对我国经济发展的影响，保持和扩大吸收外资，国务院1997年底印发《国务院关于调整进口设备税收政策的通知》，恢复对国家鼓励发展的内外资项目进口设备免税政策。1999年国务院办公厅批准外经贸部等部门关于当前进一步鼓励外商投资意见的通知，从鼓励外商投资企业技术开发和创新、加大金融支持力度、鼓励外商对中西部地区投资、进一步完善对外商投资企业的管理和服务等4方面出台相应支持政策。

上述外资准入、外资导向、鼓励外资的政策、法规、规章和规范性文件进一步充实了外商投资法律体系，拓宽了外商投资领域，提供了新的投资机遇。

三、统一思想，优化对外开放格局

在此阶段，中央决定全面开发开放上海浦东新区，并全面部署沿江、沿边和内陆地区对外开放，党中央、国务院既定的由沿海到内地逐步推进的开放战略取得重大进展。

1992年，国务院决定进一步开放重庆、武汉、岳阳、九江、芜湖等5个沿江城市，允许其享受沿海开放城市政策。至此，以上海浦东为龙头，形成了东起上海，西至重庆，涉及8个省市，覆盖全国15%区域面积的沿江开放地带，拉开了内地开放的序幕。实施沿江开放不仅助力开放城市吸收外资加快发展，更是以其为依托，辐射带动周边中小城市，形成城市经济群及产业密集带，并为东部沿海地区发挥辐射作用，带动中西部发展，促进东中西部协作创造了条件。

与此同时，国务院决定在黑龙江省、吉林省、内蒙古自治区、云南省、广西壮族自治区和新疆维吾尔自治区开放13个边境城市，设立边境经济合作区，通过开展边境贸易、吸收外资、发展加工及劳务合作等，推进边境地区对外开放，形成沿边开放格局。沿边开放对振兴边疆地区经济、推进区域经济协调发展，稳边、固边、兴边，促进周边外交长期稳定，发挥了积极作用。

2000年10月，国务院发布《国务院关于实施西部大开发若干政策措施的通知》；2001年9月，国务院办公厅转发《国务院西部开发办关于西部大开发若干政策措施实施意见的通知》，系统地明确了西部大开发的重点区域、重点任务和战略目标，出台了加大资金投入、改善投资环境、扩大对外对内开放，鼓励外商投资西部等方面的政策措施。

国家级经济技术开发区（以下简称"国家级经开区"）作为区域开放的重要平台，迎来了快速发展。1992至1994年期间，国务院批准新设立18家国家级经开区，1999年同意在中西部省份的省会、首府城市设立（或升级）一批国家级经开区，至2001年底，国家级经开区总数迅速增加到47家。同时，苏州工业园区、上海金桥出口加工区、厦门海沧投资区、宁波大榭开发区和海南洋浦开发区等5个园区也获准享受国家级经开区的政策。在"三为主、一致力"发展方针指引下，国家级经开区发展成为外资聚集、先进制造业聚集、出口型企业聚集的特殊经济区域，在制度创新、开放创新、管理创新等方面发挥窗口、示范、辐射和带动作用。

作为国家级经开区创新发展的典范，中国政府和新加坡政府合作开发建设的苏州工业园区，从1994年5月启动伊始，采取中新两国政府成立联合协调理事会（两国副总理担任主席），园区管委会设立中新合资的开发有限公司的开发模式，在园区规划管理、产业布局、投资促进等方面借鉴新加坡经济管理和公共管理的成功经验，以高起点的规划、标准化的基础设施、高效的投资服务、优越的配套环境吸引中外企业，特别是跨国公司投资。在开发建设及发展过程中，国务院赋予苏州工业园区更大的外商投资审批权限，批准园区建设苏南国家自主创新示范区、开展开放创新综合试验等。经过25年的发展，苏州工业园区已实现投资驱动向创新驱动转变，成为以开放创新引领发展的典范。以园区为载体的中新经贸合作模式也扩展到中新天津生态城、中新广州知识城及中新（重庆）互联互通示范项目等，合作领域不断拓展，内容日益丰富。

此外，2000年4月，国务院批准设立全国第一个出口加工区—昆山出口加工区，此后陆续批准设立出口加工区共63个，分布于全国各地的国家级和省级经济技术开发区（后有部分升级为综合保税区），赋予其保税加工功能，实行海关与相关部门高度协同的监管模式。从最初接纳以外商投资企业为主的出口型企业入园，到逐步拓展保税物流、研发设计、检测维修、售后服务等业务，出口加工区及其升级后的综合保税区等海关特殊监管区域，以便利的监管及配套的财税政策，吸引开放型产业集群式落地，为促进和规范我国加工贸易的发展，扩大吸收外资发挥了积极作用。

2018年，全国140个海关特殊监管区域（包括14个保税港区、96个综合保税区、4个保税物流园区、10个保税区、14个出口加工区、珠澳跨境工业区/珠海园区、中哈霍尔果斯国际边境合作中心/中方配套区）共实现进出口值为7840亿美元，同比增长13.85%，比同期全国进出口值增长率高4.15个百分点。其中进口3992亿美元，同比增长15.56%，出口3848亿美元，同比增长12.13%；截至2018年，上述海关特殊监管区域实际使用外资累计超过1000亿美元，创造200多万个直接就业岗位。各种类型的海关特殊监管区域为扩大吸收外资，统筹国际国内两个市场，利用国际国内两种资源促进开放型经济发展做出了重大贡献。

在此期间，国务院两次召开全国外资工作会议，全面部署对外开放吸收外资工作。其中，1997年12月，为有效应对亚洲金融危机，国务院召开的全国外资工作会议，就扩大对外开放、积极合理有效吸收外资做出全面部署。2001年7月，为做好加入世界贸易组织后对外开放吸收外资工作，国务院召开全国外资工作会议，要求进一步扩大开放、统一思想、提高认识、加强领导，并就完善全方位、多层次、宽领域的对外开放格局，提高利用外资工作水平做出全面部署。

四、统一思想，拓展外商投资方式

为创新吸收外资方式，1994年国务院发布《关于股份有限公司境外募集股份及上市的特别规定》，1995年12月发布《国务院关于股份有限公司境内上市外资股的规定》，外经贸部会同相关部门出台《关于设立外商投资股份有限公司若干问题的暂行规定》。与"外资三法"主要规范境外投资者以设立有限责任公司方式开展投资有所不同的是，这些规定允许境内外投资者共同设立股份有限公司，或将已设立的有限责任公司转制为股份有限公司，并利用境内外资本市场发展壮大，进一步拓宽了吸收外资的渠道和方式。

为抓住全球产业链重构的机遇，吸引跨国公司对华投资，1995年4月，外经贸部印发《关于外商投资举办投资性公司的暂行规定》，鼓励跨国公司在华设立地区总部，为我国加快吸引欧美日等跨国公司投资提供了法律依据。此后，外经贸部会同相关部门多次修订完善投资性公司规定，拓宽投资性公司经营范围，赋予其更多功能，支持跨国公司将全球或其地区财务、研发、人力资源、培训、采购等中心设在中国，允许其为所投资企业提供采购销售、外汇平衡、资金支持、技术支持、员工培训、企业内部人事管理、咨询等服务，并可承接其母公司和关联公司的服务外包等。投资性公司成为跨国公司对华投资的重要形式，许多跨国公司通过投资性公司在华设立了全球或区域研发中心，不少投资性公司作为跨国公司的地区总部承担了研发中心、采购中心、营运中心、人力资源管理中心等多项功能，成为跨国公司统筹在华投资、运营、研发和对所投资企业提供服务的平台。

为鼓励外商投资企业技术创新，2000年4月，外经贸部印发《关于外商投资设立研发中心有关问题的通知》，首次系统地明确了外商投资研发中心的认定条件、企业形式和经营范围，并列明了研发中心可享受的支持政策。此后，外经贸部会同相关部门根据研发和创新发展的新形势，不断完善鼓励外商投资设立研发中心和外商投资企业开展研发活动、技术创新的支持政策，并逐步统一了内外资研发中心的支持政策。迄今，外商投资具有独立法人地位的研发中心已超过2000家，非法人实体的研发机构近万家，研发的层次由低向高快速提升，从事基础研究的研发中心和研发机构日益增多。

为鼓励创新，促进风险投资的发展，2001年8月，外经贸部会同科学技术部、国家工商总局印发《关于设立外商投资创业投资企业的暂行规定》，并于2003年会同科学技术部、国家工商行政管理总局、国家税务总局、国家外汇管理局对暂行规定予以修订，明确了外国投资者设立创业投资企业，向未上市的高新技术企业进行股权投资，并提供创业管理服务的相关规范。外商投资创业投资企业可采取有限责任公司形式或不具有法人资格的中外合作企业形式，以适应创业投资决策机制灵活、收益分配方式灵活和退出方式灵活等特点，为之后制定国内创业投资和风险投资法律规定提供了有益借鉴。此外，对外商投资企业境内投资、股权变更、合并分立、企业清算等事项制定了细化的规定，外商投资企业的运营更加规范有序。

五、统一思想，加大投资促进力度

为吸引跨国公司对华投资，1995年，外经贸部联合相关部委首次举办"跨国公司投资研讨会"，在国内外产生积极反响。

为规范各地迅速增加的各类境内外招商引资活动，提高投资促进的成效，经批准，1997年9月首届中国国际投资贸易洽谈会（以下简称"投洽会"）在厦门举行，作为全国唯一以促进双向投资为主题的全国性国际投资促进活动，投洽会不仅全面展示和介绍了中国的投资环境、投资政策，同时也吸引了数十个国家和地区及国际投资促进机构参会参展，为中外企业和机构搭建了投资项目对接洽谈平台。至今，投洽会已经成功举办20届。

1998年11月，国务院批准举办中国利用外资20年成果展。时任党和国家领导人参观了展览，充分肯定改革开放带来的巨大变化，并指出：利用外资为改革开放和社会主义现代化建设服务，是邓小平理论的重要组成部分，是对外开放基本国策的重要内容，是建设有中国特色社会主义经济的伟大实践之一。要进一步扩大对外开放，更多更好地利用外资，促进国民经济持续快速健康发展。

六、统一思想，外资规模跃居世界前列

1992—2001年，我国吸收外资高速发展。1992年，新设立外商投资企业数超过前13年（1979—1991年）的总和，实际使用外资为前13年总和的44%，1993年实际使用外资是1992年的2.5倍。10年间，年均新设立外商投资企业3.47万家，实际使用外资370亿美元，分别为上一阶段年均规模的5.8倍和11.7倍。根据联合国贸发会议数据，自1992年起，我国已连续27年成为吸收外资最多的发展中国家，并稳居吸收外资前五位国家/地区之列。

对华投资的跨国公司数量迅速增加，不少跨国公司通过设立投资性公司加大对华投资力度，并开始将地区总部迁至中国。外商投资股份公司等新形式及创业投资企业、研发中心等功能性企业发展迅速，外资质量和水平得到提升。随着投资环境的不断完善，境外投资者增强对华投资信心，外商投资设立外资企业（外国投资者独资或外国投资者合资）方式进行的投资逐年增多。1997年，新设立外资企业数超过中外合资经营企业数；2000年，新设立外资企业数占全国总量比重超过50%，实际使用外资超过合资企业；2001年，外资企业实际使用外资占全国总量比重超过50%。

同期，外商投资对国民经济发展的促进作用不断增强。其中，实际使用外资占全国固定资产投资的比重从1992年的7.5%快速提升至1994年的17.1%后，回落至2001年的10.4%；以外商投资企业税收为主体的涉外税收在全国工商税收总额占比从1992年的4%增至2001年的19.9%。2001年，外商投资企业进出口占全国的半壁江山，进出口总额、出口额、进口额占全国的比重均超过50%（进口占比近52%）。外商投资企业成为机电产品和高新技术产品出口的主力军，在全国机电产品和高新技术产品出口额中占比分别达到约70%和80%，为优化出口结构，扩大高附加值、高技术含量商品出口做出了重要贡献。

在此阶段，我国成功应对亚洲金融危机，吸收外资取得新的突破。外商投资领

域从出口加工业扩大到高新技术产业，从制造业扩大到服务业，对外开放范围由沿海扩大到沿江、内陆和沿边，形成了全方位、多层次、宽领域的对外开放格局。

第四节 加速开放 实现飞跃（2002—2012年）

一、加速开放，体制改革日益深化

2001年12月11日，中国加入世界贸易组织，开启了中国全面参与经济全球化的新时期。为适应加入世界贸易组织的新形势，2003年，国务院组建商务部，主管国内外贸易和国际经济合作，对国内贸易、对外贸易、"引进来"和"走出去"实行统一促进、统一管理，为充分利用国内外两个市场、两种资源，促进内外贸一体化，建立健全统一、开放、竞争、有序的现代化市场体系提供制度性保障。

按照世贸组织规则和国际规范，在清理和修订法律法规、放宽市场准入、加强知识产权保护等方面信守承诺，改革涉外经济运行机制，完善货物和服务贸易的管理、促进、救济等制度，改革海关、商检管理。

在行政管理体制改革方面，自2002—2010年，国务院分5批取消、下放和调整行政审批事项，大幅下放外商投资企业审批管理权限，不断提高投资便利化程度。2004年7月，国务院印发《国务院关于投资体制改革的决定》，落实包括外商投资企业在内的企业投资决策自主权，进一步减少和简化行政审批事项，下放审批权限，减少政府对市场主体的行政干预。

在外贸管理体制方面，2004年开始施行的新《中华人民共和国对外贸易法》进一步放宽进出口经营权，将一直以来实行的对货物和技术进出口经营权审批制改为备案制，并允许境内外自然人从事对外贸易经营活动。

在金融管理体制改革方面，2005年7月，我国正式宣布开始实行以市场供求为基础、参考一篮子货币进行调节、有管理的浮动汇率制度，逐渐形成更富弹性的汇率机制。2010年6月，重启人民币汇率形成机制改革，以增强人民币汇率弹性。为吸引境外资金投资境内资本市场，2002年11月，中国证监会、中国人民银行共同印发《合格境外机构投资者境内证券投资管理暂行办法》，符合条件的境外基金管理机构、保险公司、证券公司以及其他资产管理机构经批准可投资于中国证券市场，我国资本市场稳步对外开放。

在税收制度改革方面，2007年3月，全国人民代表大会会议审议通过《中华人民共和国企业所得税法》，实行"两税合一"，统一内外资企业所得税税率，规范税收征集、管理和减免等优惠。2010年，国务院下发《国务院关于统一内外资企业和个人城市维护建设税和教育费附加制度的通知》。至此，内外资企业税收政策基本统一。此外，在2004年东部地区部分行业开展增值税转型试点的基础上，2008年11月，国务院颁布修订的《中华人民共和国增值税暂行条例》，增值税由生产型向消费型转型；2012年开始在交通运输等行业进行营业税改增值税试点，以进一步减轻企业和投资者税负，营造更加优良、具有竞争力的营商环境。

在知识产权保护制度方面，根据世贸组织《与贸易有关的知识产权协定》及国际知识产权规则，先后对涉及专利、商标、著作权等知识产权的法律法规进行修订，新颁布保护计算机软件、集成电路布图设计和植物新品种的行政法规，设立知识产权法庭，出台大幅降低刑事处罚门槛的司法解释，强化刑事执法力度，完善保护知识产权的法律体系，保护和鼓励创新。成立了由主管副总理任组长，十二个执法部门组成的国务院保护知识产权工作组，领导并统筹协调全国知识产权保护工作，健全了覆盖全国的知识产权执法协调机制。每年制订保护知识产权行动计划，在全国范围内开展各类多种形式的保护知识产权专项整治行动，加大打击侵犯知识产权和制售假冒伪劣商品的违法犯罪行为力度。与此同时，进一步加强国际交流与合作，广泛开展宣传教育活动，提高全民保护知识产权意识。

2010年，国务院发布《关于进一步做好利用外资工作的若干意见》指出，利用外资是我国对外开放基本国策的重要内容。改革开放以来，我国积极吸引外商投资，促进了产业升级和技术进步，外商投资企业已成为国民经济的重要组成部分。文件要求进一步优化外商投资结构，促进外商投资方式多样化，营造良好的投资环境，提高吸收外资的质量和水平，更好发挥吸收外资在推动科技创新、产业升级、区域协调发展等方面的积极作用。

二、加速开放，清理修订法律法规

为做好加入世贸组织相关工作，自1999年底开始，全面清理有关货物、服务、知识产权等方面的法律规定，并根据对1400余件法律、法规、规章清理结果（国家层面），统筹推进"立、改、废"工作。

2002年，我国修订"外资三法"，取消或修改与世贸组织规则和国际惯例不相符的出口实绩要求、外汇平衡要求、当地含量要求等，颁布实施《中华人民共和国中外合作办学条例》等涉及服务业对外开放的法规，制定新的外贸法及配套法规。截至2002年12月，在加入世贸组织后短短的一年时间内，全国人大及其常委会制定、修订有关法律14件；国务院制定、修改有关行政法规38件，废止12件，停止执行国务院有关文件34份；国务院有关部门制定、修改、废止部门规章和其他政策措施1000余件。截至2002年6月，全国各地修改、废止19万余件地方性法规、地方政府规章和其他政策措施。同时，在法律制度建设方面，确立了法制统一原则、透明度原则、非歧视性原则等，推行开门立法、政务公开、政府信息公开。外商投资法律法规进一步丰富完善。

为适应跨国并购迅猛发展的形势要求，2003年3月，商务部会同国家税务总局、工商总局和外汇管理局发布《外国投资者并购境内企业暂行规定》，并在2006年、2009年会同上述部门及国资委、证监会对其修订完善。2002年11月，国家经贸委、财政部、国家工商总局、国家外汇局发布《利用外资改组国有企业暂行规定》，鼓励外国投资者以并购方式进行投资，盘活境内存量资产，参与现有企业的改组改造，并为境外投资者以股权并购或资产并购方式来华投资提供了法律依据。

2008年全国人民代表大会颁布《中华人民共和国反垄断法》（2008年8月1日起开始施行），对于保护市场公平竞争，维护市场秩序，深化社会主义市场经济体制改革意义重大。反垄断法的实施改善了投资环境，同时对外资并购境内企业提供了更加全面的法律依据，并就国家安全审查做出明确规定。同年，国务院设立国家反垄断委员会，统一协调反垄断相关事宜。2011年2月，国务院办公厅发布《关于建立外国投资者并购境内企业安全审查制度的通知》，明确了以联席会议机制开展外资并购安全审查的制度，规定了安全审查的范围、内容及申报和审查等程序。

2005年10月，商务部、证监会印发《关于上市公司股权分置改革涉及外资管理有关问题的通知》，指导推进含外资法人股的上市公司的股权分置改革。同年12月，商务部与中国证监会、国家税务总局、国家工商总局、国家外汇局发布《外国投资者对上市公司战略投资管理办法》，以规范外国投资者对A股上市公司进行战略投资，引进外国资金、先进技术和管理经验，改善上市公司治理结构，保护上市公司和股东的合法权益。2009年，国务院发布《外国企业或者个人在中国境内设立合伙企业管理办法》，进一步拓展了吸收外资的方式。

三、加速开放，形成全方位开放格局

加入世贸组织后，我国从自主开放转变为与世贸组织成员在国际规则下相互扩大开放。为履行承诺，我国在金融、电信、旅游、商业、教育、海运等方面出台或修订相关法规、规章，为上述领域有序开放打下制度基础。

2002年，国务院颁布《指导外商投资方向的规定》，首次将外商投资产业导向政策提升至行政法规层级，并自2002年至2011年，4次修订《外商投资产业指导目录》，鼓励类条目占比不断提高，限制类和禁止类逐步缩减，开放领域不断扩大，充分体现了实行积极主动的开放战略、稳步推进服务业开放、鼓励外资参与战略性新兴产业、促进区域协调发展的政策导向。

与此同时，2003年，内地与香港地区、内地与澳门地区分别签订关于建立更紧密经贸关系的安排，通过放宽股比要求、放开市场准入等，对港澳服务提供者先行开放相关服务贸易领域，至2013年共进行10次补充和修正，逐年扩大开放领域，减少准入限制，扩大服务业对外开放。

2003年10月，国务院出台《国务院关于实施东北地区等老工业基地振兴战略的若干意见》，2006年出台《关于促进中部地区崛起的若干意见》，突出以开放型经济带动区域协调发展的战略。2005年6月，国务院正式批准上海浦东新区进行综合配套改革试点，10月党的十六届五中全会决定加快天津滨海新区发展，2008年国务院批准开展天津滨海新区综合配套改革试验。

与此同时，为应对国际金融危机的影响，打造各地开放型经济高地，形成先进制造业和现代服务业产业集群，带动区域经济发展，自2009年起，国务院批准各地新设或升级100余家国家级经开区，至2012年底，国家级经开区总数已超过160家，且布局不断向中西部地区延伸和优化，国家级开发区与国家新区、国家级高新区等特殊功能区域在地域分布、功能划分等方面相互呼应，相互支撑，为全方位开放搭建了平台。

四、加速开放，构建投资促进网络

2002年，时任国务院副总理吴仪在北京主持召开跨国公司座谈会，此后国务院

领导多次主持召开座谈会，听取境外投资者对改善投资环境，扩大对外开放，鼓励外商投资的政策建议，国务院相关部门负责人参加座谈会，并与参会者直接进行沟通交流。座谈会成为政府部门与跨国公司交流、开展高层次投资促进的重要渠道。座谈会后，国务院各有关部门认真研究跨国公司的意见和建议，采取措施解决相关问题。

2001年，上海市设立全国首家国际投资促进中心，随后，不少沿海省市相继设立不同类型的投资促进机构，投资促进活动更加活跃。为贯彻执行国家投资促进战略，整合资源，形成合力，树立国家整体形象，2002年，外经贸部建立了全国投资促进机构联席会议机制，指导和协调各地投资促进机构的工作，取得积极成效。

2003年，经批准，商务部成立投资促进事务局，承担制定并执行外商投资促进战略、规划及指导性意见，指导各地投资促进机构工作，组织实施跨地区大型投资促进活动，参与政府间多双边投资促进工作机制等工作，至今，已与52个国家和地区的92家投资促进机构建立战略合作伙伴关系。

2006年1月，为加大国际投资促进工作的力度，国务院批准成立中国国际投资促进会，其主要职责是实施国家"引进来""走出去"国际投资促进战略，组建全国性投资促进工作平台和行业投资促进机制，设立多双边投资促进合作机制，大力拓展多种形式的投资促进活动。作为全国性投资促进机构，中国国际投资促进会广泛联系境内外相关商协会、投资促进机构和各类经济团体，建立若干双边企业家委员会，在国内外开展一系列投资促进活动，大力宣传我国经贸政策和投资环境，促进外商来华投资和中国企业海外投资，积极推进"一带一路"倡议的实施，并在商务部指导下承担全国投资促进机构联席会议机制的工作，整合国内外投资贸易促进资源。

此外，为促进和保护双向投资，我国与相关国家和地区之间建立了双边投资促进机制，其中与主要来华投资国家和地区之间建立的政府间机制共17个，形成了通畅的投资促进网络。

在此期间，经批准，东盟博览会、中部博览会、西部博览会、服务外包博览会等重要国际投资贸易促进活动相继举办，每年均有创新，取得积极成效。

五、加速开放，外资规模扩大，质量显著提升

从吸收外资规模看，2002—2012年，我国年均实际使用外资额为871亿美元，是

上一阶段的2.4倍。11年间，累计新设立外商投资企业37.3万家，实际使用外资近9600亿美元，分别占40年我国吸收外资总量的38%和45%。外商投资资金密集程度大幅提高，单项平均实际使用外资金额为上一阶段的2.8倍。2008年当年实际使用外资突破1000亿美元。

从投资方式看，自2003年并购规定施行后，外资并购开始增多，2012年，在新设立外商投资企业数和实际使用外资中，外资并购占比分别为4.9%和4.1%。

从外资产业结构看，随着我国服务业对外开放不断扩大，服务业实际使用外资从2002年的144.2亿美元迅猛增至2012年的602.7亿美元，扩大了3.2倍。2008年，在新设立外商投资企业数量中，服务业占比（54.5%）首次超过制造业（42%）；2012年，服务业实际使用外资在全国总量中占比（50.9%）超过制造业（46.9%）。跨国公司对华投资加速，至2012年底，世界500强中已有480多家在华投资。研发中心成为外商投资新的亮点，至2012年底，外商投资设立研发中心超过1400家。

第五节　攻坚克难　结构优化（自2013年至今）

一、攻坚克难，创新外资管理体制

2012年11月，党的十八大召开。党的十八大报告指出，当前我国处于全面建设小康社会关键时期和深化改革开放、加快转变经济发展方式攻坚期，更加强调"要提高利用外资综合优势和总体效益，推动引资、引技、引智有机结合"。2013年11月，党的十八届三中全会审议通过《中共中央关于全面深化改革若干重大问题的决定》，对我国全面深化改革做出重要部署，并要求进一步"放宽投资准入，统一内外资法律法规，保持外资政策稳定、透明、可预期"，建设若干"自由贸易试验区，为全面深化改革和扩大开放探索新途径、积累新经验"。2015年5月，中共中央、国务院发布了《关于构建开放型经济新体制的若干意见》，对创新外商投资管理体制做出了全面部署。2017年9月，党的十九大将习近平新时代中国特色社会主义重要思想确立为党必须长期坚持的指导思想。

党的十八届三中全会以来，外商投资管理体制实现了根本性变革，以备案制替代审批制，对外资实行准入前国民待遇加负面清单管理模式。

准入前国民待遇加负面清单管理模式首先在上海自贸试验区先行先试。2013年9月18日，国务院印发《中国（上海）自由贸易试验区总体方案》，当月底，上海自贸试验区正式挂牌运行，上海市即出台了《中国（上海）自由贸易试验区外商投资准入特别管理措施（负面清单）》（包含190条限制措施）和《中国（上海）自由贸易试验区外商投资企业备案管理办法》，并在2014年将限制措施缩减至139项。随着广东、天津和福建自贸试验区设立，2015年国务院办公厅印发适用于4个自贸试验区的《自由贸易试验区外商投资准入特别管理措施（负面清单）》（缩减至122项），并出台《自由贸易试验区外商投资国家安全审查试行办法》，在进一步扩大开放的同时，构建全面的风险防控体系。同年3月，商务部印发《自由贸易试验区外商投资企业备案管理办法（试行）》，明确了在4个自贸试验区适用备案管理的外商投资企业设立及变更事项办理程序。

与此同时，为适应内地与香港、澳门CEPA框架下对港澳服务提供者进一步开放服务业和管理方式改革的需要，2015年3月和2016年5月，商务部先后印发《港澳服务提供者在广东省投资备案管理办法（试行）》和《港澳服务提供者在内地投资备案管理办法（试行）》，分别对港澳服务提供者在广东省和内地投资不涉及限制措施的，实行备案管理。

在总结上述先行先试经验基础上，2016年10月8日，国务院常务会议确定在全国范围内施行准入前国民待遇加负面清单管理模式，即举办外商投资企业凡是不涉及国务院批准的准入特别管理措施的，企业设立及变更由审批改为备案管理。经国务院批准，国家发展改革委、商务部同日发布公告，规定外商投资准入特别管理措施的范围按《外商投资产业指导目录（2015年修订）》中限制类和禁止类，以及鼓励类中有股权比例、高管要求的有关规定执行，涉及外资并购的，按现行有关规定执行。商务部出台《外商投资企业设立及变更备案管理暂行办法》，全面落实简政放权、放管结合、加强服务的要求，规定了办理备案的程序，统一建立了全国外商投资企业备案管理平台，并规定了相应的监督检查、年度报告、诚信档案建设等事中事后监管制度。

我国改革开放近40年，对外商投资一直实行全链条审批制度。实现以备案制代替审批制，实行准入前国民待遇加负面清单管理模式，是新形势下我国转变政府职能、推进全面深化改革、提升国家治理能力和治理水平的重大制度创新，又一次实现了历史性变革。

为深入贯彻落实党的十九大精神，进一步提升外商投资环境法治化、国际化、便利化水平，推动形成高水平全面开放新格局，根据党中央、国务院部署，2018年6月起，商务部、国家市场监督管理总局在全国推行外商投资企业商务备案与工商登记"单一窗口、单一表格"受理，实现"一个打通，两个单一"，即在打通地方商务部门和工商与市场监管部门两个部门的信息系统，实现两个部门的数据共享的基础上，外商投资企业通过登录各地工商与市场监管部门网站的"单一窗口"，填写"单一表格"，就可以同时办理商务备案和工商登记的手续。这一改革举措进一步提高了行政效率，为企业和投资者提供了更大的便利。

二、攻坚克难，重塑外资法律体系

"凡属重大改革都要于法有据"。在实施准入前国民待遇加负面清单管理模式方面，无论是在自贸试验区的先行先试，还是新的管理模式在全国的施行，外商投资法律制度调整均先行一步，为稳步推进外资管理体制改革、依法行政提供了坚实的法律保障。

2013年8月和2014年12月，全国人民代表大会常委会两次做出决定，授权国务院在相关自贸试验区内暂时调整包括"外资三法"在内的有关法律规定的行政审批。国务院除及时印发各自贸试验区总体方案、进一步深化改革开放方案等重要文件外，相应决定在自贸试验区内暂时调整有关行政法规、国务院文件和经国务院批准的部门规章的部分规定。2016年9月3日，第十二届全国人民代表大会常务委员会第二十二次会议通过《全国人民代表大会常务委员会关于修改〈中华人民共和国外资企业法〉等四部法律的决定》，明确将不涉及国家规定的准入特别管理措施的企业设立及变更，由逐案审批改为备案管理，同时授权国务院发布或者批准发布国家规定的准入特别管理措施。

为适应新时代发展的需要，落实全面深化改革、全面推进依法治国的部署，相关部门积极推进统一内外资法律、构建新的外资基础性法律工作。2019年3月，第十三届全国人民代表大会第二次会议审议通过《中华人民共和国外商投资法》，同年12月，国务院颁布《外商投资法实施条例》，商务部、国家市场监督管理总局相继公布相关配套规章。《中华人民共和国外商投资法》及其配套法规规章确立了外商投资备案制和准入前国民待遇加负面清单的法定管理模式，建立了外商投资促进、权益保护、投资报告等制度，形成了侧重于投资促进和投资保护、兼顾防范风险要求的新型外商投资法律制度框架，有利于完善新时期涉外法律法规体系，为新时代外商投资管理提供根本遵循。《中华人民共和国外商投资法》及其配套法规规章的实施，有利于创造更加稳定、透明和可预期的法律环境、促进外商投资、扩大对外开放、营造法治化国际化便利化投资营商环境，推动形成高水平对外开放新格局。

《中华人民共和国外商投资法》及相关配套法规规章于2020年1月1日起实施，至此，"外资三法"完成其历史使命，我国吸收外商直接投资进入新的发展阶段。

三、攻坚克难，政策支持力度空前

为做好新形势下吸收外资工作，大力推进简政放权、放管结合、优化服务改革，进一步提升我国外商投资环境法治化、国际化、便利化水平，促进外资增长，提高利用外资质量和水平，2017年1月，国务院出台《关于扩大对外开放积极利用外资若干措施的通知》，提出20条政策措施；2017年8月，出台《关于促进外资增长若干措施的通知》，明确22条吸引外资的新政策；2018年6月，出台《关于积极有效利用外资推动经济高质量发展若干措施的通知》，提出23条具体措施；2019年10月，出台《国务院关于进一步做好利用外资工作的意见》，提出了20条稳外资政策措施。各省（区、市）在认真落实国家相关政策的同时，结合本地情况，制订并实施了诸多扩大对外开放、鼓励外商投资的政策措施，取得积极实效（如：上海的促进总部经济系列措施，广东的"外资十条"，北京的扩大服务业开放政策措施等）。

上述一系列举措，体现了我国加强制度性、结构性安排，在更广领域、更深程度扩大外资市场准入，促进更高水平对外开放，不断完善投资环境，积极有效利用外资，对接国际做法，坚持公平开放，构建公平竞争环境的坚定决心。有关政策措施的全面实施，将创造一个更加公平、透明、开放、可预期的投资政策环境，强化对境外投资者、外商投资企业合法权益的保障，使其在获得生产要素、参与市场竞争方面得到更加公平的对待。

四、攻坚克难，平台载体先行先试

2013年9月，国务院印发《中国（上海）自由贸易试验区总体方案》。此后，国务院先后批准在广东省、天津市、福建省、辽宁省、浙江省、河南省、湖北省、重庆市、四川省、陕西省、海南省、山东省、江苏省、广西壮族自治区、河北省、云南省和黑龙江省设立自贸试验区，并在海南建设自由贸易港。建设自贸试验区是以习近平同志为核心的党中央在新时代推进改革开放的重要战略举措，在我国改革开放历史上具有里程碑意义。

作为中国最高水平区域开放的探索，自贸试验区从上海启动，逐步实现由沿海向内陆、再向沿边的推进。2013—2019年底，国务院先后印发66份政策文件，指导并支持自贸试验区体制机制创新，对标国际先进规则，创建有竞争力的国际一流投资营商环境。6年来，自贸试验区建设取得积极进展，试点区域不断扩大，试点内容不断拓展，外资管理体制实现重大变革，贸易监管体系基本与国际通行规则接轨，金融开放取得新的突破，政府治理水平显著提升。按照党中央、国务院决策部署，自贸试验区形成的223项制度创新成果已在全国复制推广。自贸试验区服务国家战略和改革开放大局的作用日益突显。

自2015年起，国务院三次批准在北京市开展服务业扩大开放试点相关方案，带动辐射京津冀协同发展。2015年9月，国务院批准苏州工业园区开展开放创新综合试验总体方案。

2013年以来，国务院新批准国家级经开区56家，总数达219家。2014年10月，印发《关于促进国家级经济技术开发区转型升级创新发展的若干意见》；2016年3月，印发《关于完善国家级经济技术开发区考核制度促进创新驱动发展的指导意见》；2019年5月，印发《国务院关于推进国家级经济技术开发区创新提升打造改革开放新高地的意见》。按照国务院关于"着力推进国家级经开区开放创新、科技创新、制度创新，提升对外合作水平、提升经济发展之路，打造改革开放新高地"的新要求，国家级经开区加快体制机制改革，不断优化营商环境，大力推进产业结构升级，提升研发创新能力，经济实力明显增强。2018年，全国219家国家级经开区贡献了全国1/5的实际使用外资额、进出口贸易额和工业增加值，地区生产总值和财政收入占全国比重均超过10%，对国民经济和社会发展发挥着举足轻重的作用。

上述多中心、多平台的先行先试，为构建新时代开放型经济新体制进行了有益探索，积累了宝贵经验。

五、攻坚克难，营商环境对标国际

近年来，党中央、国务院高度重视营商环境建设。国务院多次就改善营商环境、推进"放管服"改革印发通知，外商投资营商环境不断优化。2019年10月，世界银行公布的《2020年营商环境报告》中，中国的排名由上年全球190个经济体中的第46位提升至第31位，连续两年进入前50名。2016年在中国杭州召开的G20峰会期间，我国与参会各方共同起草发布《G20全球投资指导原则》，确立了反对跨境投资保护主义，营建开放、非歧视、透明和可预见的投资政策环境，加强投资保护等九大原则，进一步凝聚了营商环境建设的国际共识。

党中央、国务院要求，优化营商环境要坚持市场化、法治化、国际化原则，破除不合理体制机制障碍，激发市场活力和社会创造力；做到规则公开透明、监管公平公正、依法保护各类所有制企业合法权益；持续扩大开放，加强与国际通行经贸规则对接，促进提高国际竞争力。

2018年10月，国务院办公厅印发《关于聚焦企业关切进一步推动优化营商环境政策落实的通知》，从坚决破除各种不合理门槛和限制，营造公平竞争市场环境；推动外商投资和贸易便利化，提高对外开放水平；持续提升审批服务质量，提高办事效率；进一步减轻企业税费负担，降低企业生产经营成本；大力保护产权，为创业创新营造良好环境；加强和规范事中事后监管，维护良好市场秩序等六方面提出20条举措。其中，特别强调要切实保障外商投资企业公平待遇，全面清理取消在外商投资准入负面清单以外领域针对外资设置的准入限制，实现市场准入内外资标准一致，落实以在线备案为主的外商投资管理制度，并组织对外商投资企业在政府采购、资金补助、资质许可等方面是否享有公平待遇进行专项督查；各地区在省级层面建立健全外资投诉处理机制，及时回应和解决外商投资企业反映的问题。这些举措将极大地激发市场主体活力、增强竞争力。

近年来，国务院出台的外资政策中，均将改善营商环境作为重要内容，政策的着力点覆盖建立公平、开放、透明的市场竞争规则、简化审批登记管理、便利高素质人员流动、强化知识产权保护、支持创新创业的风险融资等方面。各地、各部门在营商环境建设方面，坚持问题导向，因地制宜采取措施，创优势，补短板。

2019年10月，国务院颁布《优化营商环境条例》，自2020年1月1日起施行。该法规在总结近年来我国优化营商环境的经验和做法的基础上,将实践证明行之有效、人民群众满意、市场主体支持的改革举措用法规制度固化下来,重点针对市场主体保护、提升政务服务能力和水平、规范和创新监管执法等痛点堵点难点问题,从制度层面为优化营商环境提供更为有力的保障和支撑。

六、攻坚克难,外资结构持续优化

在此阶段,我国采取的一系列政策举措取得积极成效,在全球跨国直接投资连续3年出现较大幅度下降的不利情况下,我国吸收外资实现持续增长。2012—2018年,年度实际使用外资额从1117亿美元增至1383.1亿美元,年均1327亿美元,比上一阶段增加52%,年均新设立外商投资企业3.3万家,略低于上一阶段平均水平。2018年,我国继续成为吸收外资最多的发展中国家,在全球FDI流入量中所占比重从2012年的7.6%提升至2018年的10.7%,位居全球第二(仅次于美国)。

2018年,我国吸收外资规模创历史新高,实际使用外资约为改革开放初期的150倍。外商投资质量继续提升,服务业新设立外商投资企业数和实际使用外资占全国总量的比重分别为88.7%和68.1%(制造业占比10.2%和30.5%);制造业实际使用外资出现回升,同比增幅达20.1%,所占比重较上年提高4.8个百分点,其中,高技术制造业同比增长35.1%;外商以并购方式设立外商投资企业3124家,同比增长51.2%,占全国新设立企业总数的5.2%,实际使用外资额为178.1亿美元,同比增长18.7%,占全国实际使用外资总额的13.2%,比2011年提高9个百分点。

截至2018年底,我国累计设立外商投资企业96.1万家,实际使用外资2.1万亿美元。2018年,现存注册运营外商投资企业数量占全国注册企业数量的比重不足2%,实现进出口总额占全国总量的42.6%;缴纳税收占全国税收总额的17.9%;规模以上外商投资工业企业实现利润占全国总额的25.3%,对我国经济社会发展的促进作用进一步增强。

(附件:对外开放40年吸收外商直接投资工作大事记;附录1:与吸收外商投资相关的部分重要文件;附录2:吸收外商投资相关法律、法规及部分部门规章)

第二章
我国吸收外商直接投资40年发展情况

第一节 基本情况

对外开放40年，我国吸收外资从无到有，从小到大，从东到西，年度实际使用外资金额由1983年的9.2亿美元增长到2018年的1383.1亿美元，增长了近150倍，自1992年起，连续27年居发展中国家吸收外资之首位，并在13个年度位居全球第二。40年来，我国始终坚持不断改善投资环境，在中央及地方政策的大力支持和指导外商投资相关措施的正确引导下，吸收外商成效显著，在外资规模不断扩大的同时，质量效益不断提升，产业结构持续优化，区域布局更加合理，有力地促进了我国经济持续快速健康发展。

一、截至2018年底外商对华投资简况

（一）概况

按全口径统计[1]，截至2018年底，外商对华投资累计设立外商投资企业960725家，合同外资金额49463.2亿美元，实际使用外资金额21492.4亿美元。外商投资单项平均实际使用外资金额223.7万美元（详见表1-1）。

按非全口径统计[2]，截至2018年底，外商对华投资累计设立外商投资企业960489家，合同外资金额48314亿美元，实际使用外资金额20343.2亿美元。外商投资单项平均实际使用外资金额211.8万美元（详见表1-2）。

---

[1] 全口径统计：含银行、证券、保险业（简称"银证保行业"，下同）吸收外资数据。
[2] 非全口径统计：不含银行、证券、保险业吸收外资数据。本书中的外商对华投资数据，凡未注明"全口径"的，均为非全口径统计数据。

表1-1　截至2018年底全国累计吸收外资总量[1]（全口径统计）

外商投资设立企业数	合同外资金额	实际使用外资金额	单项平均外资规模
960725家	49463.2亿美元	21492.4亿美元	223.7万美元

表1-2　截至2018年底全国累计吸收外资总量（非全口径统计）

外商投资设立企业数	合同外资金额	实际使用外资金额	单项平均外资规模
960489家	48314亿美元	20343.2亿美元	211.8万美元

根据联合国贸发会议历年《世界投资报告》数据，1992—2018年，我国连续27年居发展中国家吸收外商直接投资之首位。其间，曾在13个年度位居全球第二，2003年位居全球第一。2018年中国吸收外资规模占全球外商直接投资流入总量的比重为10.66%。

1992—2018年中国FDI占全球比重情况见图2-1，1992—2019年中国FDI在全球FDI排名见图2-2。

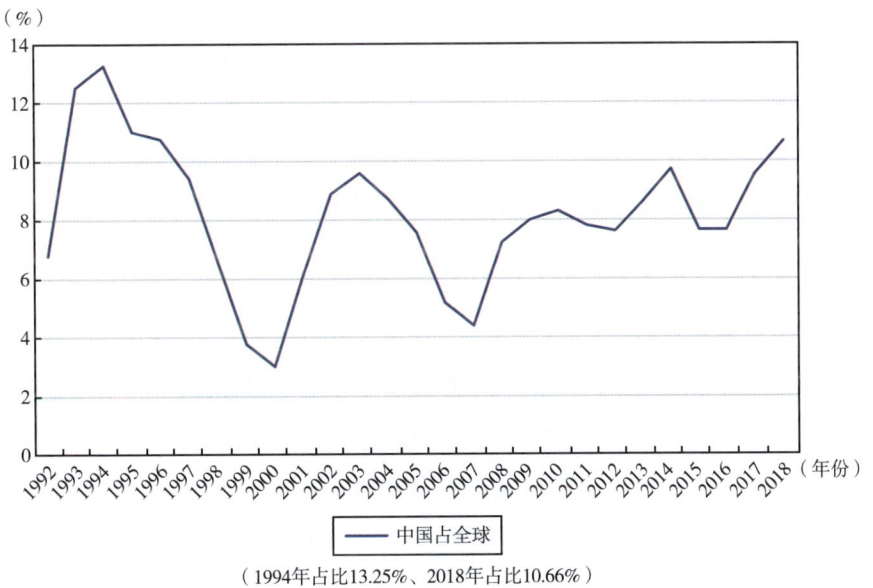

（1994年占比13.25%、2018年占比10.66%）

图2-1　1992—2018年中国FDI占全球比重情况

---

[1] 本书中"吸收外资总量"系为设立外商投资企业总数、合同外资总额、实际使用外资总额的统称。

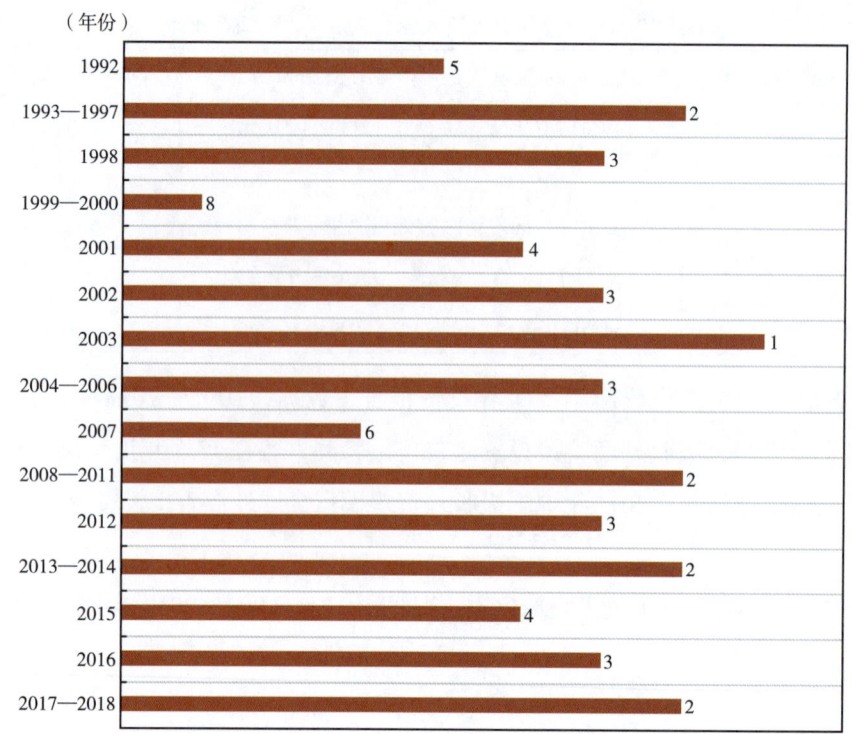

图2-2 1992—2019年中国FDI在全球FDI排名

资料来源：UNCTAD全球跨国直接投资数据库。

（二）外商对华投资分阶段发展简况（入世前、入世后）

1979—2000年（加入世界贸易组织之前，前22年），外商对华投资共计设立企业363686家，合同外资金额6698.8亿美元，实际使用外资金额为3405.5亿美元，占40年我国累计吸收外资总量的37.9%、14.1%和17.2%。外商投资单项平均实际使用外资金额为93.6万美元（简称"单项平均外资规模"[1]，下同）。

2001—2018年（加入世界贸易组织之后，近18年），外商对华投资共计设立企业595577家，合同外资金额为40685.4亿美元，实际使用外资金额为16375.3亿美元，占40年我国累计吸收外资总量的62.1%、85.8%和82.7%。单项平均外资规模274.9万美元。

与加入世界贸易组织之前（前22年）对比，加入世贸组织之后（近18年）外商对华投资设立企业数、合同外资金额、实际使用外资金额分别是前22年的1.6倍、6.1

---

[1]单项平均外资规模=实际使用外资金额除以外商投资设立企业数。

倍和4.8倍。单项平均外资规模是前22年的2.9倍。

1983—2018年，按全口径统计，年度新设立外商投资企业数从638家增长到60560家（1993年曾达83437家，为40年最高值），年均增幅为13.9%；实际使用外资金额从9.2亿美元增长到1383.1亿美元，年均增幅为15.4%，比同期全球跨国直接投资（FDI）平均增幅高5.7个百分点。1979—2018年外商对华投资分阶段发展对比图、1979—2018年全国吸收外商直接投资概况一览图详见图2-3、图2-4。

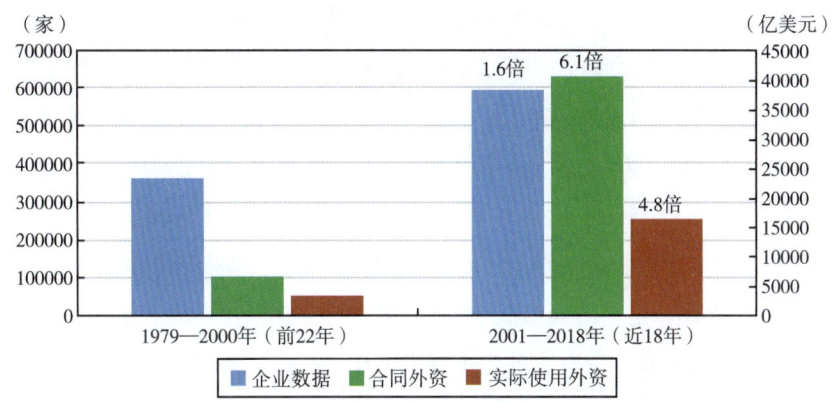

图2-3　1979—2018年外商对华投资分阶段发展对比图

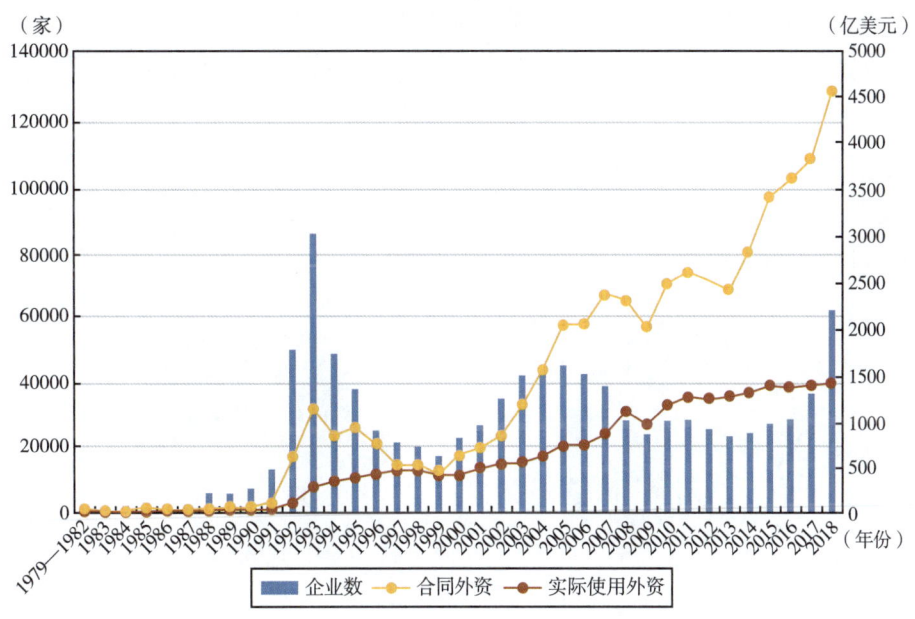

图2-4　1979—2018年全国吸收外商直接投资概况一览图

（全口径，含银证保业）

二、外商直接投资的方式

(一) 概况

根据我国"外资三法"相关规定,外商对华直接投资主要以设立中外合资经营企业(合资企业)、中外合作经营企业(合作企业)、外资企业(外商独资企业,下同)三种方式进行。

据外资统计,截至2018年底,按外商投资分方式计,外商对华投资累计设立合资企业341999家,合同外资金额为11097.6亿美元,实际使用外资金额为5327.7亿美元,占我国吸收外资总量的比重依次为35.6%、23%、26.2%;设立合作企业61019家,合同外资金额2691.7亿美元,实际使用外资金额为1124.14亿美元,占吸收外资总量的比重依次为6.4%、5.6%、5.5%;设立独资企业556262家,合同外资金额为33609.8亿美元,实际使用外资金额为13338亿美元,占吸收外资总量的比重依次为57.9%、69.6%和65.6%;设立其他类型企业[1]1445家,合同外资金额2064.1亿美元,实际使用外资金额为1702.56亿美元,占吸收外资总量的比重依次为0.1%、1.8%、2.7%。

截至2018年底,外商投资合资企业、合作企业、独资企业、其他类型企业,单项平均外资规模分别为155.8万美元、184.2万美元、240.5万美元和1.43亿美元。

在外商投资三种主要方式中,设立独资企业是外商对华投资的主要形式。40年间,在全国累计吸收外资总量中,外商独资占比约为65.6%,独资企业单项平均外资规模是合资企业的1.57倍,是合作企业的1.33倍。

截至2018年外商投资分方式结构图详见图2-5。

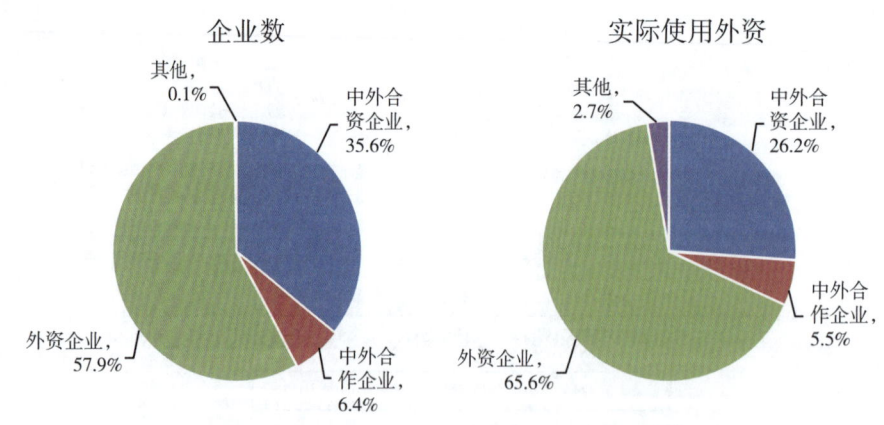

图2-5 截至2018年外商投资分方式结构图

---

[1] 其他企业包括,中外股份、中外合作开发、合作、部分外商投资H股及B股上市公司等。

(二)外商投资方式分阶段发展简况(入世前、入世后)

1979—2000年,我国加入世界贸易组织之前(前22年),外商对华投资以中外合资、中外合作方式为主,两种方式合计,占同期累计吸收外资总量的75%左右。加入世贸组织之后(2001—2018年,近18年),随着我国开放步伐加速,境外投资者增强了对投资我国的良好预期和信心,外商独资方式迅速增加,2001年,外商独资首次超过中外合资、合作之总和,成为外商对华投资的主要形式。2005年至今,外商独资占全国吸收外资总量的比重基本保持在75%以上。

1982—2018年外商投资分方式概况详见图2-6、图2-7。

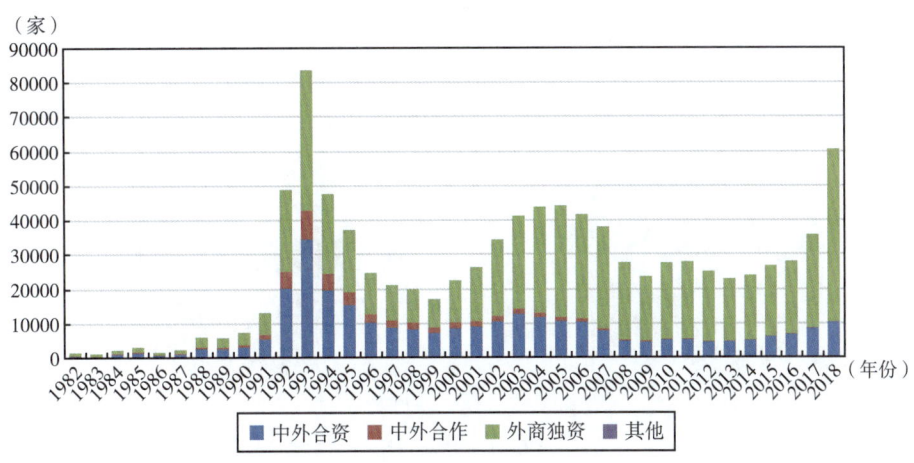

图2-6　1982—2018年外商投资分方式概况(企业数)

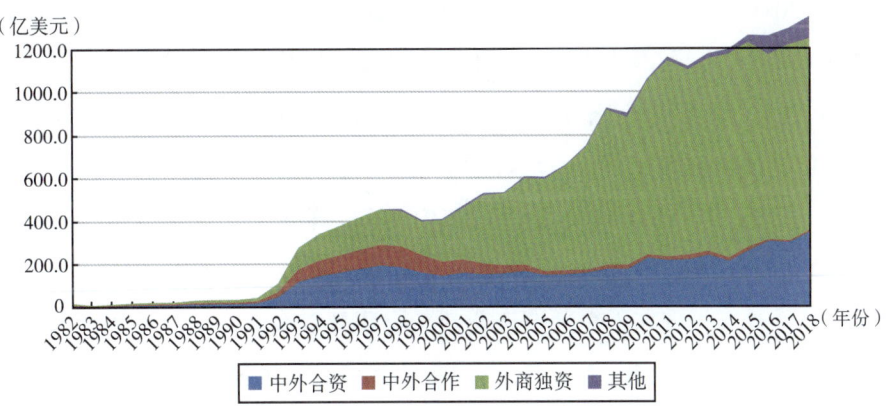

图2-7　1982—2018年外商投资分方式概况(实际使用外资)

1. 加入世界贸易组织前，中外合资/合作是外商投资的主要方式

1979—2000年（前22年），外商对华投资设立合资、合作企业共计256337家，合同外资金额为4375.9亿美元，实际使用外资金额为2305.4亿美元，分别占同期全国累计吸收外资总量的70.5%、65.3%和67.7%，占40年外商以合资/合作方式累计投资总量的63.6%、31.7%和35.7%。在此期间，合资/合作企业单项平均外资规模90万美元。

同期，外商对华投资设立独资企业共计107349家，合同外资金额为2322.9亿美元，实际使用外资金额为1100.1亿美元，占同期全国累计吸收外资总量的29.5%、34.7%和32.3%，占40年外商以独资方式累计投资总量的19.3%、6.9%和8.2%。在此期间，独资企业单项平均外资规模为102万美元。

1979—2000年外商投资分方式结构图详见图2-8。

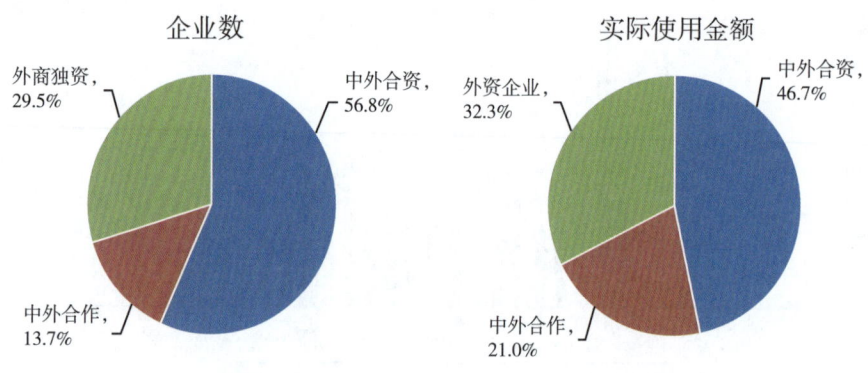

图2-8　1979—2000年外商投资分方式结构图

2. 加入世界贸易组织后，外商独资成为外商投资的主要方式

2001—2018年（近18年），外商对华投资共计设立独资企业448913家，合同外资金额31287.1亿美元，实际使用外资金额为12237.7亿美元，分别是前22年的4.2倍、13.5倍、11.1倍；占同期全国累计吸收外资总量的75.4%、76.9%、74.7%，所占比重比前22年提高了45.9个百分点、42.2个百分点、42.4个百分点；占40年外商以独资方式累计投资总量的80.7%、93.1%和91.8%。单项平均外资规模272.6万美元，是前22年的2.7倍。其间：

2001年，外商投资新设立独资企业数、合同外资金额、实际使用外资金额首次超过合资/合作企业之总和，占当年全国吸收外资总量的59.8%、62.1%和50.9%；

2005—2015年，外商投资独资企业在全国每年吸收外资总量中的比重基本保持在75%以上，单项平均外资规模增至324.2万美元；近3年（2016—2018年），外商独资

实际投入外资金额占总量的比重有所下降（略低于70%），单项平均外资规模由2016年的324.2万美元降至2018年的272万美元。

2001—2018年，外商投资共计设立合资、合作企业146664家（比前22年减少109673家），合同外资金额为9398.3亿美元，实际使用外资金额为4137.6亿美元，分别是前22年的2.1倍、1.8倍；占同期全国吸收外资总量的24.6%、23.1%和25.3%，所占比重比前22年下降了45.9个百分点、42.2个百分点、42.4个百分点；占40年外商以合资/合作方式累计投资总量的36.4%、68.2%和64.1%。在此期间，合资/合作企业单项平均外资规模为282.1万美元，是前22年的3.1倍。

外商投资方式分阶段发展对比图见图2-9，2001—2018年外商投资分方式结构图见图2-10。

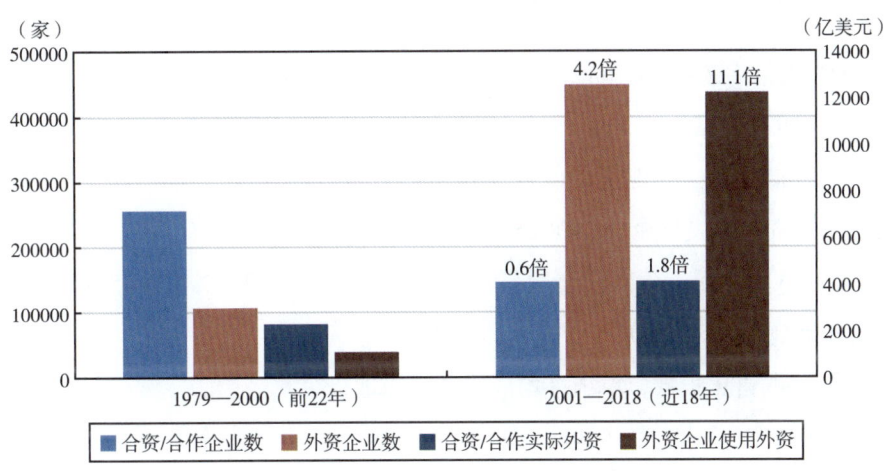

图2-9　外商投资方式分阶段发展对比图

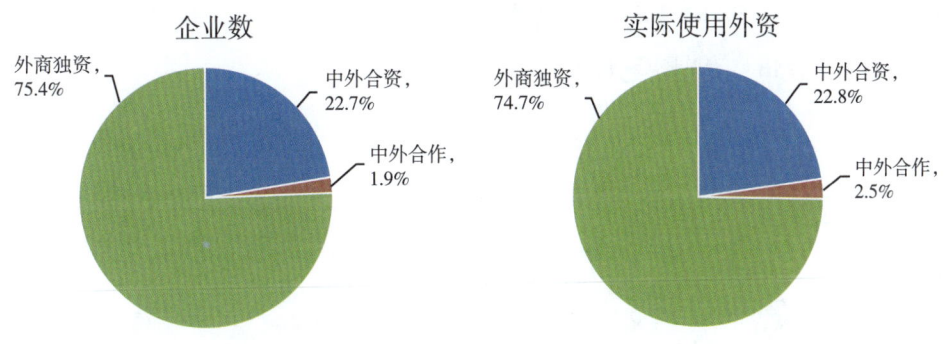

图2-10　2001—2018年外商投资分方式结构图

3. 从国际经验和理论研究来看，外商投资总体上有利于促进东道国的经济发展，采取不同的投资方式，主要基于投资者自身利益追求和风险平衡的考量，对东道国的经济影响不存在明显差异。在开放度大的国家和地区，外商直接投资（特别是新建投资）基本上以独资方式为主。

三、外商直接投资的形式

全球FDI以绿地投资（Greenfield）和跨国并购（M&A）为基本形式。绿地投资即外商通过投资直接在东道国设立企业。跨国并购，是指母国企业通过兼并和收购，取得东道国企业的全部或部分资产（或股份）及决策权。自20世纪90年代以来，全球FDI总体上以并购形式为主。

（一）外商对华投资以绿地投资形式为主

1. 绿地投资居绝对主导地位

与全球FDI以并购形式为主不同，在我国累计吸收外资总量中，绿地投资形式约占95%左右，居绝对主导地位。截至2018年底，按外商投资形式计，外商以绿地投资形式对华投资共计设立企业940626家，合同外资金额461278亿美元，实际投入外资金额19298.3亿美元，分别占全国累计吸收外资总量的97.9%、95.5%和94.9%。单项平均外资规模205.2万美元。

2. 外资并购占比很低，单项平均规模高于绿地投资

截至2018年底，外商以并购形式对华投资共计设立外商投资企业20099家，合同外资金额2186.2亿美元，实际使用外资金额1044.9亿美元，分别占全国累计吸收外资总量的2.1%、4.5%和5.1%。单项平均外资规模519.9万美元，是绿地投资单项平均外资规模的2.5倍（详见图2-11）。

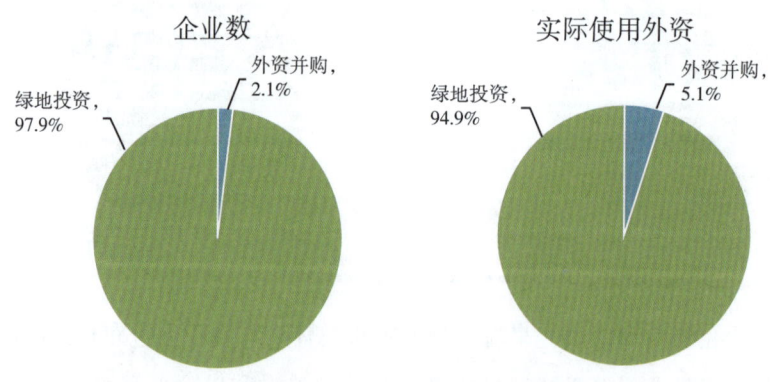

图2-11 截至2018年底外商投资分形式结构图

（二）绿地投资和外资并购的主要投资方式

1. 绿地投资以外商独资方式为主

截至2018年底，外商以绿地投资形式共计设立独资企业548472家，实际投入外资金额为12963.4亿美元，分别占外商以绿地投资形式累计投资总量的58.3%和67.2%（详见图2-12）；共计设立合资企业330293家，实际投入外资金额为4815.95亿美元，占外商累计投资总量的34.4%和23.7%；累计设立合作企业60776家，实际投入外资金额为1113.13亿美元，占累计投资总量的6.3%和11.01%。

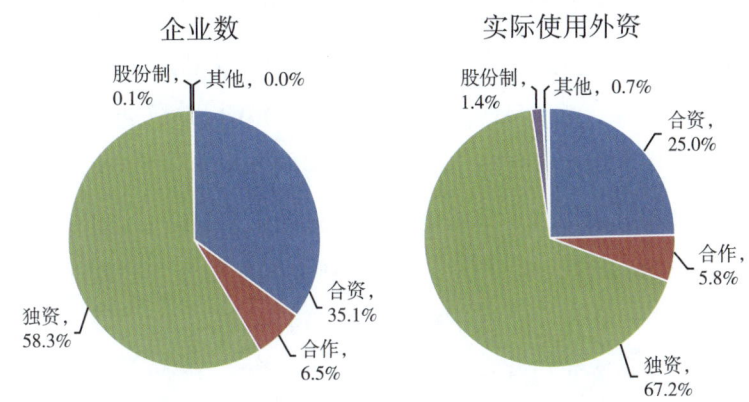

图2-12 截至2018年底绿地投资分方式结构图

2. 并购投资以中外合资方式为主

截至2018年底，外商以并购投资形式设立中外合资企业11706家，实际投入外资金额为511.71亿美元，分别占外商以并购投资形式投资总量的58.2%和49%（详见图2-13）；设立外资企业（外商独资）7790家，实际投入外资金额为374.62亿美元，

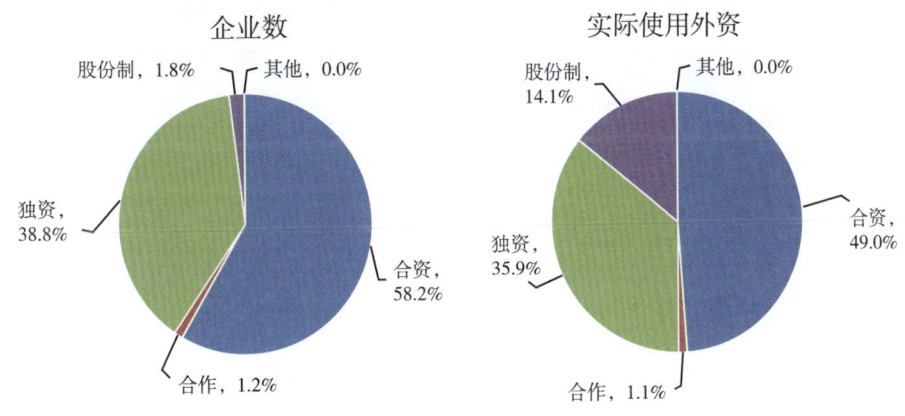

图2-13 截至2018年底并购投资分方式结构图

占外商以并购投资形式投资总量的38.8%和35.9%；设立中外股份制企业360家，实际投入外资金额为147.35亿美元，占外商以并购投资形式投资总量的1.8%和14.1%。

（三）外资并购分阶段发展概况

1. 背景简况

外商以并购形式在华投资始于20世纪90年代初，由于无法可依，并购投资不规范，且存在较大争议，数量很少。2003年、2006年国务院4部门、6部委先后颁布实施关于外资并购境内企业的有关规定，2008年全国人民代表大会通过实施《中华人民共和国反垄断法》，国务院及其相关部门制定配套法规、规章，外资并购形式有法可依，有章可循，开始增多。到目前为止，外资并购形式虽然在外资总量中占比不高，但上述法律、法规、规章出台以来，总体呈增长态势，特别是2010年以来（近9年），增势明显。

2. 1979—2009年外资并购概况

前31年，外商以并购形式对华投资共计设立企业5737家，合同外资金额262.4亿美元，实际使用外资金额为90.1亿美元，分别占40年外资并购累计总量的28.5%、12%和8.6%。单项平均外资规模15.7万美元。

3. 2010—2018年外资并购概况

近9年，外商以并购形式对华投资共计设立企业14362家，合同外资金额为1923.8亿美元，实际使用外资金额为954.8亿美元，占40年外资并购累计总量的71.5%、88%、91.4%。单项平均外资规模为664万美元。其中，设立企业数、实际使用外资金额分别占同期全国吸收外资总量（249740家、7741.3亿美元）的5.8%和12.3%。

4. 与前31年相比，近9年外资并购特点

一是外资并购快速增长。2010—2018年，外商并购设立企业数、合同外资金额、实际使用外资金额年均增幅分别为15.4%、23%和26.4%。其间，2010年，外商并购新设立企业、合同外资、实际使用外资分别比2009年增长31.4%、99.2%、28.4%；2014年，外资并购合同外资金额同比增长197.2%，为40年合同外资最高增幅；2015年，外资并购实际投入外资金额大幅增长124.5%，为40年实际外资最高增幅；2016年，外资并购实际投入外资金额为189.1亿美元，达到40年实际使用外资最高值，同比增长6.4%。

2018年，外资并购新设立企业3124家，同比增长51.2%；合同外资金额为375.6亿美元，同比增长78.0%；实际投入外资金额为178.1亿美元，同比增长18.7%；单项平均外资规模为570万美元。其中，外资并购新设立企业数及增幅、合同外资金

额、实际投入外资金额均创历史新高（40年最高值）。详见图2-14。

图2-14　2009—2018年外资并购情况一览图

二是外资并购规模迅速扩大。2010—2018年，9年间，外商并购设立企业数、合同外资金额、实际使用外资金额分别是前31年的2.5倍、7.33倍、10.6倍；单项平均外资规模是前31年的42.3倍。2018年，外商并购设立企业数、合同外资金额、实际使用外资金额分别是2010年的2.8倍、3.2倍和5.5倍。单项平均外资规模是前31年的42.3倍（详见图2-15）。

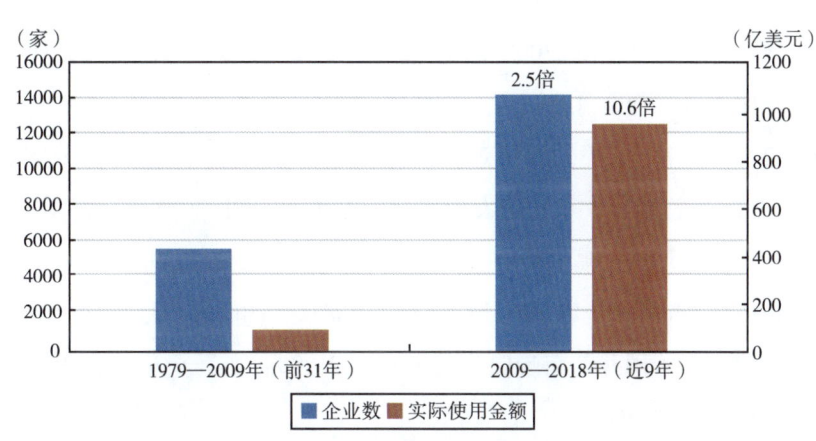

图2-15　1979—2018年外资并购分阶段发展对比图

三是外商并购占全国吸收外资总量的比重快速提升。2010年，外商并购新设立企业数、合同外资金额、实际使用外资金额占当年全国吸收外资总量的4.1%、4.9%、3.1%。2013年、2015年，新设立企业数占比均达5.5%（为40年企业数最高占比）。2014年，合同外资金额占比13%（为40年合同外资最高占比）。2016年，实际使用外资金额占比达15%，（为40年实际外资最高占比）。2018年，外资并购新设立企业数、合同外资金额、实际使用外资金额占同期全国吸收外资总量的5.2%、8.4%和13.2%，所占比重分别比2010年提高了1.1个百分点、3.5个百分点、10.1个百分点。

（四）我国外资并购与全球跨国并购的比较

1. 全球跨国并购分阶段发展概况

20世纪90年代，是全球跨国并购发展最快的时期。随着经济全球化深入发展，跨国公司不断崛起，跨国并购高速发展，成为推动全球FDI迅猛增长的主要驱动力量。与此同时，跨国并购取代绿地投资，成为全球FDI的主要形式。1990—2006年，跨国并购交易额占全球FDI比重的平均值超过60%。

1991—2000年，全球FDI流入量由1539.6亿美元增至13566.1亿美元，增长了7.8倍，年均增长27.4%。其中，跨国并购（FDI）交易额由588.8亿美元增至9596.8亿美元，增长了15.3倍，年均增长36.4%，高于同期全球FDI年均增幅9个百分点，占全球FDI总量的比重由1991年的38.2%提高到2000年的70.7%。

2001—2003年，美国经济陷入衰退，发达国家经济停滞不前，跨国公司减少跨国并购，全球跨国并购和FDI同时下滑，跨国并购交易在全球FDI中占比不断下降。其间：2001年跨国并购（FDI）交易额为4317.57亿美元，同比下降55.01%，占全球FDI总量的比重降至55.88%；2003年跨国并购（FDI）交易额为1654.3亿美元，占全球FDI总量的比重持续降至30%[1]。

2004—2007年，随着美国经济走出低谷，全球跨国并购和全球FDI实现较快增长，接近达到20世纪90年代末快速发展时期的水平。其间：2005年，跨国并购（FDI）交易额5350.35亿美元，大幅增长169.41%，占全球FDI的比重升至56.4%。2007年，跨国并购（FDI）交易额和全球FDI分别突破1万亿美元和1.8万亿美元，同比分别增长66.6%和34.8%，跨国并购（FDI）交易额（10326.89亿美元）占全球FDI（18914.45亿美元）的比重升至54.6%[2]。

2008—2013年，全球金融危机之后，跨国并购步入低潮，并购规模持续收缩的同时，在全球FDI中所占比重迅速下降。其间，2010年跨国并购（FDI）交易额占全球FDI的比重大幅降至25.4%，2013年占比仅为18.3%。

2014—2018年，全球跨国并购（FDI）实现较快增长，占同期全球FDI的比重从2013年的18.3%逐年增至2018年的62.89%。2018年，全球跨国并购（FDI）交易额

---

[1] 在此期间，包括非FDI投资在内的全球跨国并购交易额大幅回落，2001年降至5940亿美元，2003年非FDI跨国并购交易为零。
[2] 2005年包括非FDI投资在内的全球跨国并购增至7163亿美元。

8157.26亿美元，同比增长17.55%。

1998—2018年全球FDI中跨国并购及绿地投资变化情况见图2-16。

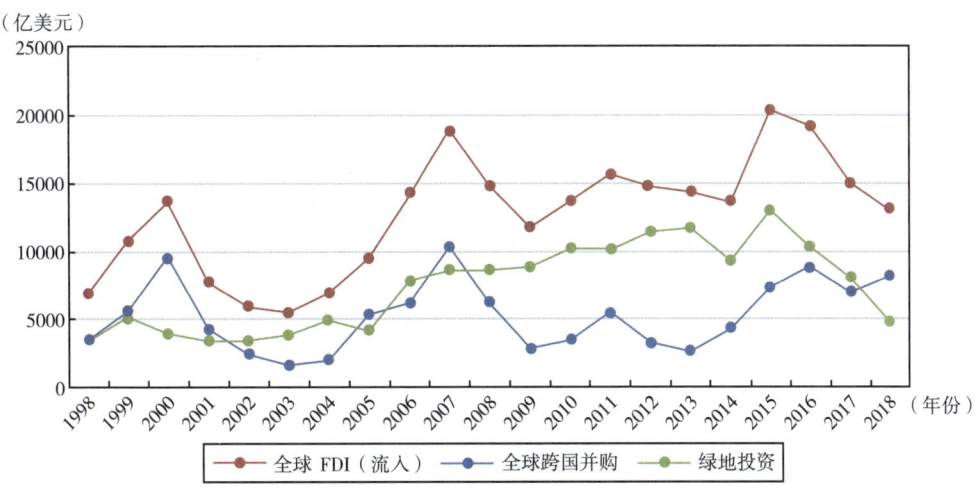

图2-16　1998—2018年全球FDI中跨国并购及绿地投资变化情况

（五）我国外资并购的特点

我国外资并购起步晚，近10年虽得到快速发展，但总体上，并购交易数量和规模仍然较小，占全球跨国并购和我国吸收外资总量的比重不高，尚未成为外商对华投资的主要形式。

一是我国外资并购占全球跨国并购的比重很低。1979—2009年（前31年），我国外资并购累计金额90.1亿美元，规模很小，在同期全球跨国并购总交易额中的比重可忽略不计。2010—2018年，我国外资并购占全球跨国并购的比重由0.94%增至2.18%，9年间，提高了1.24个百分点。

二是外资并购占我国吸收外资总量的比重远低于全球水平。2000—2018年，外资并购占我国吸收外资总量的比重由3.1%增至13.2%，提高了10.1个百分点，但所占比重仍远低于全球水平。其间：2015—2018年是40年来外资并购占我国吸收外资总量比重最高的时期，与同期全球跨国并购占全球FDI（流入）的比重相比，差距很大，2015年、2016年、2017年、2018年外资并购占我国吸收外资总量的比重依次为14.1%、15.0%、11.1%、13.2%，分别低于同期全球跨国并购占全球FDI（流入）的比重22个百分点、31.2个百分点、35.2个百分点、49.7个百分点，差距逐年扩大。

三是以并购方式吸收外资潜力巨大。跨国并购是我国继续扩大开放，积极有效吸收外资的重要形式之一。随着改革进一步深化、全方位开放水平进一步提高、外商投资环境进一步完善、我国整体宏观经济基本面进一步改善和《中华人民共和国外商投资法》及其配套法规、规章全面实施，将为并购注入新的动力，外资并购具有较大发展空间。

第二节 我国吸收外资结构发展简况

对外开放40年来，根据不同时期我国经济结构调整和产业转型升级的要求，在一系列相关政策的引导下，我国吸收外资结构不断优化。在新的发展时期，外商投资高技术产业正在成为我国吸收外资重要的增长极。

一、外商投资一、二、三产业结构

截至2018年底，全国累计吸收外资设立外商投资企业960489家，合同外资金额为48313.96亿美元，实际使用外资金额为20343.22亿美元。其中，按外商投资分一、二、三产业计。

第一产业吸收外资共计设立外商投资企业23720家，合同外资金额为1283.31亿美元，实际使用外资金额为262.32亿美元，占全国累计吸收外资总量的比重依次为2.47%、2.66%和1.29%。单项平均外资规模为110.6万美元。

第二产业吸收外资共计设立外商投资企业556209家，合同外资金额为23592.86亿美元，实际使用外资金额为10698.32亿美元，占全国累计吸收外资总量的比重依次为57.91%、48.83%和52.59%。单项平均外资规模为192.3万美元。

第三产业吸收外资共计设立外商投资企业380560家，合同外资金额为23437.79亿美元，实际使用外资金额为9382.58亿美元，占全国累计吸收外资总量的比重依次为39.62%、48.51%和46.12%。单项平均外资规模为246.5万美元，是第一产业的2.2倍，是第二产业的1.3倍（详见图2-17）。

第二章 我国吸收外商直接投资40年发展情况

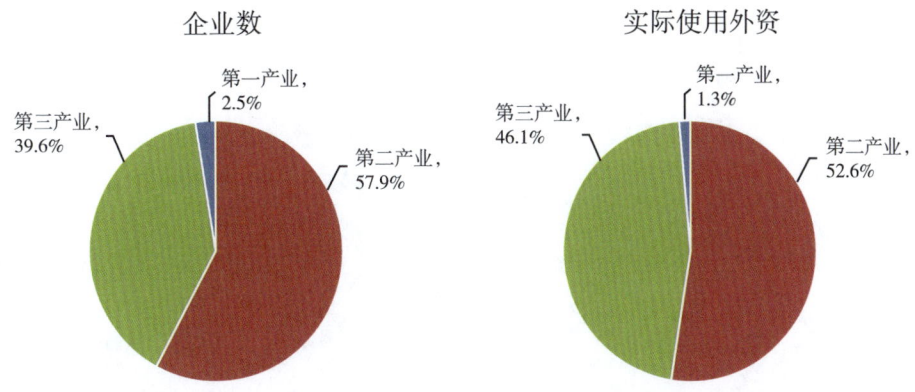

图2-17 截至2018年外商投资一、二、三产业结构图

二、外商投资分领域结构

外商投资领域主要包括农林牧渔业领域、采矿业领域、制造业领域、服务业领域（含金融服务，不包括银行、证券、保险，下同）、金融领域（银行、证券、保险）。

（一）概况

截至2018年底，按外商投资分领域计。

农业、林业、牧业、渔业领域吸收外资共计设立外商投资企业23759家，合同外资金额为1284.3亿美元，实际使用外资金额为263.2亿美元，占全国累计吸收外资总量的比重依次为2.5%、2.7%和1.3%。

采矿业领域吸收外资共计设立外商投资企业2191家，合同外资金额243亿美元，实际使用外资金额为105.1亿美元，占全国累计吸收外资总量的比重依次为0.2%、0.5%和0.5%。

制造业领域吸收外资共计设立外商投资企业526055家，合同外资金额为21367.8亿美元，实际使用外资金额为9688.1亿美元，占全国累计吸收外资总量的比重依次为54.8%、44.2%和47.6%。

服务业领域吸收外资共计设立外商投资企业408484家，合同外资，金额为25418.9亿美元，实际使用外资金额为10286.7亿美元，占全国累计吸收外资总量的比重依次为42.5%、52.6%和50.6%（详见图2-18）。

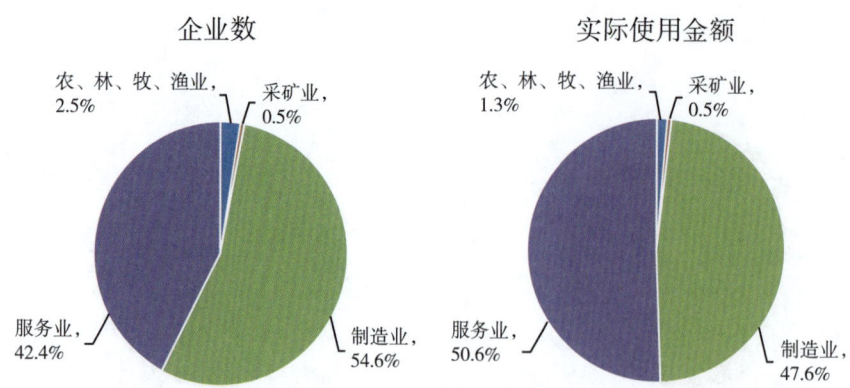

图2-18　截至2018年底外商投资分领域（不含银证保）结构一览图

金融领域（银行、证券、保险业）吸收外资共计设立外商投资金融机构297家，合同外资金额为1262.33亿美元，实际使用外资金额为1262.33亿美元，占全国累计吸收外资总量（全口径）的比重依次为0.031%、2.55%和5.87%（详见图2-19、图2-20）。

图2-19　2001—2018年外商投资分领域（不含银证保）结构一览图（企业数）

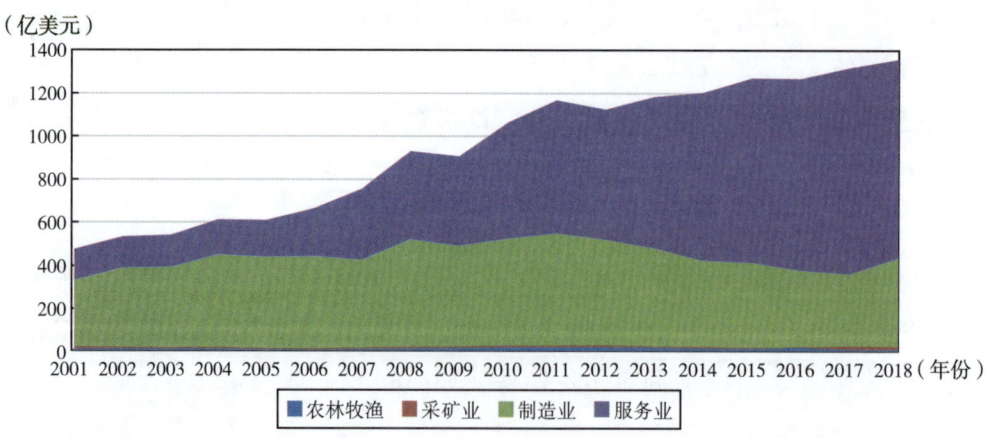

图2-20　2001—2018年外商投资分领域（不含银证保）结构一览图（实际使用外资金额）

（二）各领域单项平均外资规模

截至2018年底，按分领域单项平均外资规模计，农业、林业、牧业、渔业领域为111万美元，采矿业领域为479.2万美元，制造业领域为184.2万美元，服务业领域为251.8万美元，金融领域（银行、证券、保险业）为42502.7万美元。

在上述各领域中（不含银证保），采矿业领域单项平均外资规模最大，是农业、林业、牧业、渔业领域的4.3倍，是制造业领域的2.6倍，是服务业领域的1.9倍；服务业领域单项平均外资规模是农业、林业、牧业、渔业领域的2.3倍，是制造业领域的1.4倍。

服务业领域单项平均外资规模高于制造业领域的主要原因是房地产行业单项平均外资规模较大（房地产领域平均规模为723.28万美元，是制造业的3.9倍，是不含房地产业的服务业领域外资单项规模的4倍）。如不含房地产行业，服务业领域单项平均外资规模为178.69万美元，略低于第二产业。

三、外商投资行业结构

40年来，随着我国全方位开放格局的形成，外商对华投资的行业不断拓展，目前已涉及几乎所有行业。在国家统计局《2017年国民经济行业分类》97个行业大类中，有外商投资的行业94个（另外4个行业为中国共产党机关、国家机构、人民政协、民主党派），占96.9%。

（一）外商投资最多的前10个行业

外商对华投资主要集中在制造业、房地产业、租赁和商务服务业、批发和零售业、信息传输及软件和信息技术服务业、交通运输及仓储和邮政业、金融服务业、科学研究和技术服务业、电力热力燃气及水生产和供应业、建筑业等10个行业。

截至2018年底，外商投资分行业计：

按实际使用外商投资金额排序[1]，吸收外资最多的前10个行业是：制造业（9688.11亿美元）、房地产业（3967.14亿美元）、租赁和商务服务业（1509.01亿美

---

[1] 本书第二章第二节中分行业实际使用外资金额为测算值。

元）、批发和零售业（1259.33亿美元）、信息传输及软件和信息技术服务业（685.46亿美元）、交通运输及仓储和邮政业（607.6亿美元）、金融服务业（559.74亿美元，不含银证保业）、科学研究和技术服务业等行业（451.71亿美元）、电力热力燃气及水生产和供应业（364.96亿美元）、建筑业（306.03亿美元）。

按设立外商投资企业数排序，吸收外资最多的前10个行业是：制造业（526055家）、批发和零售业（139915家）、租赁和商务服务业（74275家）、房地产业（54849家）、科学研究和技术服务业等行业（31158家）、信息传输及软件和信息技术服务业（26159家）、建筑业（15686家）、交通运输及仓储和邮政业（12976家）、金融服务业（11003家，不含银证保业）、电力热力燃气及水生产和供应业（5034家）。详见图2-21。

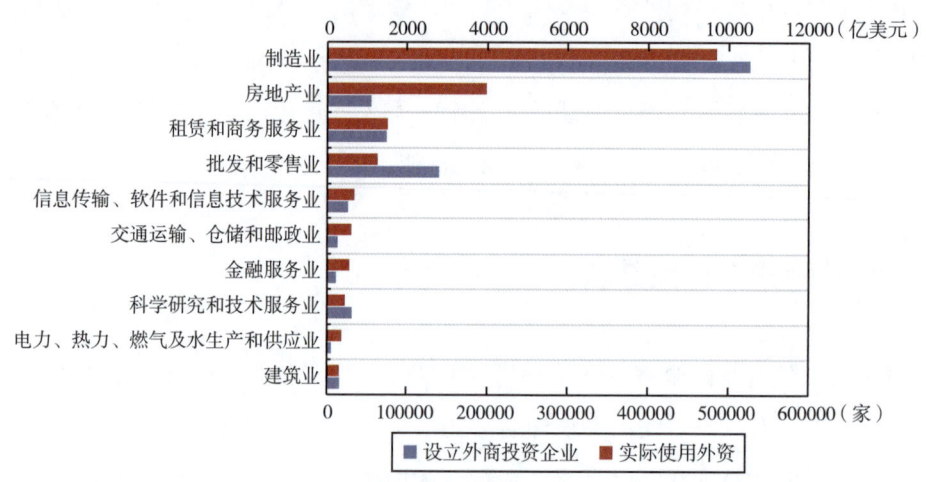

图2-21 截至2018年底外商投资主要行业（前10位）（按实际使用外资排序）

40年间，上述10个行业共计设立外商投资企业897109家，合同外资金额45037.99亿美元，实际使用外资金额为19390.09亿美元，占全国累计吸收外资总量的比重分别为93.4%、93.2%和95.4%。

在上述10个行业中，单项平均外资规模最高的5个行业是电力热力燃气及水生产和供应业（725万美元）、房地产业（723.3万美元）、金融服务业（508.7万美元，不含银证保业）、交通运输及仓储和邮政业（468.2万美元）、信息传输及软件和信息技术服务业（262万美元）。

（二）外商投资制造业领域行业结构

截至2018年底，外商投资制造业共计设立外商投资企业526055家，实际使用外资金额为9688.11亿美元，分别占同期全国累计吸收外资总量的54.8%和47.6%，单项平均外资规模184.2万美元。

制造业领域吸收外资最多的前10个行业。按实际使用外资金额（测算值）排序，制造业领域吸收外资最多的前10个行业是：计算机及通信和其他电子设备（1700.38亿美元）、电气机械和器材（758.28亿美元）、化学原料及化学制品（692.29亿美元）、汽车制造（607.67亿美元）、通用设备（571.26亿美元）、专用设备（521.94亿美元）、纺织服装及服饰业（493.2亿美元）、金属制品（459.3亿美元）、非金属矿物制品（451.02亿美元）、橡胶和塑料制品（395.86亿美元）。

按设立外商投资企业数排序，制造业领域吸收外资最多的前10个行业是：纺织服装及服饰业（62497家），计算机、通信和其他电子设备（55968家），电气机械和器材（34848家），通用设备（34063家），专用设备（32221家），金属制品（29243家），化学原料及化学制品（28763家），橡胶和塑料制品（27323家），非金属矿物制品（23362家），汽车制造（17696家）。

40年间，外商投资上述10个行业共计设立企业345984家，实际使用外资金额为6651.2亿美元，占制造业累计吸收外资总量的65.77%和68.65%，占40年全国累计吸收外资总量的36.02%和32.70%。

在制造业领域前10个行业中，单项平均外资规模最大的5个行业是：汽车制造业（343.39万美元），计算机、通信和其他电子设备制造业（303.81万美元），化学原料和化学制品制造业（240.69万美元），电气机械和器材制造业（217.60万美元）和非金属矿物制品业（193.06万美元），详见图2-22。

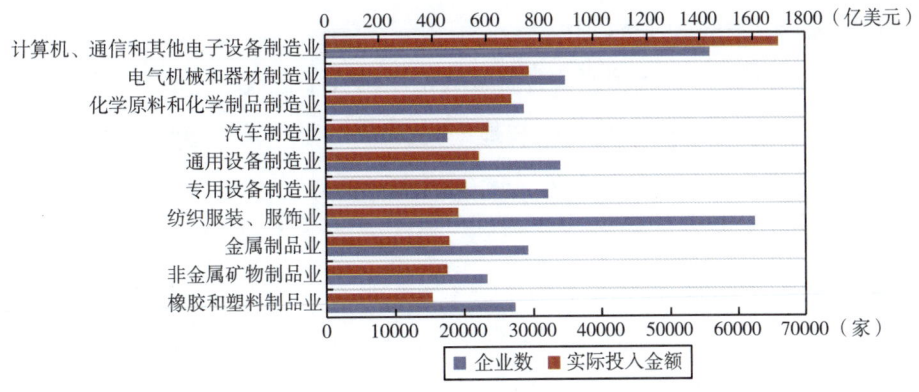

图2-22 截至2018年底外商投资制造业主要行业（前10位）（按实际使用外资排序）

（三）外商投资服务业领域行业结构

截至2018年底，外商投资服务业领域共计设立外商投资企业408484家，实际使用外资金额为10286.7亿美元，占全国累计吸收外资总量的42.5%和50.6%，单项平均外资规模为251.8万美元。

服务业领域吸收外资最多的前10个行业。按实际使用外资金额排序，服务业领域吸收外资前10位的行业是：房地产业（3967.14亿美元），租赁和商务服务业（1509.01亿美元），批发和零售业（1259.33亿美元），信息传输、软件和信息技术服务业（685.46亿美元），交通运输、仓储和邮政业（607.6亿美元），金融服务业（559.74亿美元，不含银证保），科学研究和技术服务业（451.71亿美元），电力、热力、燃气及水生产和供应业（364.96亿美元），建筑业（306.03亿美元），居民服务及修理和其他服务业（213.17亿美元）。

按设立外商投资企业数排序，服务业领域吸收外资前10位的行业是：批发和零售业（139915家），租赁和商务服务业（74275家），房地产业（54849家），科学研究和技术服务业（31158家），信息传输、软件和信息技术服务业（26159家），建筑业（15686家），居民服务及修理和其他服务业（14095家），交通运输及仓储和邮政业（12976家），金融服务业（11003家，不含银证保），电力、热力、燃气及水生产和供应业（5034家）。

40年间，外商投资上述10个行业共计设立外商投资企业385150家，实际使用外资金额9924.15亿美元，占服务业累计吸收外资总量的94.29%和96.48%，占40年全国累计吸收外资总量的40.1%和48.8%。

在上述10个行业中，单项平均外资规模最大的五个行业是：电力、热力、燃气及水生产和供应业（724.99万美元）、房地产业（723.28万美元）、金融服务业（508.72万美元）、交通运输、仓储和邮政业（468.29万美元）、信息传输、软件和信息技术服务业（262.05万美元）。

服务业中，信息传输及软件和信息技术服务业、科学研究和技术服务业、金融服务业、交通运输及仓储和邮政业等5个行业实际使用外资金额占服务业领域累计总量的比重为22.4%，房地产业占比为38.6%（详见图2-23）。

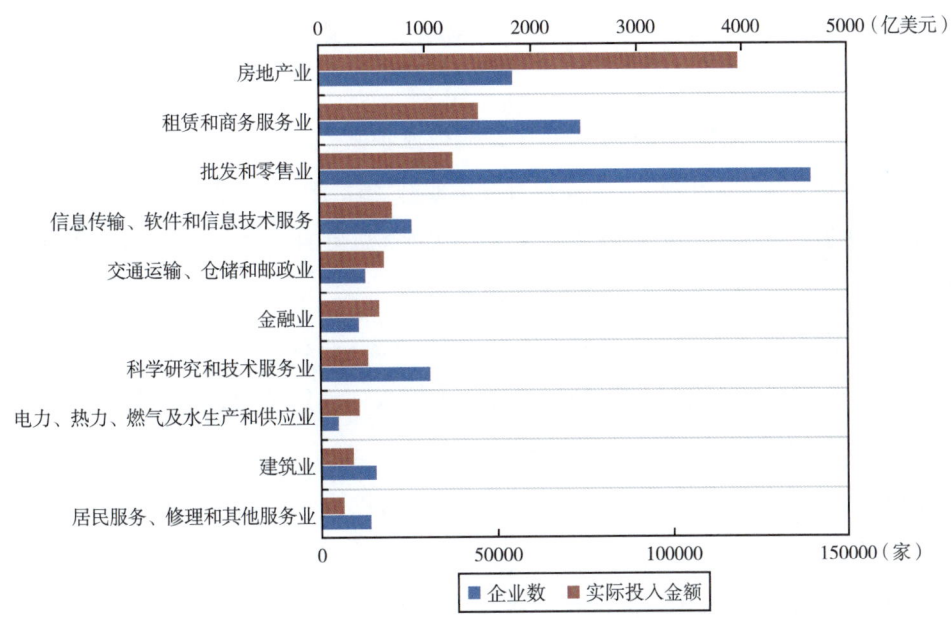

图2-23 截至2018年底外商投资服务业主要行业（前10位）（按实际使用外资排序）

（四）外商投资金融领域行业结构

截至2018年底，外商投资金融领域（银证保）累计设立外资金融机构297家，实际使用外资金额1262.33亿美元。其中：

银行业设立外资金融机构（外资银行、外商投资财务性公司、投资银行等）180家，实际使用外资1065.44亿美元，分别占银证保领域吸收外资总量的60.60%和84.40%。

保险行业设立外商投资保险机构56家，实际使用外资162.32亿美元，分别占银证保领域吸收外资总量的18.86%和12.86%。

证券行业设立外商投资证券机构61家，实际使用外资34.61亿美元，分别占银证保领域吸收外资总量的20.54%和2.74%。

四、外商投资主要行业分阶段发展简况

（一）制造业领域行业结构分阶段发展概况

40年间，制造业领域吸收外资历经了30年的持续增长，近10年呈下降态势，

但大项目增多，单项平均外资规模扩大。40年来，制造业吸收外资行业结构不断优化。

1. 前30年，外商对华投资主要集中在制造业领域

1979—2008年（前30年），外商投资制造业共计设立企业453817家，实际使用外资金额5362.7亿美元，占40年制造业领域吸收外资总量的86.3%、55.4%，占同期全国累计吸收外资总量的比重为68.8%和62.7%。其间：

1979—2000年，全国年度吸收外资总量中，65%左右流向制造业。20年间，外商投资制造业领域共计设立企业265609家、实际投入外资金额2120.4亿美元，占同期全国累计吸收外资总量的73%和60.9%。

2001—2008年，制造业领域每年新设立外商投资企业基本保持在2万家以上（2004年超过3万家，为40年最高值）。10年间，外商投资制造业领域共计设立企业188208家，年均下降4%，占同期全国累计吸收外资总量的63.6%；实际投入外资金额为3242.4亿美元，年均增长8.6%，占同期全国总量的63.9%（2004年曾达40年最高值71%）。

2. 近10年，制造业吸收外资逐年下降，单项规模明显增大

2008—2018年（近10年），制造业领域每年新设立外商投资企业数从11568家减至6152家（2015年、2016年、2017年不足5000家），年均下降6.1%，占同期全国累计吸收外资总量的比重由42%降至10.2%，减少了31.8个百分点；实际使用外资金额从499.0亿美元降至2018年的411.7亿美元（2011年曾达40年最高值521亿美元），年均下降1.9%，占同期全国总量比重由60.9%降至30.5%，减少了30.4个百分点。同期，外商投资制造业领域单项平均外资规模为599.2万美元，是前30年（118.2万美元）的5.1倍。

10年间，外商投资制造业领域共计设立企业72188家，实际使用外资金额年4325.4亿美元，占改革开放40年制造业领域吸收外资总量的13.7%、44.6%，占同期全国累计吸收外资总量的24%和36.7%。

1979—2018年外商直接投资（制造业）企业数一览图及其实际使用外资金额一览图详见图2-24、图2-25。

3. 40年来，制造业领域吸收外资行业结构不断优化

从分阶段数据看（前22年、近18年），40年来，随着我国工业化、现代化、国际化进程的发展，外商投资制造业领域的行业结构实现持续优化。

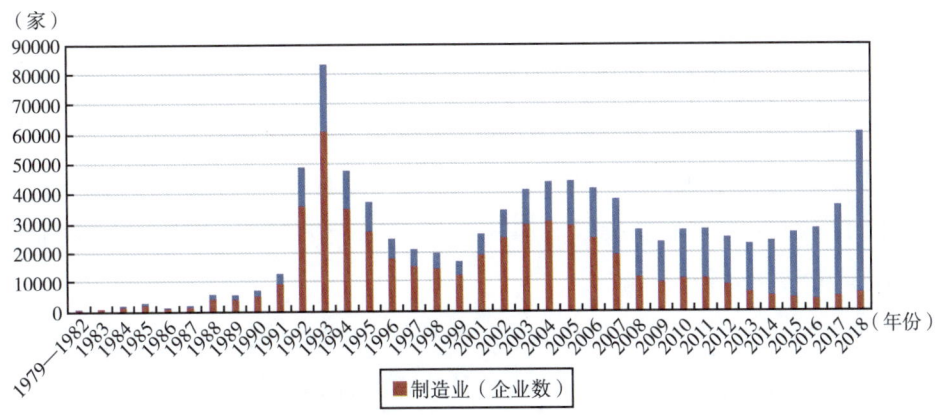

图2-24　1979—2018年外商直接投资（制造业）企业数一览图

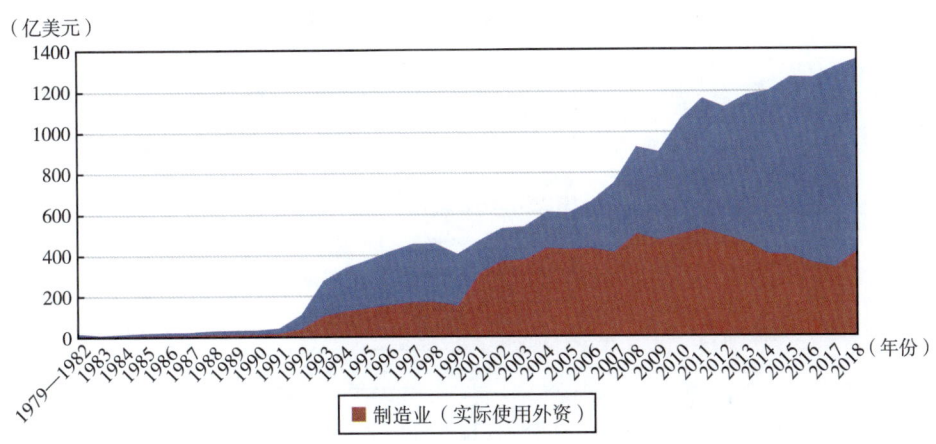

图2-25　1979—2018年外商直接投资（制造业）实际使用外资金额一览图

（1）前22年，制造业领域吸收外资最多的10个行业：

1979—2000年（前22年），我国处于工业化、现代化、国际化进程的初期发展阶段。为实现发展目标，国家鼓励外商投资制造业，特别是投资设立先进技术型企业（2008年"两税合一"之后将之纳入高新技术企业范畴）、出口型企业（2001年之前）和高新技术企业。截至2000年底，外商投资制造业领域分行业计：

按实际使用外资金额排序，制造业领域吸收外资最多的10个行业是：计算机、通信和其他电子设备（450.17亿美元）、化学原料和化学制品（159.37亿美元）、纺织服装及服饰业（142.14亿美元）、纺织业（134.29亿美元）、汽车制造业（133.36亿美元）、电气机械和器材（131.97亿美元）、金属制品业（109.21亿美元）、橡胶和塑料制品业（105.79亿美元）、通用设备（103.64亿美元）、非金属矿物制品业（100.4亿美元)。

按设立外商投资企业数排序,制造业领域域吸收外资最多的10个行业是:纺织服装及服饰业(35969家)、计算机及通信和其他电子设备(29392家)、化学原料和化学制品(16465家)、电气机械和器材(16007家)、通用设备(15722家)、金属制品业(15640家)、橡胶和塑料制品业(14144家)、纺织业(14128家)、非金属矿物制品业(12286家)、汽车制造业(8064家)。

22年间,上述10个行业共计设立外商投资企业177817家,实际使用外资金额为1570.34亿美元,占同期制造业领域吸收外资总量的66.95%和74.06%。

1979—2000年外商投资制造业主要行业(前10位)详见图2-26。

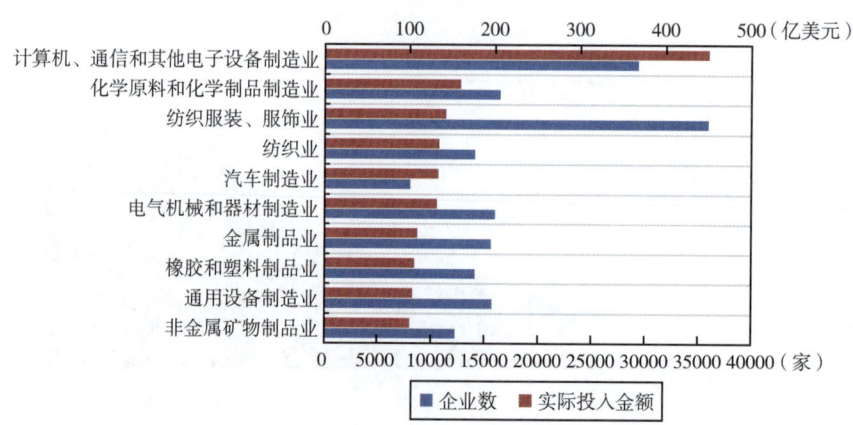

图2-26　1979—2000年外商投资制造业主要行业(前10位)
(按实际使用外资排序)

上述10个行业单项平均外资规模为88.31万美元。其中:单项平均外资规模最大的5个行业是:汽车制造业(165.75万美元)、计算机及通信和其他电子设备制造业(153.16万美元)、化学原料和化学制品制造业(96.79万美元)、纺织业(95.05万美元)和电气机械和器材制造业(82.45万美元)。

(2)近18年间,制造业领域吸收外资最多的10个行业:

2001—2018年(近18年),我国步入工业化、现代化、国际化进程的中期发展阶段。为实现经济结构调整目标,国家鼓励外商投资先进制造业,特别是投资设立高技术制造业企业。18年间,外商投资制造业领域分行业计。

按实际使用外资金额排序,制造业领域吸收外资最多的10个行业是:计算机及通信和其他电子设备(1296.16亿美元)、电气机械和器材(637.81亿美元)、化学原料和化学制品（550.87亿美元）、汽车制造业（485.21亿美元）、通用设备（478.05亿美元）、专用设备（445.61亿美元）、非金属矿物制品业（359.83亿美元）、纺织服装及服饰业（359.55亿美元）、金属制品业（356.87亿美元）、橡胶和塑料制品业（298.45亿美元）。

按设立外商投资企业数排序，制造业领域吸收外资最多的10个行业是：纺织服装及服饰业（28117家）、计算机及通信和其他电子设备（28105家）、电气机械和器材（19353家）、通用设备（18954家）、专用设备（18001家）、金属制品业（14256家）、橡胶和塑料制品业（13780家）、化学原料和化学制品（13284家）、非金属矿物制品业（11633家）、汽车制造业（9845家）。

18年间，上述10个行业共计设立外商投资企业175328家，实际使用外资金额5268.41亿美元，占同期制造业领域吸收外资总量的67.32%和69.62%。2001—2018年外商投资制造领域主要行业（前10位）见图2-27。

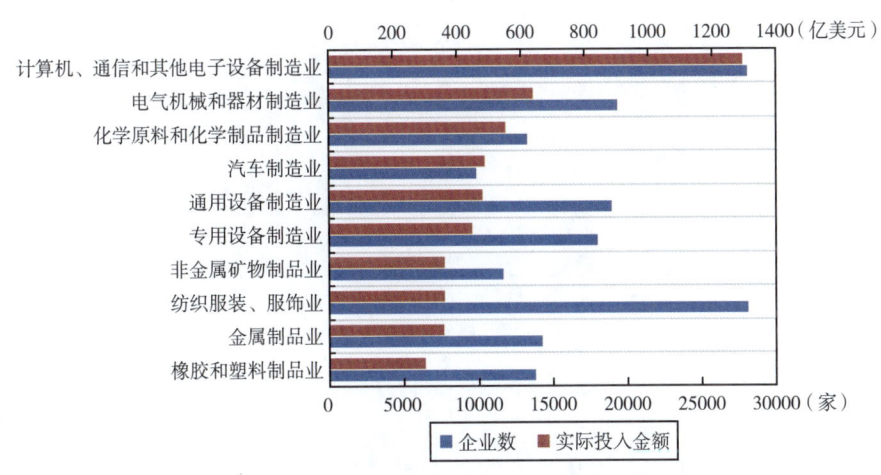

图2-27　2001—2018年外商投资制造领域主要行业（前10位）
（按实际使用外资排序）

上述10个行业单项平均外资规模为300.5万美元。其中：单项平均外资规模最大的5个行业是：汽车制造业（492.85万美元）、计算机、通信和其他电子设备制造业（461.18万美元）、化学原料和化学制品制造业（414.69万美元）、电气机械和器材制造业（329.57万美元）和非金属矿物制品业（309.32万美元）。

（3）与前22年相比，近18年外商投资制造业领域结构的变化：

一是外商投资最多的前10个行业的结构明显优化。近18年，专用设备行业进入排位前10,由前22年的第12位晋升为第6位;电气机械和器材行业、通用设备行业、非金属矿物制品行业分别从前20年的第6位、第9位、第10位提升至第2位、第5位和第7位;汽车制造行业继续保持第四位;纺织服装及服饰行业、金属制品行业、橡胶和塑料制品行业分别由前22年的第3位、第7位、第8位退居第8位、第9位、第10位;纺织行业退出前10,由前22年的第4位降至第11位。

二是尽管制造业领域吸收外资占全国总量的比重大幅下降,但总体规模(特别是高技术制造行业)明显扩大。近18年,制造业领域实际使用外资金额是前22年的3.4倍(设立外商投资企业数比前22年减少2489家),其中,电气机械和器材制造行业是前22年的4.8倍,汽车制造行业为3.6倍,化学原料和化学制品制造行业为3.5倍、非金属矿物制品行业为3.6倍,计算机及通信和其他电子设备制造行业为2.9倍(详见图2-28)。

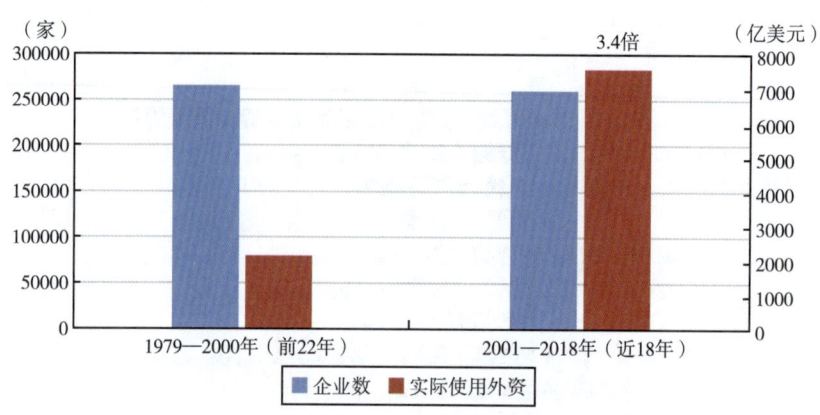

图2-28 外商投资制造业分阶段发展情况对比图

三是制造业领域吸收外资单项平均外资规模(290.57万美元)是前22年的2.97倍。制造业领域前10个行业单项平均外资规模(300.5万美元)是前22年的3.6倍。其中,汽车制造行业是前22年的2.97倍,计算机及通信和其他电子设备制造行业为3.01倍,化学原料和化学制品制造行业为4.28倍,电气机械和器材制造行业为4倍,非金属矿物制品行业为3.79倍(详见图2-29)。

四是制造业领域中吸收外资增长最快的3个行业是专用设备制造行业、通用设备制造行业和电气机械和器材制造行业。近18年,上述3个行业实际使用外资金额是前22年的4.5倍、3.6倍和3.8倍。其中,专用设备制造行业实际使用外资金额占制造业领域吸收外资总量的比重由前22年的3.43%升至5.89%,提高了2.46个百分点。

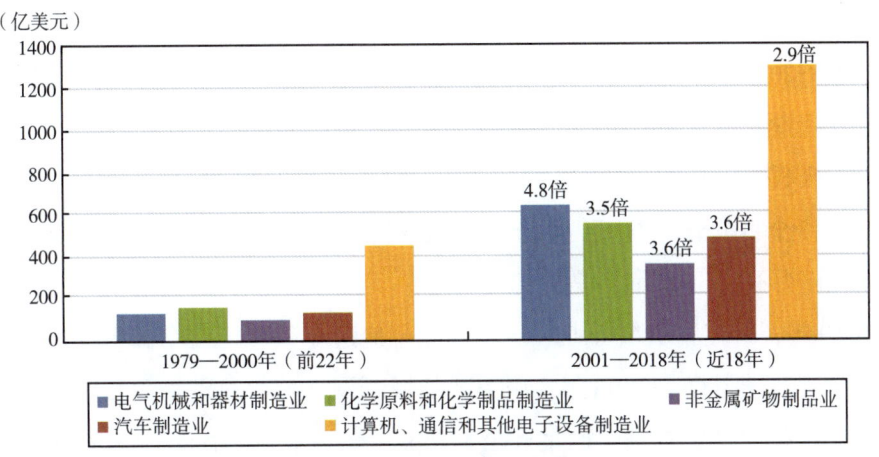

图2-29 外商投资制造业领域部分行业分阶段发展对比图

（二）服务业领域行业结构分阶段发展概况（前30年、近10年）

40年间，前30年，服务业领域吸收外资发展缓慢，如将房地产业除外，服务业领域吸收外资在全国同期吸收外资总量中占比很低。2008年以来，外商投资服务业领域快速增长，占全国总量的比重大幅提升。

1. 前30年，外商投资服务业领域规模较小

1979—2008年（前30年），外商投资服务业领域共计设立外商投资企业171524家，实际使用外资金额2738.96亿美元，占同期全国累计吸收外资总量的26%和32%（其中，房地产行业吸收外资占服务业领域吸收外资总量的50%以上，如将房地产业除外，服务业领域实际使用外资占全国累计总量的比重仅为15%左右），占40年服务业领域吸收外资总量的42%和26.6%。单项平均外资规模159.7万美元。其间：

1979—2000年，22年间，外商投资服务业领域共计设立外商投资企业87921家，实际使用外资金额1299.7亿美元，占同期全国累计吸收外资总量的24.2%和37.3%。

2001—2008年，服务业领域年均新设立外商投资企业10450家，是前22年年均设立企业数（3996家）的2.6倍；年均实际使用外资金额为180亿美元，是前22年（124.5亿美元）的1.4倍。8年间，共计设立外商投资企业83603家，占同期全国累计设立外商投资企业总数的33.85%，比前22年的占比提高了9.7个百分点；实际使用外资金额为1439.26亿美元，比前22年增长10.7%，占同期全国实际使用外资总额的32.69%，比前22年的占比降低了4.6个百分点。

2. 近10年，服务业领域吸收外资快速增长，规模迅速扩大，占全国总量的比重

大幅提升

2009—2018年（近10年），外商投资服务领域共计设立外商投资企业213900家，实际使用外资金额为6841.44亿美元，分别是前30年总和的1.25倍和2.5倍，占同期全国累计吸收外资总量的73.7%和61.6%，所占比重分别比前30年提高了45.4个百分点和26.3个百分点，占40年服务业领域吸收外资总量的52.4%和66.5%。单项平均外资规模为319.8万美元，是前30年的2倍。

近10年，外商投资服务业领域不断超越制造业领域，占全国吸收外资总量的比重迅速提升。其间：2008年，服务业领域新设立外商投资企业数首次超过制造业，占全国吸收外资总量的比重升至54.5%（制造业占比由2001年的73.1%降至42%）；2010年，服务业领域实际使用外资金额首度超过制造业领域，占全国总量的比重达50.9%（制造业占比由2004年的71%降至46.9%）；2010年之后，服务业每年新设立企业数、合同外资金额、实际使用外资金额均高于制造业和采矿业两个领域之总和。与此同时，制造业和采矿业领域设立外商投资企业数、实际使用外资金额占全国总量的比重从前30年的68.8%、62.7%降至24%和36.7%。

2018年，服务业领域新设立外商投资企业数、实际使用外资金额均创历史新高。全年新设立外商投资企业53696家，是同期制造业（6152家）的8.73倍，在全国吸收外资总量中的比重继续提升至88.7%；实际使用外资金额为918.5亿美元，是制造业（411.7亿美元）的2.23倍，占全国总量的68.1%。2018年，制造业领域新设立企业数、实际使用外资金额占全国总量的比重分别降至10.2%和30.5%。详见图2-30。

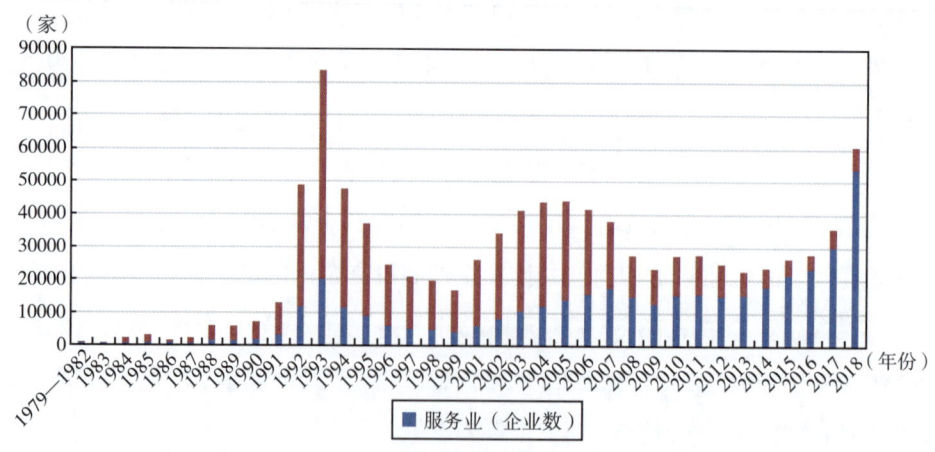

图2-30　1979—2018年外商直接投资（服务业领域）设立企业数一览图

3. 40年来，服务业领域吸收外资行业结构不断优化

从分阶段数据看（前30年、近10年），40年来，根据我国不同时期对服务业发展的不同要求，外商投资服务业领域的行业结构在随之调整中得到优化，服务业领域吸收外资的行业结构不断改善。特别是近10年来，国家采取一系列扩大消费，加大服务业开放力度，鼓励外商投资现代服务业的政策措施，同时，执行严控炒房相关政策，指导房地产行业吸收外资有序发展，在国家实施的外资导向政策和措施的引导下，服务业领域吸收外资发生重大变化，外商投资现代服务业快速发展，占服务业领域吸收外资的比重迅速提高（详见图2-31）。

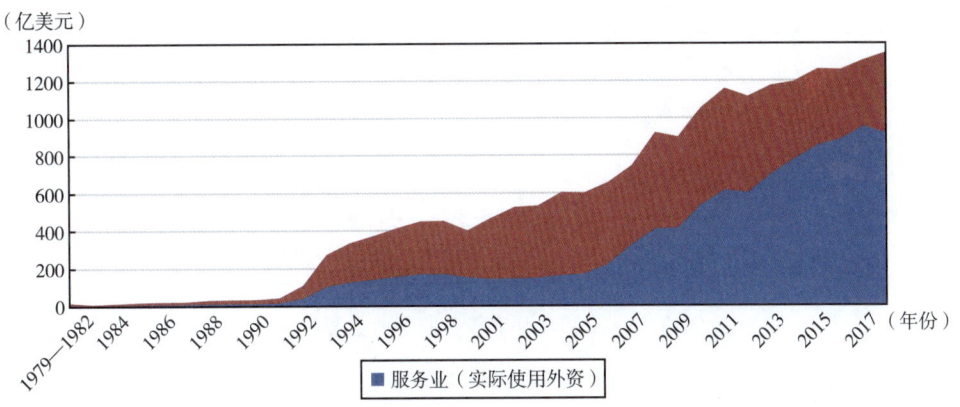

图2-31　1979—2018年外商直接投资（服务业领域）实际使用外资金额一览图

（1）前30年，服务业领域吸收外资最多的10个行业：

1979—2008年（前30年），外商投资服务业领域分行业计：

按实际使用外资金额排序，外商投资服务业领域最多的10个行业是：房地产业（1535.29亿美元）、租赁和商务服务业（364.57亿美元）、批发和零售业（259.49亿美元）、交通运输及仓储和邮政业（210.60亿美元）、居民服务及修理和其他服务业（109.15亿美元）、信息传输及软件和信息技术服务业（72.61亿美元）、科学研究和技术服务业（52.67亿美元）、住宿和餐饮业（42.09亿美元）、卫生和社会工作（30.06亿美元）、金融服务业（19.70亿美元，不含银证保）。

按设立外商投资企业数排序，外商投资服务业领域最多的10个行业是：房地产业（49122家）、批发和零售业（44723家）、租赁和商务服务业（30642家）、居民服务及修理和其他服务业（11624家）、科学研究和技术服务业（9673家）、交通运输及仓储和邮政业（8453家）、信息传输及软件和信息技术服务业（7171家）、

住宿和餐饮业（5012家）、卫生和社会工作（1290家）、金融服务业（259家，不含银证保）。

上述10个行业吸收外资共计设立外商投资企业167969家，实际使用外资金额2696.23亿美元，占同期服务业领域吸收外资总量的97.93%和98.44%（详见图2-32）。

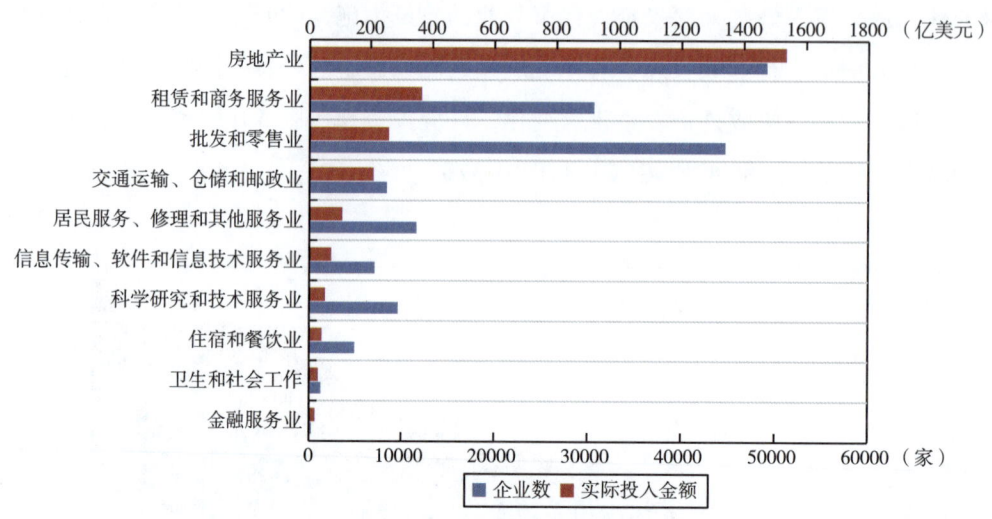

图2-32　1979—2008年外商投资服务业主要行业（前10位）
（按实际使用外资排序）

上述10个行业单项平均外资规模为160.52亿美元。其中：金融服务行业（不含银证保业）760.6亿美元，房地产行业312.55亿美元，交通运输及仓储和邮政行业249.14亿美元，卫生和社会工作行业233.02亿美元，租赁和商务服务行业118.98亿美元，信息传输、软件和信息技术服务行业101.26亿美元，居民服务、修理和其他服务行业93.90亿美元，住宿和餐饮行业83.98亿美元，批发和零售行业58.02亿美元，科学研究和技术服务行业54.45亿美元。

（2）近10年，服务业领域吸收外资最多的10个行业：2009—2018年（近10年），外商投资服务业领域分行业计。

按实际使用外资金额排序，外商投资服务业领域最多的10个行业是：房地产业（2431.85亿美元）、租赁和商务服务业（1144.44亿美元）、批发和零售业（999.85亿美元）、信息传输及软件和信息技术服务业（612.84亿美元）、金融服务业（540.04亿美元，不含银证保）、科学研究和技术服务业（399.05亿美元）、交通运输及仓储和邮政业（396.99亿美元）、居民服务及修理和其他服务业（104.02亿美元）、住宿和餐饮业（68.65亿美元）、水利及环境和公共设施管理业（66.87亿美元）。

按设立外商投资企业数排序,外商投资服务业领域最多的10个行业是:批发和零售业(95192家)、租赁和商务服务业(43633家)、科学研究和技术服务业(21485家)、信息传输及软件和信息技术服务业(18988家)、金融服务业(10744家,不含银证保)、住宿和餐饮业(5890家)、房地产业(5727家)、交通运输及仓储和邮政业(4523家)、居民服务及修理和其他服务业(2471家)、水利及环境和公共设施管理业(1293家)(详见图2-33)。

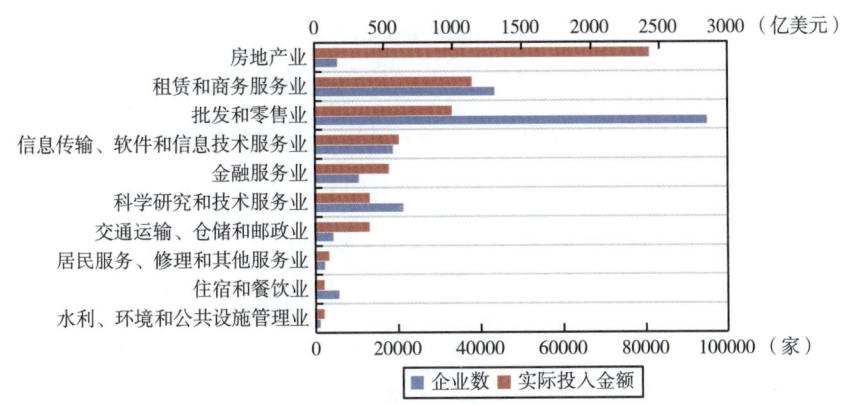

图2-33　2009—2018年外商投资服务业主要行业(前10位)概况
(按实际使用外资排序)

10年间,外商投资上述10个行业总计设立企业209946家,实际使用外资金额6764.61亿美元,占同期服务业领域吸收外资总量的98.15%和98.88%,占40年服务业领域累计吸收外资总量的54.5%和70.6%。

(3)与前30年相比,近10年外商投资服务业的结构不断优化:

一是外商投资服务业领域总体规模成倍增长。近10年,服务业领域设立外商投资企业数、实际使用外资金额分别是前30年的1.3倍和2.5倍。

二是吸收外资最多的前10个行业结构明显优化。近10年,水利及环境和公共设施管理业进入排位前10,由前30年的第13位升为第10位;信息传输及软件和信息技术服务业、金融服务业(不含银证保)、科学研究和技术服务业分别从前30年的第6位、第10位、第7位提升至第4位、第5位和第6位,交通运输及仓储和邮政业、居民服务及修理和其他服务业、住宿和餐饮业分别由第4位、第5位、第8位退居第7位、第8位、第9位。

三是现代服务行业吸收外资增幅远高于其他行业,占比大幅提高。其中,金融服务业(不含银证保业)实际使用外资是前30年总和的27.4倍,占服务业领域吸收外资总量的比重从0.72%提升至7.89%，提高了7.17个百分点；科学研究和技术服务业是前30年总和的8.44倍，占比从1.92%提升至5.83%，提高了3.91个百分点；信息传输及软件和信息技术服务业是前30年总和的7.58倍，占比从2.65%提升至8.96%，提高了6.31个百分点；水利及环境和公共设施管理业实际使用外资是前30年总和的57倍。在服务业领域中，吸收外资增幅最快的行业是水利及环境和公共设施管理行业、金融服务行业和信息传输及软件和信息技术服务行业，与前30年相比，上述3个行业实际使用外资金额分别增长468%、2640%和744%。

四是服务业吸收外资单项平均外资规模成倍增长。吸收外资最多的10个行业单项平均外资规模322.21万美元，是前30年的2倍。其中，水利及环境和公共设施管理业单项平均外资规模（517.17万美元）是前30年的3.19倍，信息传输及软件和信息技术服务业（322.75万美元）是前30年的4.48倍，交通运输及仓储和邮政业（877.71万美元）、居民服务及修理和其他服务业（420.96万美元）分别是前30年的3.52倍和3.19倍。

五是房地产业吸收外资占比大幅下降，服务领域外资结构趋于合理。10年间，外商投资房地产行业实际投入外资金额有5年出现负增长，设立企业数4年负增长。2009—2018年（近10年），房地产行业设立外商投资企业5727家，占同期服务业领域吸收外资总量的比重从前30年的28.64%降至2.68%，比前30年减少26个百分点；实际使用外资金额为2431.85亿美元，占比从前30年的56.05%降至35.55%，比前30年减少20.5个百分点。房地产行业单项平均外资规模为4246.28万美元，是前30年的13.6倍[1]。虽然房地产业、租赁和商务服务业、批发和零售业仍居前3位，但占服务业领域吸收外资总量的比重由前30年的78.83%下降至66.89%，减少12个百分点。

外商投资服务业领域分阶段发展情况对比图详见图2-34，外商投资服务业领域部分行业分阶段发展对比图详见图2-35。

---

[1] 1979—2008年（前30年），外商投资房地产业占服务业领域吸收外资总量的比重过高，不尽合理。30年间，共计设立外商投资房地产业企业49122家，实际使用外资金额1535.29亿美元，占前30年服务业领域吸收外资总量的28.64%和56.05%。其间：1979—1989年是我国房地产行业逐渐形成时期，外商投资房地产业规模很小；1990—2000年，我国房地产行业快速发展，外商投资规模大幅增长，占服务业领域吸收外资总量的比重超过60%；2001—2008年，房地产行业吸收外资占服务业领域吸收外资总量的比重有所下降，设立企业数、实际使用外资金额占比从1990—2000年的42.4%、63.2%降至11.98%、41.4%，分别降低了30.4个百分点和21.8个百分点。

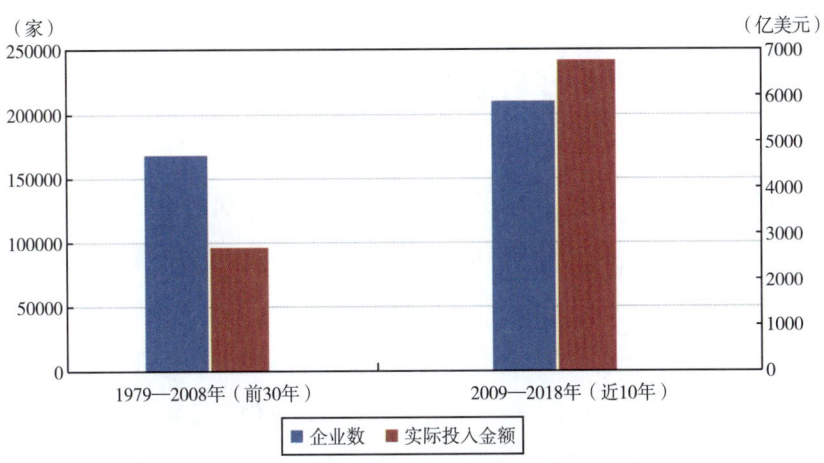

图2-34　外商投资服务业领域分阶段发展情况对比图

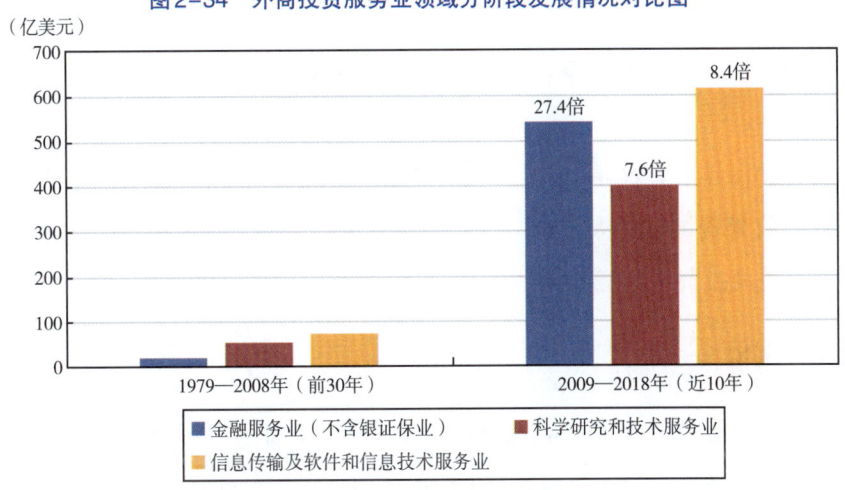

图2-35　外商投资服务业领域部分行业分阶段发展对比图

（三）金融业主要行业分阶段发展概况

1979—1993年（对外开放前15年），外资金融机构基本设在经济特区，且数量很少。1990年中央决定设立浦东新区，1994年国务院发布"外资金融机构管理条例"，金融领域（银行、证券、保险行业）吸收外资在沿海地区（主要在浦东新区、北京）依法展开。2001年中国加入世贸组织之后，金融领域市场准入不断扩大，银行、证券、保险行业吸收外资步伐加速，外商投资持续增长。[1]

2008—2018年，外商投资金融领域快速增长，11年间，共计设立外资金融机构174家，实际投入外资金额为871.6亿美元，占40年金融领域吸收外资总量的58.6%和69%，单项平均外资规模为50091.9万美元。

第三节　外商投资高技术产业发展简况

鼓励外商投资高技术产业，始终是我国吸收外资导向政策的重要内容。40年来，根据不同时期国家制定的经济发展战略和结构调整目标，国务院先后颁布鼓励外商投资设立先进技术型企业的22条措施，制定《外商投资产业指导目录》，数次修订指导外商投资的相关政策、法规和上述目录，将现代农业、先进制造业、现代服务业、基础设施产业等列入鼓励类，并大幅地放宽市场准入范围，营造促进创新发展的投资环境。近20来年，高技术产业吸收外资快速发展，现已成为新时期外商对华投资的重要增长极。

一、1998—2018年高技术产业吸收外资简况

1998—2018年（近21年）是外商投资高技术产业快速发展的时期。在此期间，高技术产业吸收外资增幅远大于全国吸收外资总量的增幅，规模迅速扩大，所占比重大幅提升，外商投资结构持续优化[1]。

（一）概况

1998—2018年，21年间，外商投资高技术产业共计设立外商投资企业96082家，实际使用外资金额为2835.9亿美元，占同期全国吸收外资总量的14.7%和15.7%，单项平均外资规模为295.2万美元（详见图2-36）。其中：

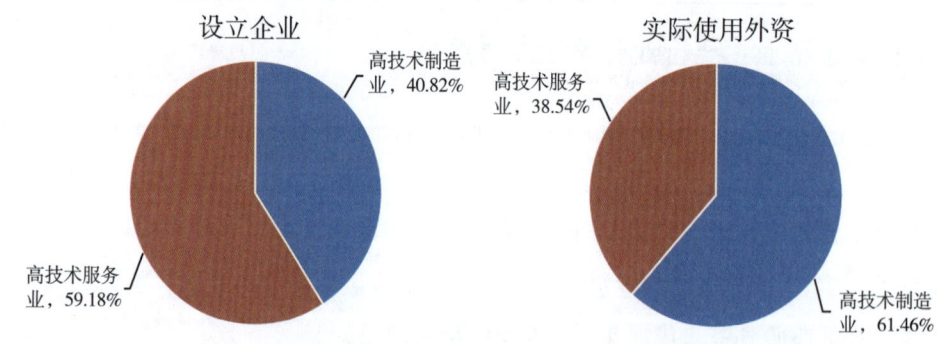

图2-36　1998—2018年外商投资高技术产业结构图

---

[1] 国家统计局自1998年开始对高技术产业吸收外资情况进行统计（1998年之前，没有高技术产业吸收外资统计数据）。在本书中，外商投资高技术产业数据均为1998年之后国家统计局数据。

高技术制造业设立外商投资企业39217家，实际使用外资金额1743.1亿美元，占同期高技术产业吸收外资总量的40.82%和61.48%，占同期制造业领域吸收外资总量的13%和21%。

高技术服务业设立外商投资企业56865家，实际使用外资金额为1092.9亿美元，占同期高技术产业吸收外资总量的59.18%和38.52%，占同期服务业领域吸收外资总量的17.0%和11.5%。

据科技部火炬中心统计，截至2018年底，全国共有高新技术企业18.1万家，其中外商投资高新技术企业共计11931家，占比为6.6%。

（二）高技术产业吸收外资增幅远大于全国总量增幅

1998—2018年，高技术产业设立外商投资企业年均增幅13.9%，高于同期全国设立外商投资企业年均增幅5.7%，提高了8.2个百分点；实际使用外资金额年均增幅14.8%，高于同期全国实际使用外资金额年均增幅5.6%，提高了9.2个百分点（详见图2-37）。

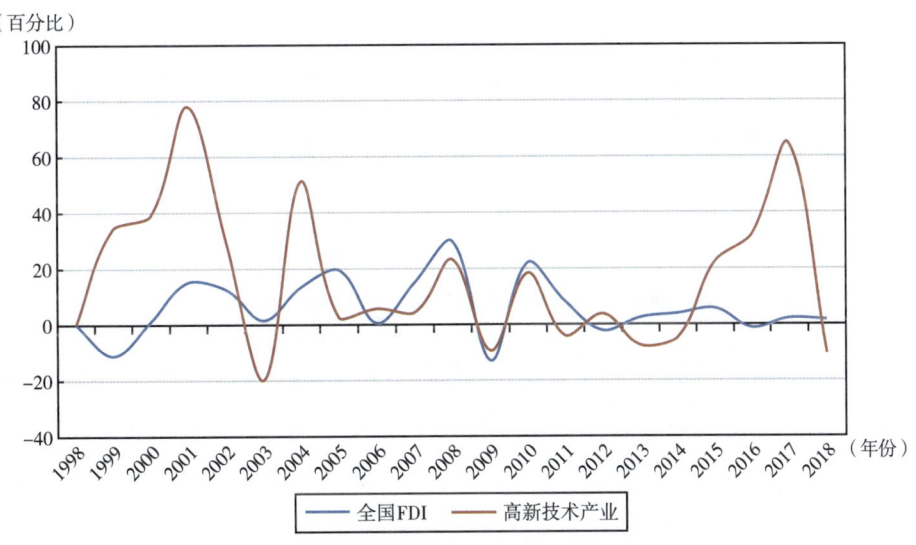

图2-37　1998—2018年外商投资高技术产业增幅与全国FDI增幅曲线图

其中：高技术制造业设立外商投资企业数、实际使用外资金额年均增幅4.8%和11.7%，高于同期全国制造业领域吸收外资年均增幅（-3.8%、2.4%）8.6和9.3个百分点。高技术服务业设立外商投资企业数、实际使用外资金额年均增幅18.1%、

19.8%，高于同期全国服务业领域吸收外资年均增幅（12.3%、8.3%）5.8个百分点和11.5个百分点。

（三）高技术产业吸收外资规模迅速扩大

1998—2018年，21年间，高技术产业年度新设立外商投资企业数从1033家增至14035家（40年最高值），增长了12.6倍；实际使用外资金额从20.1亿美元增至321亿美元（2017年曾达359.7亿美元，为40年最高值），增长了15.6倍（详见图2-38）。

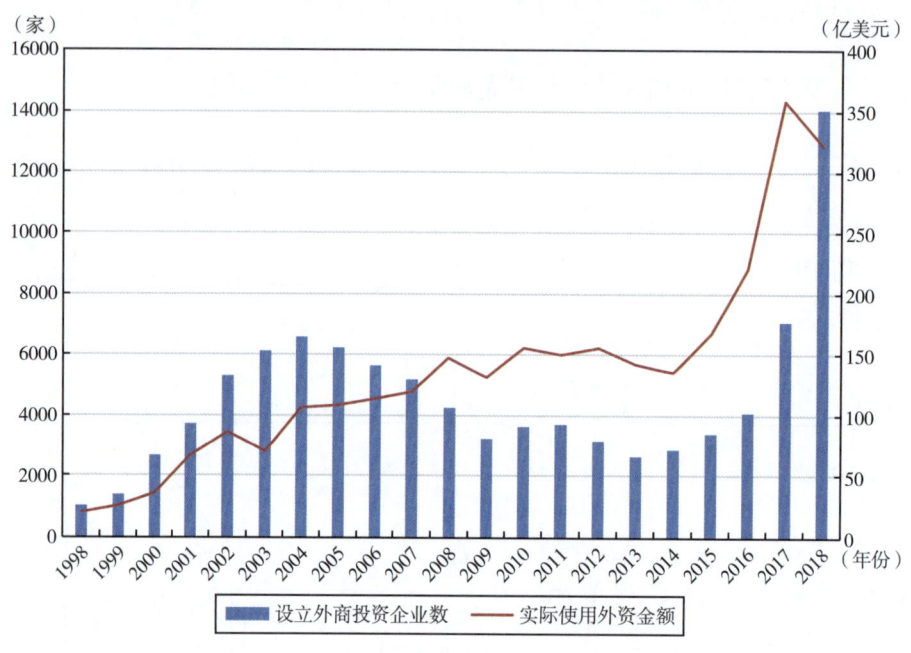

图2-38　1998—2018年外商投资高技术产业一览图

21年间，高技术制造业年度新设立外商投资企业数从584家增至1478家（2004年曾达4417家，为40年最高值），增长了1.53倍；实际使用外资金额从15.2亿美元增至137.9亿美元（40年最高值），增长了8.1倍。单项平均外资规模由260.3万美元增至933万美元（40年最高值，扩大了2.6倍），详见图2-39。

21年间，高技术服务业每年新设立外商投资企业数从449家增至12557家（40年最高值），增长了27倍；实际使用外资金额从5亿美元增至183.1亿美元（2017年曾达260.8亿美元，为40年最高值），增长了35.6倍。单项平均外资规模由111.4万美元增至145.8万美元，增幅31%（详见图2-40）。

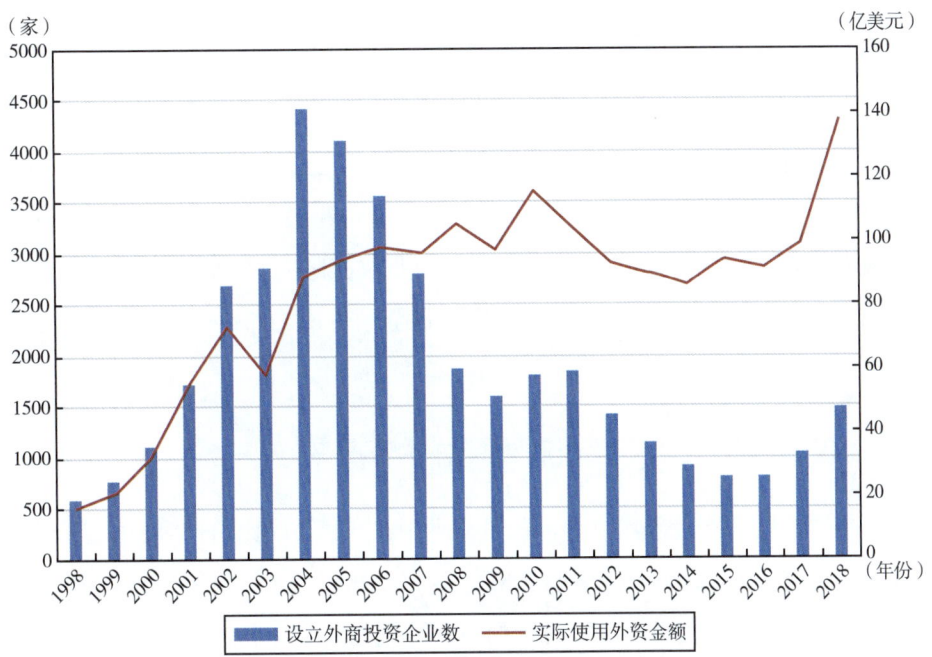

图2-39　1998—2018年外商投资高技术产业（制造业）一览图

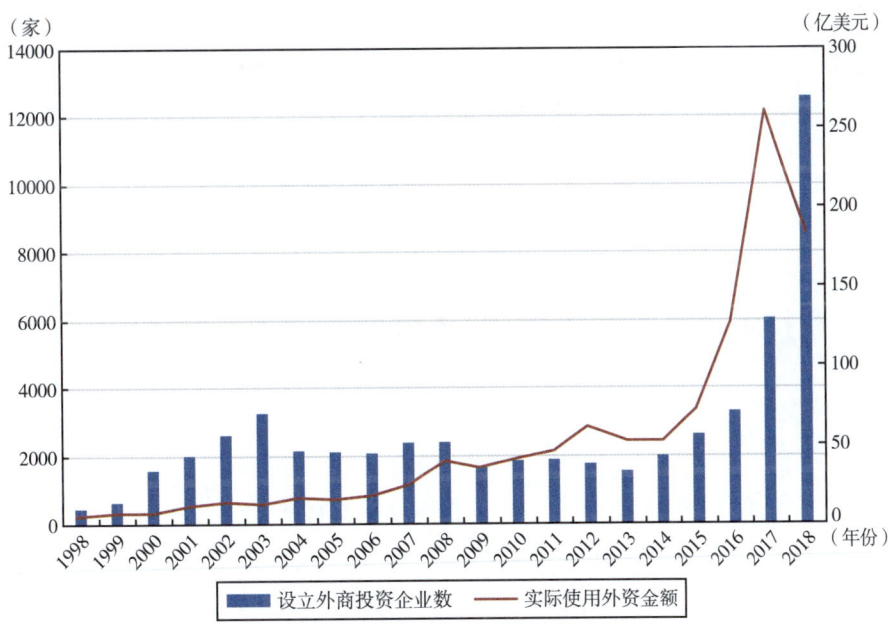

图2-40　1998—2018年外商投资高技术产业（服务业）一览图

（四）高技术产业吸收外资占全国总量的比重大幅提升

1998年，外商投资高技术产业新设立企业数、实际使用外资金额在全国吸收外资总量中的比重仅为5.2%和4.4%。2002年，所占比重快速升至15.5%和16.5%。2017年，所占比重进一步提高到19.8%和27.5%（40年最高值）。2018年，所占比重接近全国吸收外资总量的1/4，其中，新设立企业数占比达23.2%（40年最高值），比1998年占比提高了18个百分点；实际使用外资金额占比23.8%，比1998年占比提高了19.4个百分点。

（五）2018年高技术产业吸收外资总体情况良好

2018年，高技术产业新设立外商投资企业14035家，同比增长98.7%，企业数和增长幅度均为40年最高值；实际使用外资金额为321亿美元（仅低于2017年），同比下降10.8%；占同期全国吸收外资总量的比重分别为23.2%和23.8%。单项平均外资规模为228.7万美元。其中：

高技术制造业新设立外商投资企业1478家，实际使用外资金额为137.9亿美元，同比增长43.2%和39.4%，占同期高技术产业吸收外资总量的10.5%和43%。单项平均外资规模为933万美元，为40年最高值，是高技术服务业的6.4倍。

高技术服务业新设立企业12557家，同比增长108.2%（为40年最高增幅），实际使用外资金额为183.1亿美元（仅低于2017年），同比下降29.8%，占同期高技术产业吸收外资总量的89.5%和57%。单项平均外资规模为145.8万美元。

二、高技术产业外商投资行业结构

（一）高技术产业吸收外资最多的前10个行业

据统计局数据，1998—2018年，外商投资高技术产业分行业计：

按照实际使用外资金额排序，高技术产业中吸收外资最多的前10个行业是：电子及通信设备制造业（1246.6亿美元），信息服务（718.2亿美元），医药制造业（199.0亿美元），科技成果转化服务（160.5亿美元），计算机及办公设备制造业（154.1亿美元），医疗仪器设备及仪器仪表制造业（131.6亿美元），研发与设计服务（127.7亿美元），知识产权及相关法律服务（41.4亿美元），环境监测及治理服务

（22.7亿美元），航空、航天器及设备制造业（9.9亿美元）（详见图2-41）。

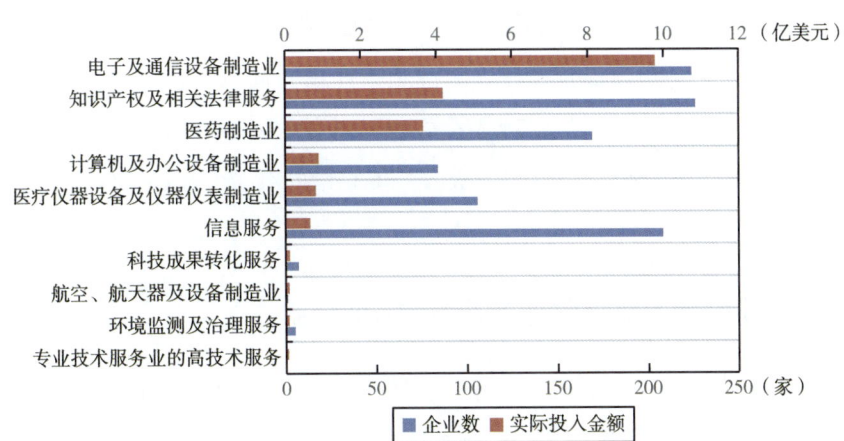

图2-41　1998—2018年外商投资高技术产业主要行业（前十位）
（按实际使用外资排序）

按照设立外商投资企业数排序，高技术产业中吸收外资最多的前10个行业是：信息服务（32550家）、电子及通信设备制造业（25349家）、科技成果转化服务（11352家）、研发与设计服务（5968家）、医疗仪器设备及仪器仪表制造业（5724家）、医药制造业（4882家）、知识产权及相关法律服务（4764家）、计算机及办公设备制造业（3030家）、环境监测及治理服务（835家）、航空、航天器及设备制造业（142家）。

21年间，上述10个行业共计设立高技术外商投资企业94596家，实际使用外资金额为2811.7亿美元，占同期高技术产业累计吸收外资总量的98.5%和99%，占同期全国累计吸收外资总量的14.4%和15.5%。单项平均外资规模为297.2万美元。

在上述10个行业中，高技术制造业（5个行业）实际使用外资金额是高技术服务业（5个行业）的1.6倍，单项平均外资规模是高技术服务业的2.3倍，是高技术产业的1.5倍。高技术服务业（5个行业）设立企业数是高技术制造业（5个行业）的1.4倍。

（二）高技术制造业吸收外资最多的5个行业

在高技术产业吸收外资最多的10个行业中，5个是高技术制造行业。按照实际使用外资金额排序，高技术制造业吸收外资最多的5个行业是：电子及通信设备制造业（1246.6亿美元，25349家）、医药制造业（199.0亿美元，4882家）、计算机及办公设备制造业（154.1亿美元，3030家）、医疗仪器设备及仪器仪表制造业（131.6亿美元，

5724家)、航空、航天器及设备制造业(9.9亿美元,142家)。上述5个行业在高技术产业吸收外资前十个行业中依次居第1位、第3位、第5位、第6位和第10位。

1998—2018年,外商投资上述5个行业共计设立高技术制造业外商投资企业39127家,实际使用外资金额为1738.7亿美元,占同期高技术制造业吸收外资总量的99.77%和99.75%,占同期高技术产业吸收外资总量的40.7%和61.3%。单项平均外资规模为444万美元。

(三)高技术服务业吸收外资最多的5个行业

在高技术产业吸收外资最多的10个行业中,5个是高技术服务行业。按照实际使用外资金额排序,高技术服务业吸收外资最多的5个行业是:信息服务(717.7亿美元,32550家)、科技成果转化服务(160.5亿美元,11352家)、研发与设计服务(127.7亿美元,5968家)、知识产权及相关法律服务(41.4亿美元,4764家)、环境监测及治理服务(22.7亿美元,835家)。在高技术产业吸收外资最多的前10个行业中,上述5个行业依次居第2位、第4位、第7位、第8位和第9位。

1998—2018年,外商投资上述5个行业共计设立高技术服务业外商投资企业55469家,实际使用外资金额为1069.9亿美元,占同期高技术服务业吸收外资总量的97.5%和97.9%,占同期高技术产业吸收外资总量的57.7%和37.7%。单项平均外资规模为193万美元。

三、高技术产业外商投资结构分阶段发展简况

(一)高技术产业吸收外资结构分阶段变化概况

1998—2018年,21年间,外商投资高技术产业的结构发生了重要变化。前11年(1998—2008年),外商投资高技术产业以制造业为主,高技术产业实际使用外资金额的80%以上流入高技术制造业。近10年(2009—2018年),高技术服务业吸收外资快速发展,年均增幅远大于高技术制造业,占比大幅提升。

(1)1998—2008年,11年间,高技术产业吸收外资共计设立外商投资企业48134家,实际使用外资金额为899.5亿美元,年均增幅15.2%、21.9%,占同期全国吸收外资总量的5.0%和4.4%。单项平均外资规模为186.9万美元。其中:

高技术制造业设立外商投资企业26446家,年均增幅12.3%,占同期高技术产业设立外商投资企业数的54.9%,占同期全国吸收外资总量的5.0%;实际使用外资金额为733.8亿美元,年均增幅21.4%,占同期高技术产业实际使用外资金额的81.6%,占同期全国吸收外资总量的7.6%。单项平均外资规模为277.4万美元,是高技术服务业的3.6倍。

高技术服务业设立外商投资企业21688家,年均增幅18.2%;比高技术制造业年均增幅高出5.9个百分点,占同期高技术产业设立外商投资企业数的45.1%,占同期全国吸收外资总量的5.3%;实际使用外资金额为165.9亿美元,年均增幅23.1%,比高技术制造业年均增幅高出1.7个百分点,占同期高技术产业实际使用外资金额18.4%,占同期全国吸收外资总量的1.6%。单项平均外资规模为76.5万美元。其间,2008年,高技术服务业新设立外商投资企业数(2400家)首次超过高技术制造业(1861家),占当年高技术产业新设立外商投资企业总数的56.3%。

(2)2009—2018年,10年间,高技术产业共计设立外商投资企业47948家,年均增幅17.7%,占同期全国吸收外资总量的5.0%;实际使用外资金额为1936.4亿美元,年均增幅10.4%,占同期全国吸收外资总量的9.5%,比前11年提高了5.1个百分点。单项平均外资规模为403.9万美元。其中:

高技术制造业设立外商投资企业12771家,年均负增长0.8%,占同期高技术产业设立外商投资企业数的26.6%,占同期全国吸收外资总量的2.4%;实际使用外资金额为1009.5亿美元,年均增幅3.9%,占同期高技术产业实际使用外资金额的52.1%,占同期全国吸收外资总量的3.9%。单项平均外资规模为790.5万美元。

高技术服务业设立外商投资企业35177家,年均增幅25.3%,占同期高技术产业设立外商投资企业数的73.4%,比前11年提高了28.3个百分点,占同期全国吸收外资总量的8.6%;实际使用外资金额为927亿美元,年均增幅20.4%,占同期高技术产业实际使用外资金额的47.9%,比前11年提高了29.5个百分点,占同期全国吸收外资总量的9.0%。单项平均外资规模为263.5万美元。其间,2016年,高技术服务业实际使用外资金额(126.7亿美元)首次超过高技术制造业(92亿美元),占当年高技术产业实际使用外资总额的57.9%。2016年至今,高技术服务业每年吸收外资总量均高于高技术制造业。

(3)与前11年相比,近10年,外商投资高技术产业的主要变化:

一是高技术服务业吸收外资成倍增长,成为高技术产业吸收外资持续增长的主要驱动力。近10年,高技术服务业新设立外商投资企业数是前11年1.6倍(比前11

年净增加13489家），年均增幅25.3%（高技术制造业年均负增长0.8%）；实际使用外资金额是前11年的5.6倍（净增加761.1亿美元），年均增幅20.4%，高于高技术制造业年均增幅（3.9%）16.5个百分点；占同期高技术产业累计实际使用外资增加值（1036.9亿美元）的73.4%。单项平均外资规模是前11年的3.4倍，净增加187万美元。详见图2-42。

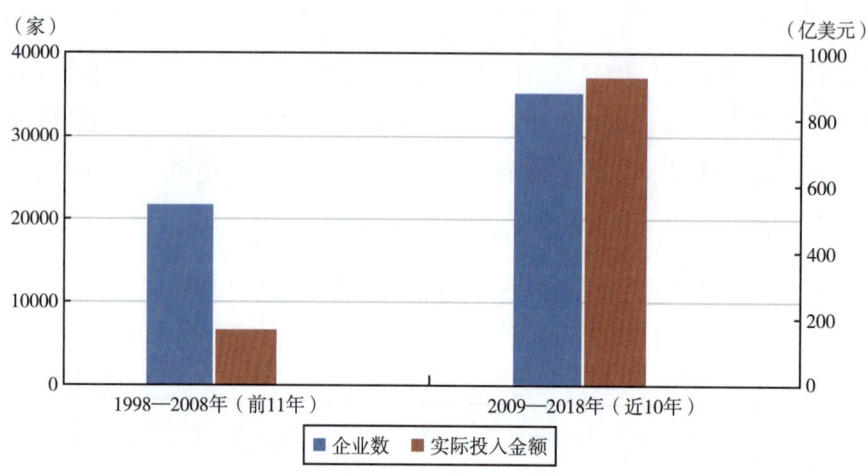

图2-42 外商投资高技术产业（服务业）分阶段发展情况对比图

二是外商投资高技术制造业新设立企业数大幅减少，实际使用外资持续增长。近10年，外商投资高技术制造业新设立外商投资企业数比前11年减少13675家；实际使用外资金额是前11年的1.4倍，净增加275.7亿美元，占同期高技术产业累计实际使用外资增加值（1036.9亿美元）的26.6%（详见图2-43）。

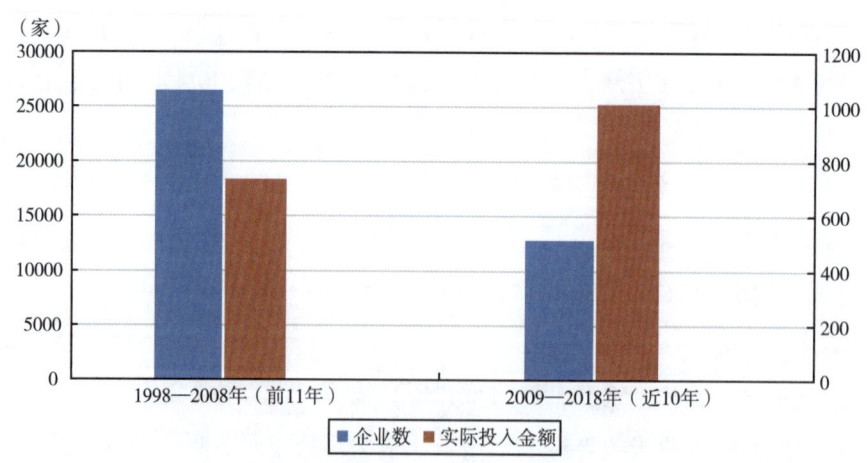

图2-43 外商投资高技术产业（制造业）分阶段发展情况对比图

三是高技术制造业实际使用外资金额仍大于高技术服务业，单项平均外资规模远高于高技术服务业。近10年，高技术制造业实际使用外资增幅缓慢，但外商实际投入金额（1009.5亿美元）仍大于高技术服务业（927亿美元）817.5亿美元；单项平均外资规模是前11年的2.9倍，净增加275.7万美元，是高技术服务业的3倍。

（二）高技术产业吸收外资行业结构分阶段发展简况

从分阶段数据看（1998年、2018年），1998—2018年，20年间，外商投资高技术产业的行业结构不断优化。

（1）1998年高技术产业中吸收外资最多的10个行业：

按实际使用外资金额排序，1998年，高技术产业吸收外资最多的10个行业是：电子及通信设备制造业（9.78亿美元）、知识产权及相关法律服务（4.17亿美元）、医药制造业（3.65亿美元）、计算机及办公设备制造业（0.88亿美元）、医疗仪器设备及仪器仪表制造业（0.80亿美元）、信息服务（0.65亿美元）、科技成果转化服务（0.10亿美元）、航空、航天器及设备制造业（0.04亿美元）、环境监测及治理服务（0.03亿美元）和专业技术服务业的高技术服务（0.01亿美元）。详见图2-44。

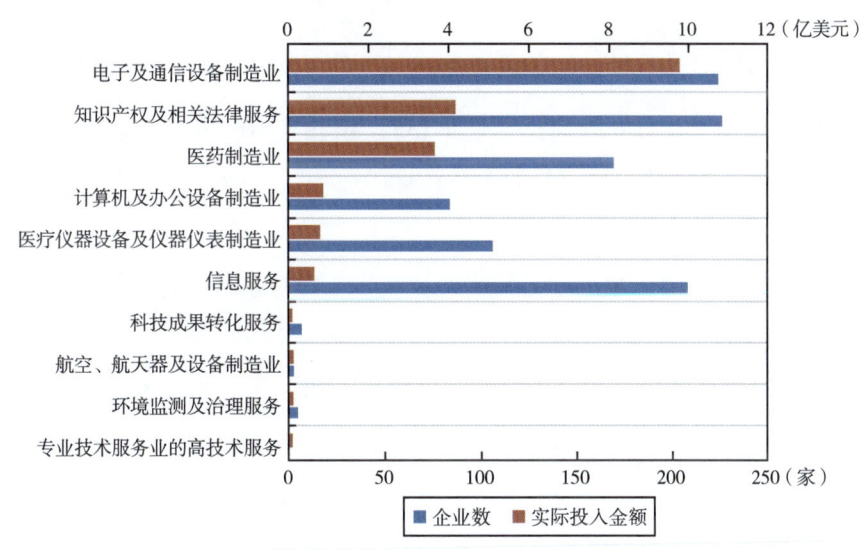

图2-44　1998年外商投资高技术产业主要行业（前10位）（按实际使用外资排序）

上述10个行业共计设立外商投资企业1030家，实际使用外资金额为20.11亿美元，占1998年高技术产业吸收外资总量的99.71%和99.85%，占同期全国吸收外资总量的5.2%和4.42%。

（2）2018年高技术产业中吸收外资最多的10个行业：

按实际使用外资金额排序，2018年，高技术产业中吸收外资最多的10个行业是：信息服务（115.1亿美元）、电子及通信设备制造业（89.8亿美元）、科技成果转化服务（41.8亿美元）、医疗仪器设备及仪器仪表制造业（27.1亿美元）、研发与设计服务（16.2亿美元）、医药制造业（13.1亿美元）、计算机及办公设备制造业（6.6亿美元）、知识产权及相关法律服务（4.1亿美元）、环境监测及治理服务（2.3亿美元）和航空、航天器及设备制造业（0.9亿美元）（详见图2-45）。

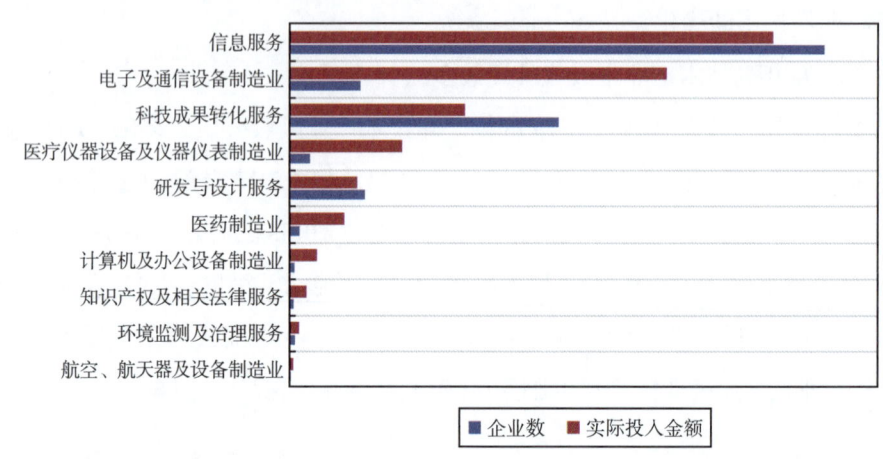

图2-45　2018年外商投资高技术产业主要行业（前10位）（按实际使用外资排序）

上述10个行业共计设立外商投资企业13582家，实际使用外资金额317亿美元，占2018年高技术产业吸收外资总量的96.77%和98.75%，占同期全国吸收外资总量的22.44%和23.49%。

（3）与1998年相比，2018年高技术产业吸收外资行业结构明显优化。其主要表现在以下几个方面。

一是外商投资高技术产业总体规模成倍增长。2018年，高技术产业吸收外资设立企业数、实际使用外资金额分别是1998年的13.6倍和15.9倍（详见图2-46）。

2018年，高技术产业吸收外资最多的前10个行业中，研发与设计服务行业、信息服务行业实际使用外资金额是1998年的3526倍和177.1倍；环境监测及治理服务业、航空和航天器及设备制造业、科技成果转化服务、医疗仪器设备及仪器仪表制造业依次是1998年的76.7倍、22.5倍、418倍、33.9倍；电子及通信设备制造业、计算机及办公设备制造业、医药制造业分别为1998年的9.18倍、7.5倍和3.59倍。知识产权及相关法律服务业实际使用外资金额下降1.68%（详见图2-47）。

第二章　我国吸收外商直接投资40年发展情况

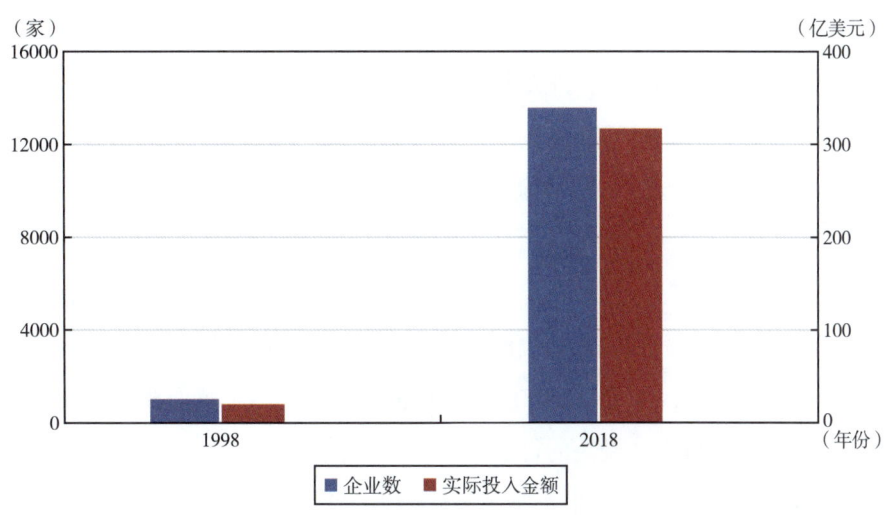

图2-46　外商投资高技术产业分阶段发展情况对比图

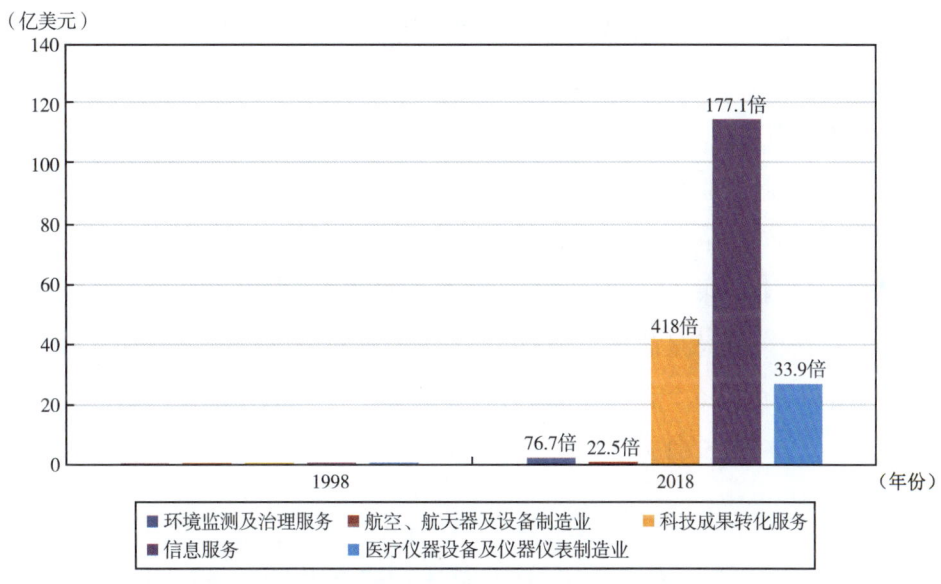

图2-47　外商投资部分高技术产业分阶段发展情况对比图

二是吸收外资最多的前10个行业的结构明显优化。其中，信息服务行业由1998年的第6位跃升至首位；科技成果转化服务、医疗仪器设备及仪器仪表制造业从第7位、第5位提升至第3位、第4位；研发与设计服务业从第12位晋升至第5位；电子及通信设备制造业、医药制造业分别由1998年的第1位、第3位降至第2位和第6位，计算机及办公设备制造业从第4位降至第7位，知识产权及相关法律服务业由第2位（高技术服务业排位第1）降至第8位（高技术服务业排位第4），航空、航天器及设备制造业由第8位降至第10位，环境监测及治理服务继续位居第9位。

77

三是研发与设计服务行业和信息服务行业成为高技术产业中吸收外资增幅最高的行业。1998—2018年研发与设计服务行业、信息服务行业年均增幅为50.4%、29.5%，分别高于同期高技术产业年均增幅（14.8%）35.6个百分点、14.7个百分点，高于同期全国吸收外资总量年均增幅（5.7%）44.7个百分点和23.8个百分点。

四是2008—2018年外商投资信息服务行业占高技术产业吸收外资总量的比重从19.09%提高到35.86%，科技成果转化服务行业占比从3.08%提高到13.01%，研发与设计服务行业占比从3.28%提高到2018年的5.05%。上述3个行业成为高技术产业中吸收外资占总量的比重提高最快的行业。

五是外商投资高技术制造业大项目明显增多。2018年高技术制造业单项平均外资规模为933万美元，是1998年（260.3万美元）的3.6倍，是2018年高技术服务业（145.8万美元）的6.4倍，是同期制造业领域外资单项平均规模（669.2万美元）的1.4倍。2018年高技术服务业外资单项平均规模（145.8万美元）比1998年（111.4万美元）增加了34.4万美元。

六是高技术服务业吸收外资占高技术产业总量的比重迅速提升。10年间，继2008年、2016年高技术服务业新设立外商投资企业数、实际使用外资金额先后超过高技术制造业以来，2018年其新设立外商投资企业数、实际使用外资金额占高技术产业吸收外资总量的比重分别达89.47%和57.04%，比1998年（10.51%、24.38%）提高了78.96个百分点和32.66个百分点。同期，高技术制造业占比由1998年的53.05%和75.62%降至10.53%和42.96%。

第四节　外商对华投资区域布局发展简况

一、我国东、中、西部地区吸收外资概况

截至2018年底，在全国累计吸收外资总量中（外商投资企业960489家、合同外资金额为48313.96亿美元，实际使用外资额为20343.22亿美元），东部地区所占比重约为85%，中部地区占比为8%左右，西部地区占比近7%（详见图2-48）。

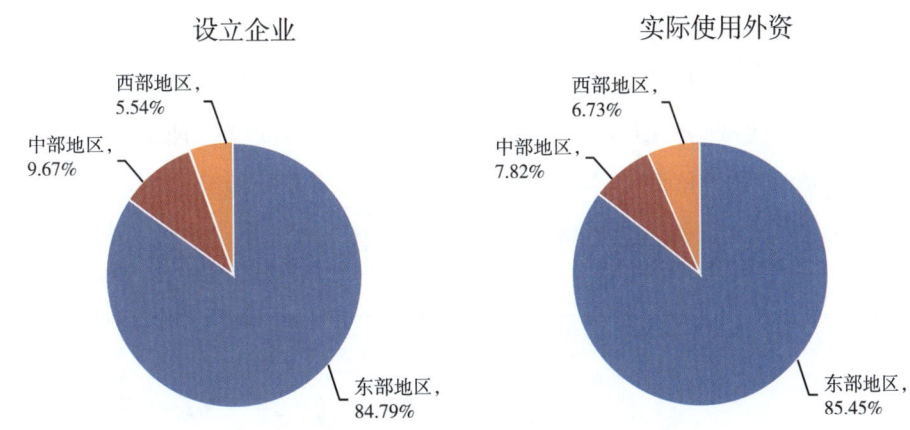

图2-48 截至2018年底东、中、西部地区外商直接投资区域结构图

东部地区设立外商投资企业814352家,合同外资金额为40101.79亿美元,实际使用外资额为17383.68亿美元,占全国吸收外资总量的84.79%、83%、85.45%。单项平均外资规模为213.5万美元。

中部地区设立外商投资企业92889家,合同外资金额为4922.97亿美元,实际使用外资额为1590.98亿美元,占全国吸收外资总量的9.67%、10.19%、7.82%。单项平均外资规模为171.3万美元。

西部地区设立外商投资企业53248家,合同外资金额为3289.20亿美元,实际使用外资额为1368.56亿美元,占全国吸收外资总量的5.54%、6.81%、6.73%。单项平均外资规模为257万美元。

东北老工业基地[1]设立外商投资企业64785家,合同外资金额为3594.2亿美元,实际使用外资额为1163.4亿美元,占全国吸收外资总量的6.8%、7.4%、5.7%。单项平均外资规模为179.6万美元。

二、东、中、西部地区吸收外资分阶段发展概况

从分阶段数据看(前20年、近20年),40年间,外商对华投资区域布局得到一定的优化。前20年(1979—1998年),东部沿海地区率先成为我国对外开放先行区、试验田,政策、体制机制、资金、人才、产业集聚向之倾斜,加上其经济、教育相

---

[1] 东北老工业基地(黑龙江、辽宁、吉林三省)吸收外资数据与东中西地区数据重复,下同。

对发达，区位临近出海口，交通便利等优势，全国吸收外资总量的近90%流入东部地区，尤其是东部沿海地区。近20年（1999—2018年），国家相继实施"西部大开发""中部崛起"等战略，引导外商加大向中西部地区和东北老工业基地投资，中西部地区吸收外资规模成倍增长，吸收外资增幅基本高于东部地区，在全国吸收外资总量中的比重有所提升（详见图2-49、图2-50）。

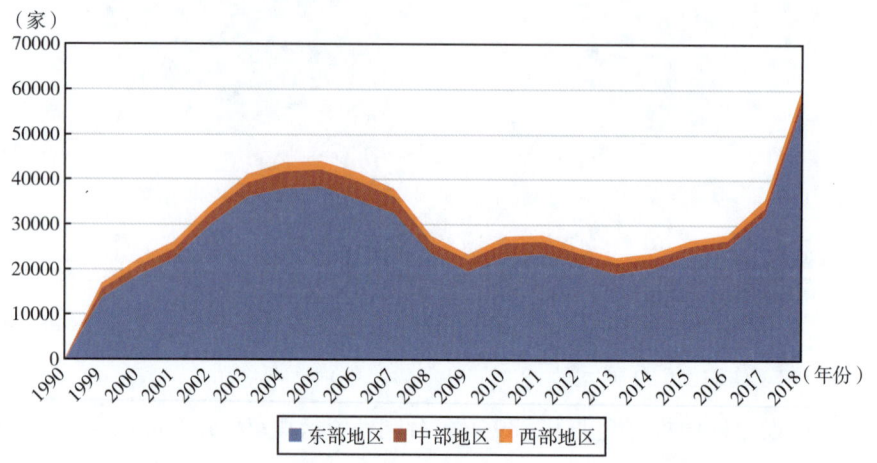

图2-49　1990—2018年东、中、西部地区吸收外资一览图（设立外商投资企业数）

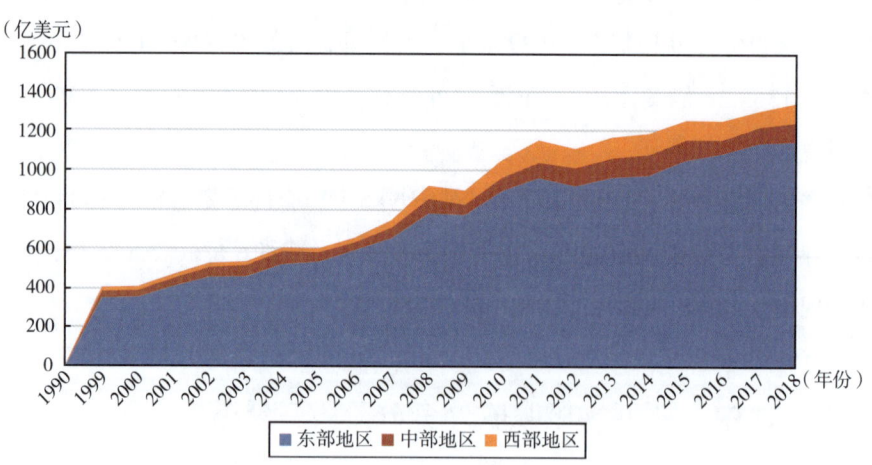

图2-50　1990—2018年东、中、西部地区吸收外资一览图（实际使用外资）

（一）前20年，外商对华投资绝大部分集中在东部地区

1979—1998年，20年间，外商对华投资累计设立外商投资企业324667家，合同外资金额为5724.3亿美元，实际使用外资金额为2674.3亿美元，占40年全国累计

吸收外资总量的33.8%、11.8%和13.1%。其中：

东部地区吸收外资共计设立外商投资企业266601家，合同外资金额为5058.7亿美元，实际使用外资金额为2348.8亿美元，占同期全国累计吸收外资总量的82.1%、88.4%和87.8%，占40年东部地区累计吸收外资总量的32.5%、12.6%和13.5%。单项平均外资规模为88.1万美元。

中部地区吸收外资共计设立外商投资企业41813家，合同外资金额为449.9亿美元，实际使用外资金额为237.7亿美元，占同期全国累计吸收外资总量的12.9%、7.9%和8.9%，占40年中部地区累计吸收外资总量的44.3%、9.1%和14.8%。单项平均外资规模为56.8万美元。

西部地区吸收外资共计设立外商投资企业16253家，合同外资金额为216.67亿美元，实际使用外资金额为87.63亿美元，占同期全国累计吸收外资总量的5.0%、3.8%和3.3%，占40年西部地区累计吸收外资总量的35.8%、6.8%和6.7%。单项平均外资规模为53.9万美元（详见图2-51）。

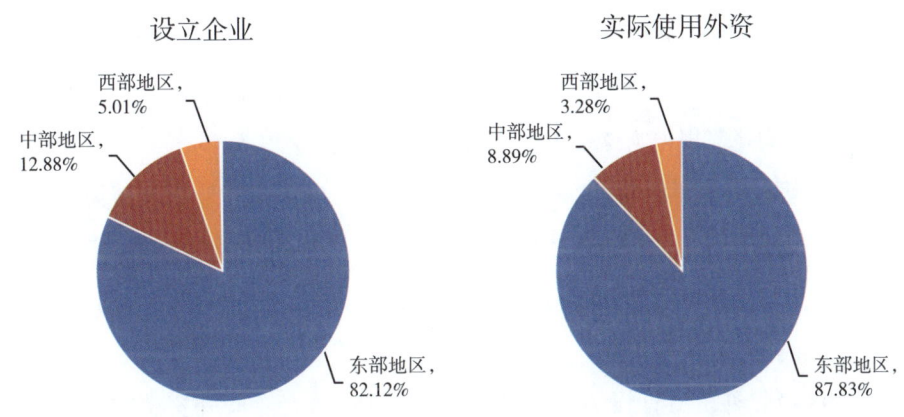

图2-51　1979—1998年东、中、西部地区吸收外商直接投资概况

东北老工业基地吸收外资共计设立外商投资企业29091家，合同外资金额为391.9亿美元，实际使用外资额为170.7亿美元，占同期全国累计吸收外资总量的9.0%、6.8%和6.4%，占40年东北老工业基地累计吸收外资总量的44.9%、10.9%和14.7%。单项平均外资规模为58.7万美元。

（二）近20年，外商投资中西部地区规模明显扩大，占比有所提升

1999—2018年，20年间，外商对华投资累计设立外商投资企业635869家，合同

外资金额为42589.1亿美元，实际使用外资金额为17670.2亿美元，占40年全国累计吸收外资总量的66.2%、88.2%和86.9%。单项平均外资规模为277.9万美元。详见图2-52。其中：

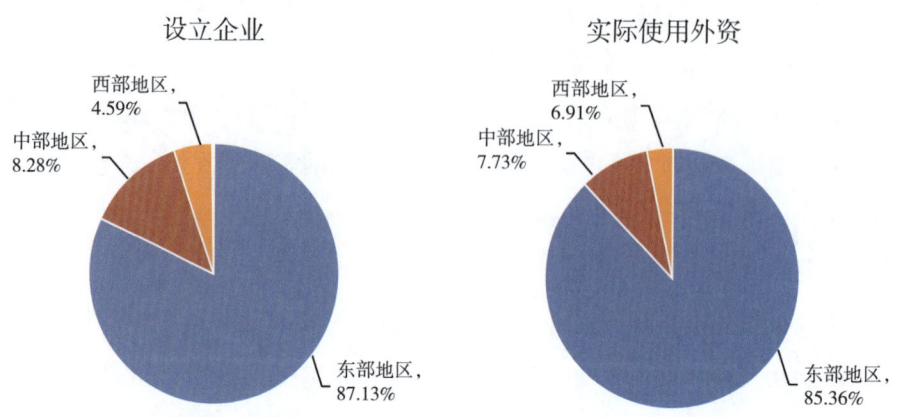

图2-52　1999—2018年东、中、西部地区吸收外商直接投资概况

东部地区吸收外资共计设立外商投资企业554047家，合同外资金额一35141.6亿美元，实际使用外资金额一15083.6亿美元，占同期全国累计吸收外资总量的87.1%、82.5%和85.4%，占40年东部地区累计吸收外资总量的67.5%、87.4%和86.5%。单项平均外资规模为272.2万美元。

中部地区吸收外资共计设立外商投资企业52637家，合同外资金额为4499.1亿美元，实际使用外资金额为1365.2亿美元，占同期全国累计吸收外资总量的8.3%、10.6%和7.7%，占40年中部地区累计吸收外资总量的55.7%、90.9%和85.2%。单项平均外资规模为259.4万美元。

西部地区吸收外资共计设立外商投资企业29185家，合同外资金额为2948.2亿美元，实际使用外资金额为1221.3亿美元，占同期全国累计吸收外资总量的4.6%、6.9%和6.9%，占40年西部地区累计吸收外资总量的64.2%、93.2%和93.3%。单项平均外资规模为418.5万美元。

东北老工业基地吸收外资共计设立外商投资企业35694家，合同外资金额为3202.3亿美元，实际使用外资额为992.8亿美元，占同期全国累计吸收外资总量的5.6%、7.5%和5.6%，占40年东北老工业基地累计吸收外资总量的55.1%、89.1%和85.3%。单项平均外资规模为278.1万美元。

（三）与前20年相比，近20年外商投资区域结构的变化

一是中西部地区吸收外资规模成倍增长，增长倍数高于东部地区。其中，外商投资西部地区合同外资金额、实际使用外资金额规模分别是前20年的13.6倍和13.9倍；外商投资中部地区分别是前20年的10倍和5.7倍；东部地区分别是前20年的6.9倍和6.4倍。

二是中西部地区占全国总量的比重有所上升。其中，中部地区吸收外资设立企业数、实际使用外资金额占同期全国累计吸收外资总量的比重分别比前20年提高了4.6个百分点和1.2个百分点（合同外资金额占比降低了2.7个百分点）；西部地区吸收外资合同外资金额、实际使用外资金额占同期全国累计吸收外资总量的比重分别比前20年提高了3.1个百分点和3.6个百分点（设立企业数占比降低了0.4个百分点）；东部地区吸收外资设立企业数、实际使用外资金额占同期全国累计吸收外资总量的比重分别比前20年降低了5个百分点和2.4个百分点（合同外资金额占比提高了5.9个百分点）。

三是西部地区吸收外资大项目明显增多。外商投资西部地区单项平均外资规模（418.5万美元）是中部地区（259.4万美元）的1.6倍，是东部地区（272.2万美元）的1.5倍。近20年，东中西部吸收外资单项平均外资规模均成倍增长。其中，西部地区增幅最高，单项平均外资规模是前20年的7.8倍；中部地区是前20年的4.6倍；东部地区是前20年的3.1倍。

四是东北老工业基地吸收外资规模先增后减。其间，2001—2010年，随着东北老工业基地振兴发展战略的实施，外商投资东北老工业基地实现快速增长，合同外资金额、实际使用外资金额占全国吸收外资总量的比重比前23年分别提高了3.9个百分点和1.3个百分点。2011年以来，由于多方面的原因，东北老工业基地吸收外资占全国总量的比重出现较大幅度回落，2011—2015年降至4.9%和5.9%，2016—2018年为6.8%和2.2%，近3年占全国总量的比重比2001—2010年下降了4.6个百分点和5.3个百分点。

综上所述，40年间，外商对华投资区域布局得到优化，但中西部地区占全国总量比重的提升幅度有限（东部地区占比基本保持在85%左右），要改变中西部地区、东北老工业基地吸收外资大大滞后东部地区的状况，尚需做出更大的努力。

（四）部分省、市、自治区吸收外资分阶段发展概况

对外开放前20年（1979—1998年），率先实行改革开放特殊政策、灵活措施的广东、福建两省吸收外资在全国各省（区、市）中名列前三。其中，广东省一直居于首位，其吸收外资规模约占全国吸收外资总量的30%（最高曾达40%以上），江苏排名第2位，福建省位居第3。近20年（1999—2018年），江苏、上海、浙江等省（市）加速开放步伐，在全国吸收外资总量中的比重迅速提升，新疆、宁夏、西藏、青海和甘肃5个省（自治区）吸收外资规模明显扩大。

（1）40年间，部分省区市在全国各省区市排序中的变化：

1979—1998年（前20年），全国吸收外资最多的5个省市是：广东、江苏、福建、上海和山东，5省市设立外商投资企业数、合同外资金额、实际使用外资金额分别占同期全国吸收外资总量的55.85%、63.35%和64.25%。（按实际使用外资金额排序，下同）

1999—2018年（近20年），江苏省跃居全国各省市区吸收外资之首位，占全国吸收外资总量的比重从前20年的11.7%升至18.8%；广东省退居第2位，占比重由28.2%降至18.6%；上海、浙江从前20年的第4位、第9位提升至第3、第4位，占总量的比重由8.4%、3.1%升至11.2%和8.1%；福建省从第3位降至第8位，占比由9.8%降至4.2%。

（2）近20年，新疆、宁夏、西藏、青海、甘肃5个省/自治区吸收外资规模持续大幅增长。1999—2018年，外商投资上述5个省/自治区合同外资金额是前20年的9.7倍、22.0倍、97.1倍、11.8倍、20.5倍；实际使用外资金额是前20年的8.1倍、26.7倍、11119.7倍、17.2倍、2.6倍；设立企业数分别是前20年的1.6倍、0.9倍、8.8倍、2.4倍、0.6倍。

（3）2018年中西部省区市成为外商投资增幅最快的地区：

据外资统计，2018年，吸收外资增长最快前10个省区市：

按实际使用外资金额增幅排序，增幅最高的前10个省（市）是：山西省（419.6%）、海南省（112.7%）、青海省（77%）、辽宁省（57%）、甘肃省（54.1%）、重庆市（43.8%）、贵州省（35.2%）、河北省（31.3%）、黑龙江省（30.7%）、安徽省（22.1%）。在上述10个省市中，4个位于西部地区，3个为中部地区省份（其中，黑龙江省为东北老工业基地省份），3个在东部地区（其中，辽宁省为东北老工业基地省份，另外2个是海南省和河北省）。

按合同外资金额增幅排序，增幅最高的前10个省（区、市）是：山西省

（456.9%）、内蒙古自治区（242.3%）、湖南省（226.0%）、重庆市（214.9%）、湖北省（161.7%）、新疆维吾尔自治区（108.8%）、西藏自治区（96.3%）、云南省（78.5%）、贵州省（70.6%）、河北省（65.5%）。上述省（区、市）中，6个位于西部地区（内蒙古、新疆、西藏3个自治区分别位居第2位、第6位、第7位），3个为中部地区，1个在东部地区（河北省）。

按新设立外商投资企业增幅排序，增幅最高的前10个省（区、市）是：广东省（130.4%）、海南省（92.0%）、湖南省（71.6%）、湖北省（54.2%）、贵州省（53.8%）、山东省（45.8%）、甘肃省（45.5%）、上海市（42.9%）、陕西省（41.5）、内蒙古自治区（38.0%）。上述10个省（区、市）中，4个位于西部地区，2个为中部地区，另外4个在东部地区（广东省、海南省、山东省、上海市）。

（4）截至2018年底部分省区市吸收外资排序：

截至2018年底，全国吸收外资最多的5个省市是江苏省（3827.3亿美元）、广东省（3785.8亿美元）、上海市（2206.8亿美元）、浙江省（1509.2亿美元）和山东省（1498.6亿美元），上述5省市共计设立外商投资企业、合同外资金额、实际使用外资金额占全国累计吸收外资总量的63.6%、58.6%和63.1%。吸收外资最少的5个省区是：新疆维吾尔自治区（29.6亿美元）、宁夏回族自治区（16.6亿美元）、甘肃省（12.8亿美元）、西藏自治区（3.3亿美元）和青海省（2.7亿美元），上述5个省区共计设立外商投资企业6189家，合同外资金额为399.5亿美元，实际使用外资金额为65.1亿美元，占全国吸收外资总量的0.7%、0.8%和0.3%。

第五节　国家级经开区和自贸试验区吸收外资简况

一、国家级经济技术开发区吸收外资简况

建立国家级经济技术开发区（以下简称"国家级经开区"）是党中央、国务院做出的扩大开放、深化改革的重大决策。1984年，国务院批准在沿海12个城市设立首批14个国家级经开区。其后，随着对外开放纵深推进，作为对外开放的重要平台，国家级经开区布局不断向中西部地区扩展。截至目前，全国共有219个国家级经开区，遍布31个省（区、市），其中东部地区107个，中部地区63个，西部地区49

个。国家级经开区是对外开放的试验田、排头兵,是外商对华投资的重要集聚地。

(一)截至2018年底国家级经开区吸收外资概况

截至2018年底,国家级经开区共计设立外商投资企业60918家,占全国总量的6.3%;合同外资金额为9084亿美元,占全国总量的18.8%;实际使用外资和外商投资企业再投资金额为6428亿美元[1],其中,实际使用外资金额占全国实际使用外资金额总量的15%。国家级经开区外商投资主要集中在新材料、新能源、电子信息、生物医药、节能环保、电子电器、汽车制造、石油化工、装备制造等先进制造业和战略性新型产业,以及研发、物流、服务外包等生产性服务业。

(二)国家级经开区吸收外资分阶段发展简况

根据不同时期国家级经开区布局的推进情况,其吸收外资可分为以下4个发展阶段(详见图2-53)。

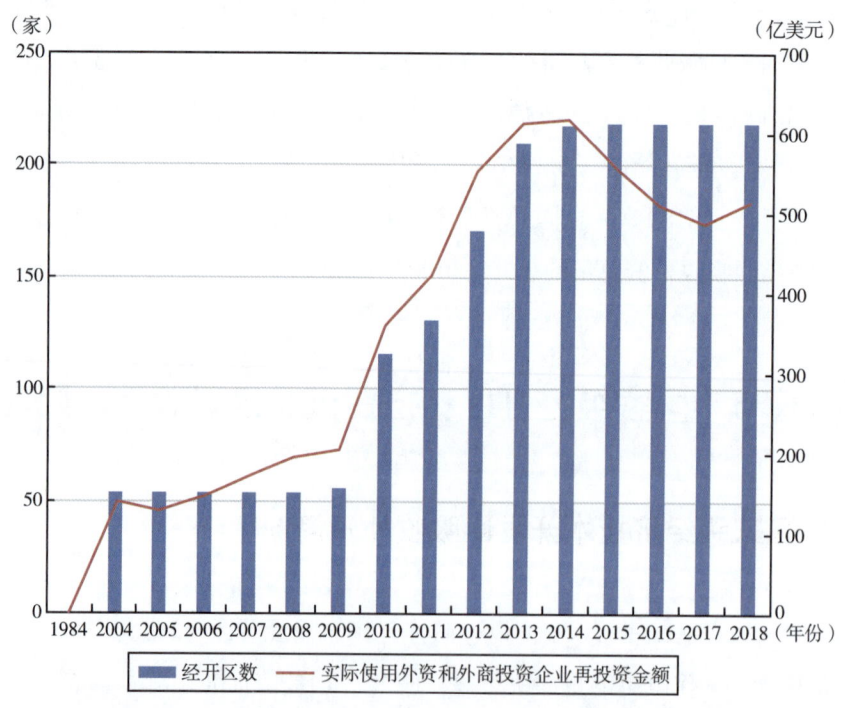

图2-53　1984—2018年国家级经开区吸收外商直接投资一览图

---

[1] 国家级经开区统计中的外商投资包括外商直接投资和外商投资企业再投资。据测算,其中,外商直接投资占全国吸收外资比重约为五分之一。

1984—1991年，国家设立首批14个国家级经开区，均布局在东部沿海地区。截至1991年底，14个经开区共计设立外商投资企业1501个（投产运营的企业达到821家），合同外资金额27.2亿美元，实际使用外资金额为14亿美元，占同期全国吸收外资总量（40945家、457.2亿美元和223.7亿美元）的3.7%、5.9%和6.3%。

1992—1998年，国家级经开区增至33个，布局开始向中西部地区拓展（新批设立18个，包括1994年设立的中国—新加坡合资苏州工业园区），其中：东部26个，中部4个，西部2个。截至1998年底，32个国家级开区（未含苏州工业园区）总计签订合同外资金额为508.1亿美元，实际使用外资金额为280.4亿美元，分别占全国总量的8.9%和10.5%；外商投资单项合同外资金额（377.73万美元）和单项实际使用外资金额（208.4万美元）均大大高于全国平均水平；投资额超过千万美元的外商投资企业1730多个，世界排名前500家跨国公司有113家在开发区投资，国内最大的500家外商投资企业中有相当部分为在开发区设立的企业。

1999—2009年，国家级经开区的布局加速向中西部地区拓展。1999—2003年，国家级经开区增至54个（新批设立21个），其中：东部地区32个，中部地区9个，西部地区13个。截至2003年底，54个国家级经开区共计设立外商投资企业1.5万家，实际使用外资金额728亿美元，占全国的15%。

2003—2009年，外商投资上述54个国家级经开区，共计设立外商投资企业1.7万家，合同外资金额为1824亿美元，实际使用外资和外商投资企业再投资金额为1088亿美元。其间，2008年，54个国家级经开区实际使用外资金额为195亿美元，在全国吸收外资总量中所占比重为21.1%。

2010—2018年，国家级经开区增至219个（新批设立165个经开区），中西部地区成为新时期国家级经开区布局的重点区域。在219个国家级经开区中，东部地区107个、中部地区63个、西部地区49个，中西部地区合计113个，超过东部地区。在此阶段，219个国家级经开区共计设立外商投资企业3万家，合同外资金额6140亿美元，实际使用外资和外商投资企业再投资金额为4635亿美元。

二、自由贸易试验区吸收外资简况

建设自由贸易试验区，是新时期中国深化改革、扩大开放的战略举措。2013年9

月29日，上海自由贸易试验区首先挂牌成立，成为中国国内第一个自由贸易试验区。2015年，广东省、天津市、福建省的试验区相继挂牌成立。2017年4月，辽宁省、浙江省、河南省、湖北省、重庆市、四川省、陕西省自由贸易试验区设立。2018年9月，海南省自由贸易试验区设立。2019年8月，国务院批复新设山东省、江苏省、广西壮族自治区、河北省、云南省、黑龙江省自由贸易试验区，增设上海自由贸易试验区临港新片区。

作为改革开放的创新平台，自由贸易试验区正在成为外商对华投资新的集聚地。自由贸易试验区以制度创新为核心，在投资、贸易、金融、政府职能转变等方面大胆探索，成效显著，成为我国对外开放新高地。短短几年内，外商投资迅速向自由贸易试验区集聚。

2017年，自由贸易试验区（2015年底前设立的4个自由贸易试验区）共计新设立外商投资企业6841家，合同外资金额845.2亿美元，实际使用外资金额为155.5亿美元，占同期全国吸收外资总量的19.2%、22.7%和11.9%。

2018年，自由贸易试验区（2017年底前设立的11个自由贸易试验区）共计新设立外商投资企业9409家，同比增长37.5%，低于全国增幅32.3个百分点；实际使用外资金额为162.18亿美元，同比增长4.3%，高于全国增幅2.8个百分点。2018年，自由贸易新设立外商投资企业、实际使用外资金额占同期全国吸收外资总量的15.5%和12.7%（详见图2-54）。

第六节　外商投资来源国别和地区简况

我国吸收外商直接投资呈多元化格局，外商投资来源于220多个国家和地区。亚洲十国/地区、欧盟十五国、北美地区，以及部分自由港等是外商对华投资主要来源地[1]。

---

[1] 本节中，除"五、部分自由港投资简况"以及"十一、其他国家/地区投资简况"中的"（六）南美洲地区投资概况""（七）非洲地区投资概况"的数据以外，其他国别/地区数据均按照实际投资者注册地统计，即将自由港数据根据实际投资者来源地纳入其所在国别/地区的投资数据。"实际投资者注册地统计"的解释，见本节"五、部分自由港投资简况"中"（二）自由港投资的两种统计归类方式"。

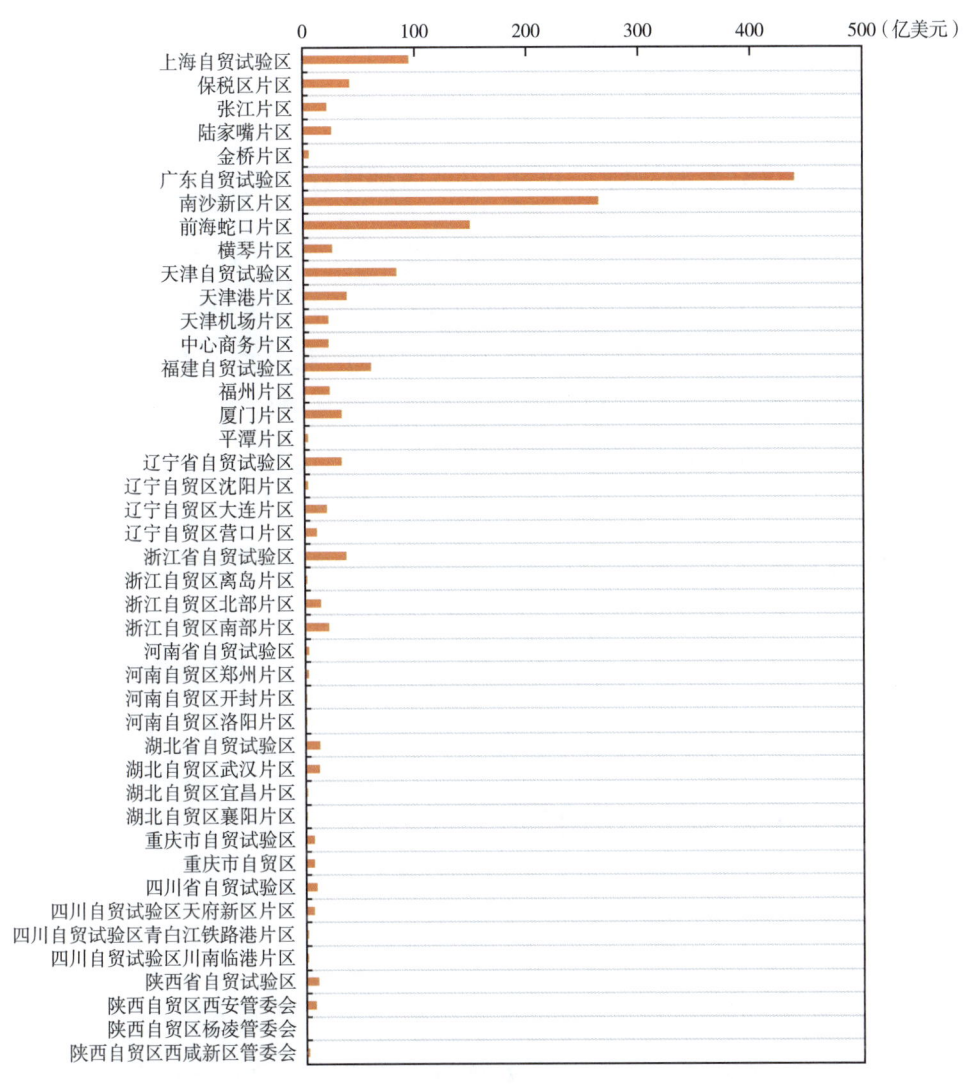

图 2-54　2018年全国自贸试验区吸收外商直接投资概况

一、截至2018年底主要投资来源地前15位国家/地区简况

（一）概况

截至2018年底，主要投资来源地前15位国家和地区是：中国香港地区、中国台湾地区、日本、美国、新加坡、韩国、英国、德国、荷兰、中国澳门地区、法国、加拿大、澳大利亚、马来西亚、瑞士。

上述15个国家和地区投资共计设立外商投资企业891645家,占同期全国累计吸收外资设立外商投资企业总数的92.83%;实际投入外资金额19067.35亿美元,占全国累计实际使用外资总额的93.73%[1]。

(二)主要投资来源地前15位国家/地区排序

按实际使用外资金额排序,前15位国家和地区[2]为:香港地区(12192.3亿美元)、台湾地区(1312亿美元)、日本(1125.2亿美元)、美国(999亿美元)、新加坡(980.1亿美元)、韩国(771.9亿美元)、英国(405.7亿美元)、德国(335.9亿美元)、荷兰(196.5亿美元)、澳门地区(186.9亿美元)、法国(177.4亿美元)、加拿大(121.1亿美元)、澳大利亚(94亿美元)、马来西亚(90亿美元)、瑞士(77.9亿美元)。

按设立外商投资企业数量排序,前15位国家和地区为:香港地区(472024家)、台湾地区(119483家)、美国(72202家)、韩国(65298家)、日本(51906家)、新加坡(25404家)、澳门地区(17277家)、加拿大(15197家)、澳大利亚(12277家)、英国(12047家)、德国(10341家)、马来西亚(6919家)、法国(5719家)、荷兰(3530家)、瑞士(2003家)(详见图2-55)。

二、亚洲十国/地区投资简况

(一)概况

亚洲十国/地区是外商投资最主要的来源地。亚洲十国/地区系指:香港地区、台湾地区、日本、新加坡、韩国、澳门地区、菲律宾、泰国、马来西亚、印度尼西亚。

---

[1]本节中,除"五、部分自由港投资简况"以及"十一、其他国家/地区投资简况"中"(六)南美洲地区投资概况""(七)非洲地区投资概况"的数据以外,其他国别/地区数据均按照实际投资者注册地统计的数据,即将自由港数据根据实际投资者来源地纳入其所在国别/地区的投资数据,部分年度实际使用外资金额为测算值。"实际投资者注册地统计"的解释,见本节"五、部分自由港投资简况"中"(二)自由港投资的两种统计归类方式"。

[2]本节中,国别/地区部分年度(早期)实际使用外资金额为测算值(自由港、"一带一路"国家/地区除外)。

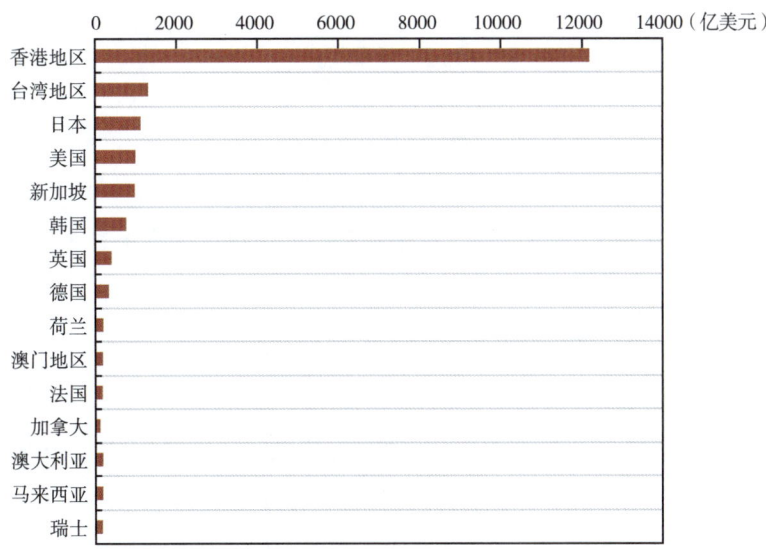

图2-55 截至2018年底主要投资来源地前15位国家/地区实际使用外资概况
（将自由港数据根据投资者实际来源地纳入）

截至2018年底，亚洲十国/地区共计设立外商投资企业767940家，实际投入外资额为16776.6亿美元，分别占同期全国累计吸收外资总量的80.0%和82.5%。

（二）亚洲十国/地区投资排序

按实际使用外资金额计，亚洲十国/地区投资排序为：香港地区（12192.3亿美元）、台湾地区（1312.0亿美元）、日本（1125.2亿美元）、新加坡（980.1亿美元）、韩国（771.9亿美元）、澳门地区（186.9亿美元）、马来西亚（90.0亿美元）、泰国（47.8亿美元）、菲律宾（40.9亿美元）、印度尼西亚（29.7亿美元）。上述10个国家/地区在实际使用外资总额中所占比重依次为：59.9%、6.5%、5.5%、4.8%、3.8%、0.9%、0.4%、0.2%、0.2%和0.15%。

按设立外商投资企业数量计，亚洲十国/地区投资排序为：香港地区（472024家）、台湾地区（119480家）、韩国（65298家）、日本（51906家）、新加坡（25404家）、澳门地区（17277家）、菲律宾（6919家）、泰国（4594家）、马来西亚（3021家）、印度尼西亚（2017家）。上述10个国家/地区在设立外商投资企业总量中所占比重依次为49.1%、12.4%、6.8%、5.4%、2.6%、1.8%、0.7%、0.5%、0.3%和0.2%。

（三）亚洲十国/地区投资分阶段发展概况

我国对外开放伊始，亚洲十国/地区即开始投资，前十几年外商投资主要来自亚洲十国/地区（以港澳台地区为主）；1992年邓小平南行，我国对外开放吸收外资步伐加速，亚洲十国/地区投资增速加快，占全国总量的比重进一步提升；2001年我国加入世界贸易组织，亚洲十国/地区投资规模迅速扩大，但占全国总量的比重有所下降；2011年以来，亚洲十国/地区投资步入稳定发展期。40年来，亚洲十国/地区始终是投资最多的地区。其间：

1979—1990年，12年间，亚洲十国/地区投资共计设立外商投资企业26587家，实际使用外资额为152.6亿美元，占同期全国吸收外资总量的90.3%和71.7%。

1991—2000年，10年间，亚洲十国/地区投资成倍增长，共计设立外商投资企业273491家，实际使用外资额为2584.9亿美元，是前12年的10.3倍和17倍，占同期全国吸收外资总量的80.6%和80.3%。在此期间，1992年投资设立企业数、实际使用金额比1991年增长267.5%和176.2%；1993年比1992年增长66.6%和140.4%；1993年设立企业数（70505家）为40年最高值，实际使用金额（237亿美元）是1992年的2.4倍。

2001—2010年，10年间，亚洲十国/地区投资共计实际使用外资额为5439亿美元，是前10年的2.1倍；平均单项外资规模202.2万美元，是前10年（94.5万美元）的2.14倍，净增加107.7万美元；设立企业268965家，略少于前10年（减少4526家）；设立企业数、实际使用外资金额占同期全国吸收外资总量的比重从前10年的80.6%和80.3%降至77.8%和76.6%。

2011—2018年，8年间，亚洲十国/地区投资共计设立企业198897家，实际使用外资额为8600.4亿美元，占同期全国吸收外资累计总量的79.2%和87.5%。其间，2011年亚洲十国/地区实际投资金额首次突破1000亿美元；之后每年（除2012年）投资均在1000亿美元以上，且稳步小幅增长，占全国总量的比重稳定在85.5%~89.5%之间；2018年，投资设立外商投资企业（50950家）同比增长93.6%，实际使用外资额为1167.1亿美元（为40年最高值），占同期全国吸收外资总量的84.2%和86.5%（详见图2-56）。

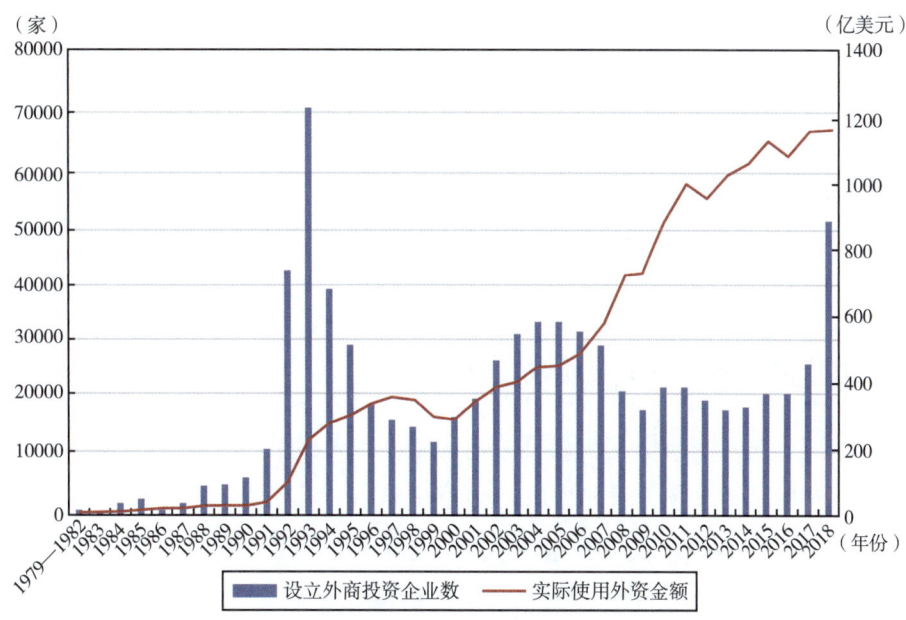

图2-56 截至2018年底亚洲十国/地区投资一览图
（将自由港数据根据投资者实际来源地纳入）

三、欧盟十五国投资简况

（一）概况

欧盟十五国是外商对华投资相对最稳定的重要来源地。欧盟十五国系指：英国、德国、荷兰、法国、意大利、卢森堡、瑞典、丹麦、西班牙、奥地利、爱尔兰、比利时、芬兰、葡萄牙、希腊。

截至2018年底，欧盟十五国在华投资总计设立外商投资企业47241家，实际投入外资金额1456.4亿美元，分别占我国累计吸收外资总量的4.9%和7.2%，占欧盟对华投资总量的94.3%和98.8%。

（二）欧盟十五国投资排序

按实际使用外资金额计，欧盟十五国对华投资排序为：英国（405.7亿美元）、德国（335.9亿美元）、荷兰（196.5亿美元）、法国（177.4亿美元）、意大利（73.1亿美元）、卢森堡（58.4亿美元）、瑞典（50.2亿美元）、丹麦（41.1亿美元）、西班牙（38.4

亿美元）、奥地利（21.5亿美元）、爱尔兰（20.2亿美元）、比利时（19.9亿美元）、芬兰（14.9亿美元）、葡萄牙（2.2亿美元）、希腊（1.0亿美元）。

按设立外商投资企业数量排序，欧盟十五国投资排序为英国（12044家）、德国（10341家）、意大利（6096家）、法国（5719家）、荷兰（3530家）、西班牙（2521家）、瑞典（1545家）、奥地利（1305家）、比利时（1100家）、丹麦（1060家）、芬兰（589家）、卢森堡（516家）、爱尔兰（445家）、葡萄牙（260家）、希腊（170家）。

（三）欧盟十五国投资分阶段发展概况

欧盟十五国是对华投资起步最早的地区之一，对我国开启吸收外资工作，特别是初期引进跨国公司发挥了重要作用。1992年邓小平南方谈话、2001年中国加入世界贸易组织，我国加速扩大开放的步伐，至2003年，欧盟十五国对华投资实现数十倍的增长。2004—2015年，欧盟十五国对华投资进入小幅稳步增长期。2016年、2018年，欧盟十五国对华投资实现快速增长。40年来，欧盟十五国是我国吸收外资最稳定的来源地。其间：

1979—1991年，在13年间，欧盟十五国对华投资设立企业616家，实际使用外资金额为16.4亿美元，占全国同期吸收外资总量的1.4%和6.5%。在此期间，1979—1982年实际使用外资金额占比曾高达12.9%。

1992—2003年，在12年间，欧盟十五国对华投资共计投资设立外商投资企业16421家，实际使用外资额为388.6亿美元，是前13年的26.7倍和23.7倍，占同期全国吸收外资总量的4.4%和7.5%。其间，1993—1997年是欧盟十五国投资高速增长期，1993年其对华投资实际使用外资额是1992年的2.8倍，1994年是1993年的2.3倍，1995年、1996年、1997年相继同比增长40.3%、29%、55%，1997年实际使用外资金额为43.1亿美元，是1992年（2.4亿美元）的17.2倍；1998—2003年是欧盟十五国对华投资小幅稳定增长期，每年对华投资实际使用外资金额保持在45亿美元左右；2000年对华投资实际使用外资金额占同期全国总量的比重达11.8%，为40年最高占比。

2004—2015年，在12年间，欧盟十五国对华投资共计企业24456家，实际使用外资金额为750.6亿美元，是前12年的1.5倍和1.9倍，占同期全国吸收外资总量的6%和6.9%。其间，2005年，设立企业3119家，为40年最高值；2008年设立企业1970家，占全国总量的7.2%，为40年最高占比；2015年实际使用外资金额为69.9亿美元，是2004年（49.3亿美元）的1.4倍。2004—2015年欧盟十五国对华投资每年实际使用外资金额基本稳定在60亿~70亿美元。

2016—2018年,在3年间,欧盟十五国对华投资共计设立企业5748家,比前3年(2013—2015年,4681家)增长22.8%,占同期全国总量的4.9%;实际使用外资金额为300.9亿美元,比前3年(209.7亿美元)增长43.5%,占同期全国总量的7.7%。其间,2018年,新设立企业2339家,是2015年的1.4倍;实际使用外资金额为118.0亿美元,是2015年的1.7倍,为40年最高值。

1979—2018年欧盟十五国对华投资一览图详见图2-57。

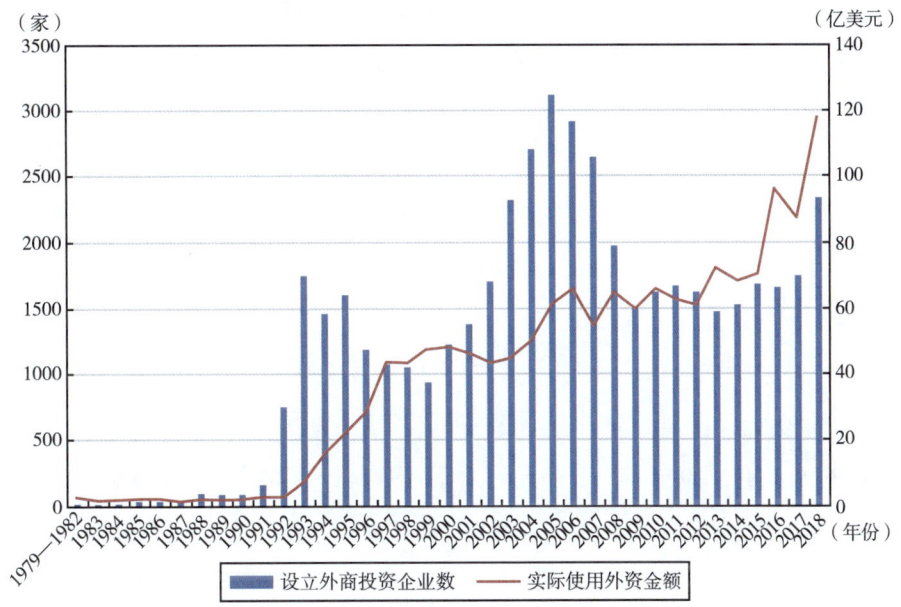

图2-57　1979—2018年欧盟十五国对华投资一览图

(将自由港数据根据投资者实际来源地纳入)

四、北美投资简况

(一)概况

北美(美国、加拿大)地区是我国吸收外资的重要来源地。40年间,尽管北美地区年度对华投资规模起伏波动较大,但其始终是外商对华投资非常重要的组成部分,在不同的发展阶段,对我国扩大开放、打开吸收外资局面发挥了重要作用。

截至2018年底,北美地区(以美国为主)对华投资共计设立外商投资企业87399家,实际投入外资金额1120.1亿美元,占同期全国累计吸收外资总量的9.1%和5.5%。其中,美国对华投资设立外商投资企业数、实际使用外资金额分别占北美地区对华投资总量的82.6%和89.2%。

(二)北美地区投资分阶段发展概况

对外开放初期,北美(美国、加拿大)地区企业作为首批投资者率先进入我国。20世纪八九十年代至21世纪初,其对华投资金额占同期全国吸收外资总量的比重基本保持在8%以上。1992年邓小平南方谈话后,我国加速扩大开放的步伐,北美地区对华投资实现快速增长。2001年我国加入世界贸易组织,北美地区对华投资的规模迅速扩大,占全国总量的比重持续提升;2005年之后,占比开始回落。近3年,北美地区对华投资有所增长。40年间,北美地区年度对华投资规模起伏波动较大(其间,有14年实际投资额同比出现下降,有17年设立企业数同比下降),但总体上呈增长态势。其间:

1979—1989年,11年间,北美地区对华投资共计设立企业1056家,实际使用外资金额19.8亿美元,占同期全国累计吸收外资总量的4.7%和12%。

1990—1999年,10年间,北美地区对华投资共计设立企业31739家,是前11年的30.1倍,占同期全国吸收外资总量的10.2%;实际使用外资金额257.2亿美元,是前11年的13倍,占同期全国总量的9%。在此期间,1992年新设立企业3659家,是1991年的4.8倍,同比增长380.2%;实际使用外资金额5.7亿美元,同比增长70.5%。1993年新设立企业7709家(为40年间最高值),是1992年的2.1倍;实际使用外资金额22亿美元,是1992年的3.9倍;新设立企业数和实际使用外资金额比1992年大幅增长110.7%和286.5%,创40年间最高增幅。

2000—2004年,是北美地区对华投资最稳定且规模较大的时期。5年间,北美地区对华投资共计设立企业20148家,实际使用外资金额248.7亿美元,占同期全国吸收外资总量的比重分别为12%和9.8%。在此期间,北美地区年度对华实际投资稳定在50亿美元左右,2002年为60.1亿美元,创40年最高值。

2005—2015年,11年间,北美地区对华投资共计设立企业26184家(比1994—2004年减少13435家),实际使用外资金额347.9亿美元(比1994—2004年减少122.4亿美元),占全国吸收外资总量的比重降至8%和3.2%。其间,2003—2015年,北美地区对华投资设立企业数连续13年下降,年度新设立企业数从4961家降至1619家;实际使用外资金额有9年呈负增长,年度金额从47.6亿美元降至23.1亿美元;设立企业数、实际使用外资金额在全国总量中的比重从2003年的12.1%和8.9%降至2015年的6.1%和1.8%。

2016—2018年,3年间,北美地区对华投资呈现回升态势。3年间,年度新设立企业数依次为1623家、1805家、2296家,年度实际使用外资金额依次为26.5亿美元、29.4亿美元和29.7亿美元。

1979—2018年北美地区对华投资一览图详见图2-58。

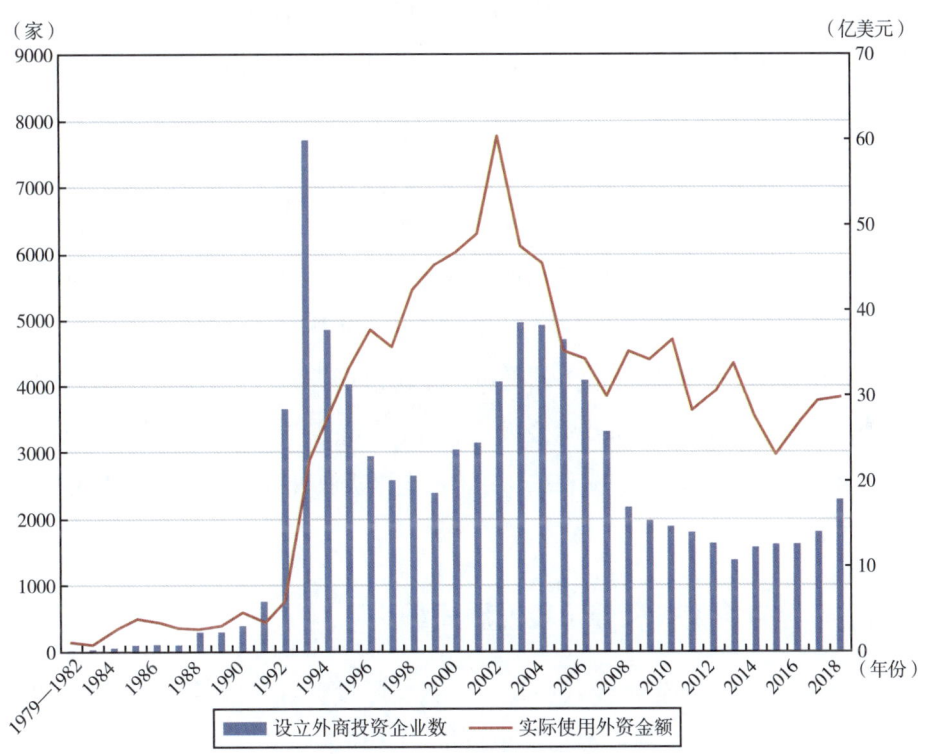

图2-58　1979—2018年北美地区对华投资一览图

五、部分自由港投资简况

(一)关于实际投资者通过自由港转投资

基于自由港对资金跨境流动的特殊管理模式、相关税收等政策,实际投资者(自由港之外其他国家/地区的企业、机构、自然人等实际控制人）出于某种原因，在自由港注册公司（虚拟公司），并以其在自由港注册公司的名义对外投资（名义投资者）。我国外资来源国别/地区统计中，来自自由港的外商直接投资均为实际投资者通过自由港对中国内地的转投资，即名义投资者的投资。

（二）自由港转投资的两种统计归类方式

其一，按照实际投资者注册地统计归类，即国别/地区统计中不含自由港，将自由港数据按照实际投资人的注册地纳入相应国别/地区数据[1]。

其二，按照名义投资者注册地统计归类，即国别/地区统计中含自由港，将自由港数据按照名义投资者的注册地纳入国别/地区中相应的自由港数据[2]。

（三）截至2018年底部分自由港投资概况

截至2018年底，部分自由港[3]在华投资共计设立外商投资企业40082家，实际投入外资金额2662.6亿美元，分别占同期全国累计吸收外资总量的4.2%和13.1%。平均单项外资金额664.3万美元，明显高于其他国家和地区。

部分自由港中，对华投资最多的是英属维尔京群岛，截至2018年底，其对华投资设立外商投资企业数、合同外资金额、实际使用外资金额占部分自由港对华投资总量的比重依次为61.1%、60.3%和61.8%，占全国吸收外资总量的比重依次为2.5%、5.4%和7.1%。

（四）部分自由港投资分阶段发展简况

20世纪80年代中期至90年代中期，少数实际投资者开始通过自由港对华转投资（1987年首例），但投资规模很小。20世纪90年代中期至21世纪初，部分自由港，特别是英属维尔京群岛对华转投资快速增长，占全国吸收外资总量的比重大幅提升。

---

[1] 本书中未标注"含自由港"的外资来源国别/地区数据均为按照实际投资者注册地统计归类数据，即第一种统计归类方式。本书外资来源国别/地区附表，亦同。

[2] 本书中标注"含自由港"的外资来源国别/地区数据为按照名义投资者注册地统计归类数据，即第二种统计归类方式。本书外资来源国别/地区附表，亦同。

[3] 本书中"部分自由港"系英属维尔京群岛、开曼群岛、萨摩亚、百慕大、毛里求斯、巴巴多斯等6个自由港。本书外资来源国别/地区附表，亦同。

2012年至今,部分自由港对华转投资总体上呈下降态势。30多年间,部分自由港对华转投资的规模数十倍扩大,同时,英属维尔京群岛等进入投资前15位国别/地区,且排位不断晋升。其间:

1987—1996年,10年间,部分自由港对华投资共计设立外商投资企业608家,实际使用外资金额13.1亿美元,占同期全国吸收外资总量的比重很低。

1997—2011年,15年间,部分自由港对华投资共计设立外商投资企业33326家,实际使用外资金额1815.8亿美元,分别占同期全国吸收外资总量的6.8%和17.4%。年度新设立企业数、实际使用外资金额占当年全国总量的比重从1996年的1%和1.8%增至2011年的5.2%和14%,分别提高了4.2和12.2个百分点。其间:

1997—2006年,10年间,设立的企业数(24224家)、实际使用外资金额(825.8亿美元)分别是前10年(1987—1996年)的39.8倍和63倍,占同期全国总量的比重为7.1%和15.3%。在此期间,1997年新设立企业数、实际使用外资金额分别比1996年增长100.8%和196.5%,1998年比1997年增长55.1%和112.4%。2006年新设立企业(4215家)为40年最高值,占全国总量的比重为(10.2%)。

2007—2011年,5年间,共计设立企业9102家,占同期全国总量的6.1%;实际使用外资金额990亿美元(年均198亿美元),是前10年(1997—2006年)的1.2倍,占同期全国总量的21.6%。在此期间,年度新设立企业从1996年的4215家逐年下降至2011年的1478家。2007年实际使用外资金额237.1亿美元,占全国总量的比重高达31.7%,为40年最高占比。2008年,实际使用外资金额248.7亿美元,为40年最高值。

2012—2018年,7年间,部分自由港对华转投资共计设立外商投资企业6148家,实际使用外资金额833.9亿美元,分别占同期全国吸收外资总量的3.2%和9.7%。其间,年度新设立企业数由2011年的1167家降至2017年的685家,年均降幅5.9%;年度实际使用外资金额从2011年的162.4亿美元降至2017年的91.2亿美元,年均降幅6.3%。2018年对华投资有所回升,全年新设立企业765家,实际使用外资金额129.1亿美元,同比增长11.7%和41.5%,占同期全国总量的比重分别为1.3%和9.6%。

部分自由港名列对华投资前15位国家/地区,排位不断晋升。其中,英属维尔京群岛于1997年首次进入对华投资前10位国家/地区之列,居第9位;1998年、1999年排位升至第2位、第4位；2000年（35.71亿美元）跃居第3位；2001—2018年，平均每年实际转投资金额82亿美元，基本保持第3位。在此期间，开曼群岛、萨摩亚、百慕大等其他5个自由港对华投资加速，曾在不同年份进入对华投资前10位国家/地区。2018年，开曼群岛位列对华投资国家/地区第5位，百慕大、萨摩亚分别位居第10位、第11位。截至2018年底，英属维尔京群岛位列第2位、开曼群岛位列第8位、萨摩亚位列第10位、毛里求斯位列第15位。

1979—2018年部分自由港对华投资一览图详见图2-59。

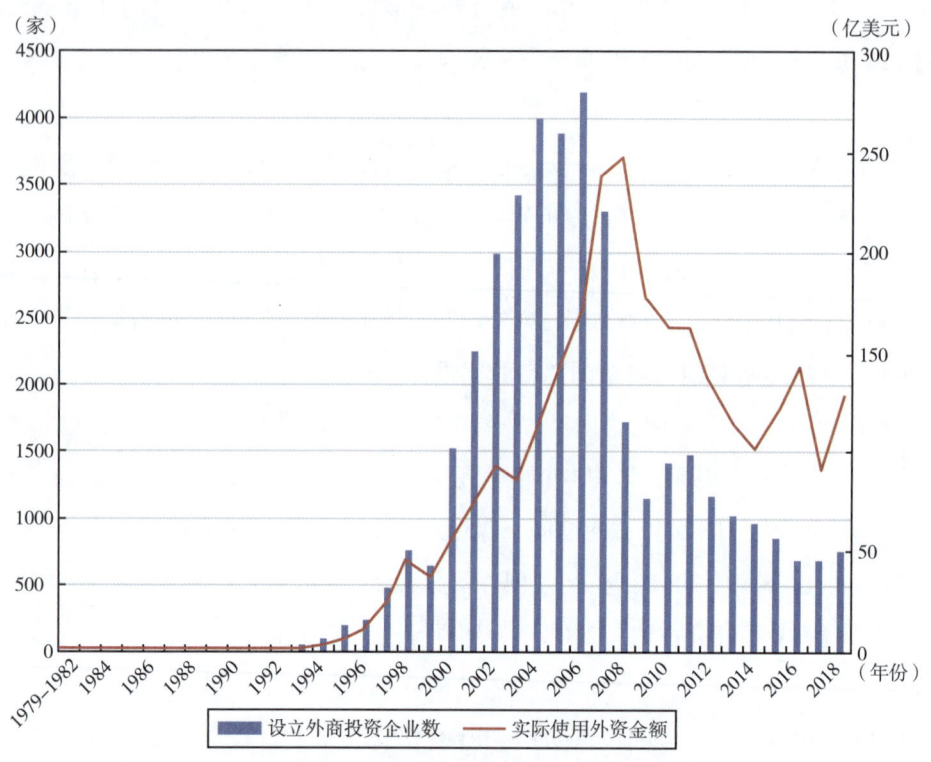

图2-59　1979—2018年部分自由港对华投资一览图

（五）主要投资来源地前15位国家和地区（按名义投资者计，含自由港）

1. 概况

截至2018年底，按照投资者注册地统计（自由港按名义投资者计，含自由港），主要投资来源地前15位的国家和地区是：香港地区、英属维尔京群岛、日本、新加坡、美国、韩国、台湾地区、开曼群岛、德国、萨摩亚、英国、荷兰、法国、澳门地区、毛里求斯。40年间，上述15个国家和地区投资累计设立外商投资企业861686家，实际投入外资金额18969.1亿美元，占同期全国累计吸收外资总量的89.71%和93.25%。

2. 投资前15位国家和地区排序

截至2018年底，按照投资者注册地统计（按名义投资者计，含自由港），主要投资来源地前15位国家和地区，分别为：

按实际使用外资金额排序，前15位国家和地区是：香港地区（10992.2亿美元）、英属维尔京群岛（1646.2亿美元）、日本（1119.8亿美元）、新加坡（952.4亿美元）、美国（851.9亿美元）、韩国（770.4亿美元）、台湾地区（678.2亿美元）、开曼群岛（415.7亿美元）、德国（333.9亿美元）、萨摩亚（290亿美元）、英国（245.4亿美元）、荷兰（194.9亿美元）、法国（175.3亿美元）、澳门地区（155.2亿美元）、毛里求斯（147.8亿美元）（详见图2-60）。

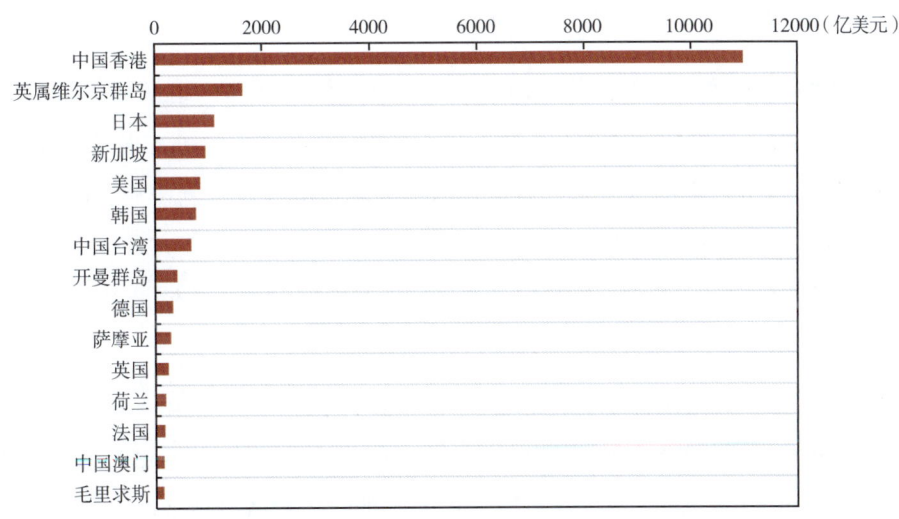

图2-60 截至2018年底投资前15位国家和地区（含自由港）
（按实际使用外资排序，自由港按名义投资者计）

按设立外商投资企业数量排序，投资前15位国家和地区是：香港地区（456900家）、台湾地区（107190家）、美国（70181家）、韩国（65267家）、日本（51834家）、新加坡（24869家）、英属维尔京群岛（24478家）、澳门地区（17203家）、德国（10272家）、英国（9400家）、萨摩亚（8907家）、法国（5686家）、开曼群岛（3537家）、荷兰（3486家）、毛里求斯（2476家）。

六、香港地区投资简况

（一）香港地区是内地吸收外资最主要的来源地

对外开放40年，香港是内地吸收外资最主要，也是最重要的来源地。据外资统计，40年间，无论是年度还是截至数据，香港在内地投资设立的外商投资企业数、合同外资金额、实际投入外资金额均居外资来源国家/地区之首。

截至2018年底，香港地区投资者累计在内地投资设立外商投资企业472024家，实际使用外资金额12192.3亿美元，占40年全国累计吸收外资总量的49.1%和59.9%，占亚洲十国/地区对华投资总量的61.5%和72.7%，名列前10位投资国别/地区第1位。

（二）香港地区投资的主要行业

香港地区对内地投资以服务业领域为主。在香港地区对内地实际投资总额中，房地产、商务服务、批发、软件和信息技术服务4个行业占比超过45%。在制造业领域，香港地区投资较多的行业是计算机及通信和其他电子设备制造业、电气机械和器材制造业、专用设备制造业等行业。

据外资统计，2004年1月至2019年9月，香港地区对内地投资最多的10个行业如下：

按实际使用外资金额排序，香港地区对内地投资最多的10个行业是：房地产业（2385.5亿美元）、商务服务业（883.9亿美元）、批发业（541.8亿美元）、软件和信息技术服务业（423.9亿美元）、计算机及通信和其他电子设备制造业（390.1亿美元）、电气机械和器材制造业（262亿美元）、专用设备制造业（179.9亿美元）、金属制品业（172亿美元）、通用设备制造业（171.8亿美元）、化学原料和化学制品制造业（170.4亿美元）。

按设立外商投资企业数排序，香港地区对内地投资设立企业最多的10个行业是：批发业（48097家）、商务服务业（30118家）、软件和信息技术服务业（14666家）、房地产业（9074家）、计算机及通信和其他电子设备制造业（8780家）、电气机械和器材制造业（6842家）、专用设备制造业（5496家）、金属制品业（4711家）、通用设备制造业（5062家）、化学原料和化学制品制造业（3416家）。

2004年1月至2019年9月香港地区对内地投资主要行业前10位详见图2-61。

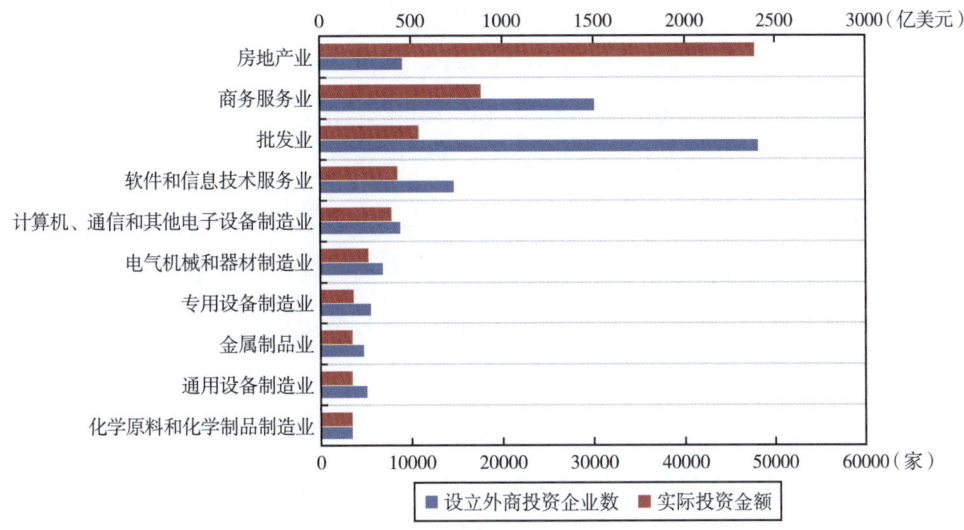

图2-61　2004年1月至2019年9月香港地区对内地投资主要行业（前10位）

2004年1月至2019年9月，香港地区投资上述10个行业，共计设立外商投资企业136262家，实际使用外资金额5581.3亿美元，占同期香港地区对内地投资总量的59.1%和55.4%。

（三）香港地区投资分阶段发展简况

改革开放初期，外商投资主要来自香港地区。1992年，邓小平同志南方谈话后，香港地区对内地投资大幅增长，投资规模成倍扩大，占全国总量的比重有所下降。2001年中国加入世界贸易组织，随着中国对外开放进入快速发展阶段，香港地区对内地投资稳定增长，投资规模持续扩大，占全国总量的比重稳步回升。2012年至今，香港对内地实际投资金额持续较大幅度增长，占比继续提升。40年来，香港地区始终是内地吸收外资最主要的来源地，其间：

1979—1991年，13年间，香港地区对内地投资共计设立外商投资企业30592家，实际使用外资金额141.3亿美元，占同期全国吸收外资总量的比重高达77.8%和55.6%。在此期间，1979—1982年设立企业数占比92.5%，为40年最高占比。

1992—2001年，10年间，香港地区对内地投资共计设立企业171802家，实际使用外资金额1839.1亿美元，分别是前13年的5.6倍和13倍，占同期全国吸收外资总量的

45.1%和51.8%，比前13年占比下降了32.7个百分点和3.8个百分点。其间，1992年设立企业数、实际使用外资金额比1991年分别增长了262%和211.6%，为40年最大增幅；1993年比1992年又分别增长了59.6%和130%，1993年设立企业49134家，为40年最高值。在此期间，年度设立企业数占全国总量的比重由1992年的63.1%降至2001年的33.9%，实际使用外资金额占比由1992年的68.2%降至2001年的42.7%。

2002—2011年，10年间，香港地区对内地投资共计设立企业146789家，比前10年减少25013家，占同期全国吸收外资总量的43.2%；实际使用外资金额4110.3亿美元，是前10年的2.2倍，占全国总量的50.6%。其间，年度设立企业数占全国总量的比重由2001年的33.9%升至2011年的52.1%，实际使用外资金额占比由2001年的42.7%升至66.4%。

2012—2018年，7年间，香港地区对内地累计实际投资金额6102亿美元，是前10年的1.5倍，占同期全国总量的70.2%，比前10年占比提高了19.6个百分点；共计设立外商投资企业122841家，年均设立17549家，是前10年年均设立企业数（14679家）的1.2倍，占同期全国吸收外资总量的53.5%，比前10年占比提高了10.3个百分点。其间，年度实际使用外资金额从2012年的712.9亿美元增至2018年的960.1亿美元；2017年实际使用外资金额（989.2亿美元）接近1000亿美元，创40年最高值，占比高达75.5%，创40年最高占比。2018年，香港地区对内地投资设立企业40085家，接近1993年（49134家，40年最高值），同比增长208.7%，占当年全国总量的66.2%；实际使用外资金额960.1亿美元，同比下降2.9%，占全国总量的71.1%。

1979—2018年香港地区对内地投资一览图详见图2-62。

七、台湾地区投资简况

（一）概况

台湾地区对大陆投资起步较晚，20世纪90年代中期投资开始加速。台湾地区投资者在大陆投资以设立外商独资企业方式为主。

截至2018年底，台湾地区投资者在大陆投资共计设立外商投资企业119480家，实际投入外资金额1312亿美元，占40年间全国累计吸收外资总量的12.4%和6.5%，占亚洲十国/地区投资总量的15.6%和7.8%。

第二章 我国吸收外商直接投资40年发展情况

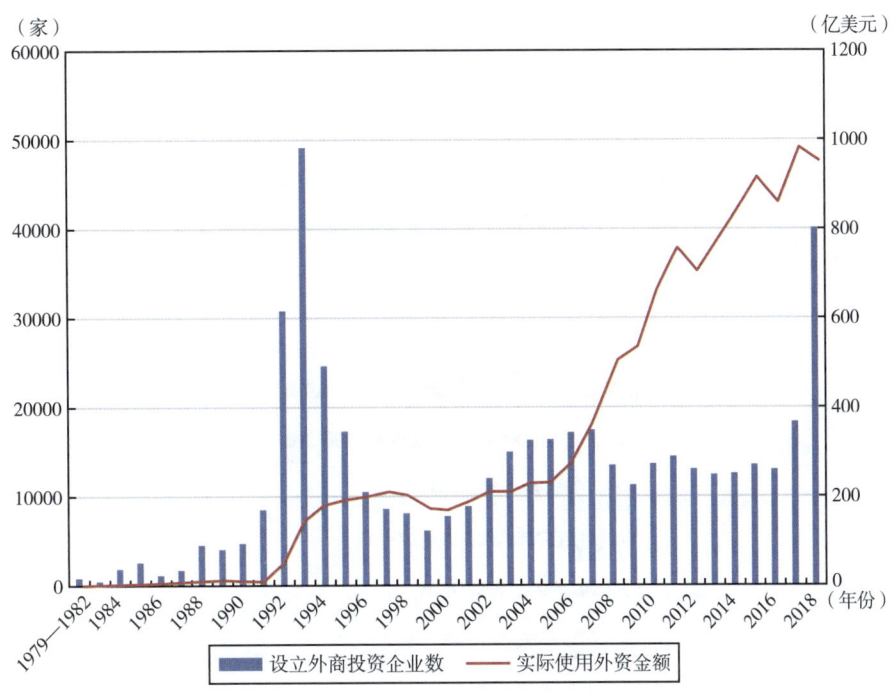

图2-62 1979—2018年香港地区对内地投资一览图
（将自由港数据根据投资者实际来源地纳入，不含自由港）

（二）台湾地区投资的主要行业

台湾地区对大陆投资以制造业领域为主。在台湾地区对大陆实际投资总额中，计算机及通信和其他电子设备制造业、化学原料和化学制品制造业、专用设备制造业、通用设备制造业、电气机械和器材制造业、金属制品业、纺织服装和服饰业7个行业占比超过46%。在服务业领域，台湾地区投资较多的行业是房地产行业、批发行业、商务服务行业。

据统计，2004年1月至2019年9月，台湾地区对大陆投资最多的10个行业如下：

按实际使用外资金额排序，台湾地区对大陆投资最多的10个行业是：计算机及通信和其他电子设备制造业（41.5亿美元）、化学原料和化学制品制造业（29.5亿美元）、专用设备制造业（21.7亿美元）、通用设备制造业（20.7亿美元）、房地产业（17.9亿美元）、批发业（16.6亿美元）、电气机械和器材制造业（13.3亿美元）、金属制品业（12.4亿美元）、纺织服装和服饰业（12.2亿美元）、商务服务业（11.3亿美元）。

按设立外商投资企业数排序,台湾地区对大陆投资设立企业最多的10个行业是:批发业(11551家)、商务服务业(5022家)、计算机及通信和其他电子设备制造业(2267家)、专用设备制造业(1911家)、通用设备制造业(1828家)、电气机械和器材制造业(1606家)、纺织服装和服饰业(1456家)、金属制品业(1148家)、化学原料和化学制品制造业(822家)、房地产业(709家)。

2004年1月至2019年9月台湾地区对大陆投资主要行业前10位详见图2-63。

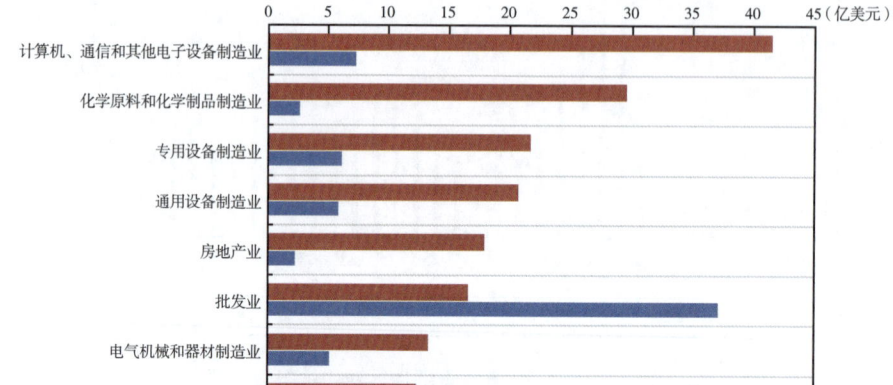

图2-63　2004年1月至2019年9月台湾地区对大陆投资主要行业(前10位)

2004年1月至2019年9月,台湾地区对大陆投资上述10个行业共计设立外商投资企业28320家,实际投入外资金额197.1亿美元,占同期台湾地区对大陆投资总量的11.5%和20.9%。

(三)台湾地区投资分阶段发展简况

台湾地区投资者对大陆投资(简称"台商投资")始于20世纪80年代中末期,规模很小,大多集中在福建省、深圳特区。1992年之后,台商投资快速增长,投资规模数十倍扩大,主要投资于东部沿海地区,90年代末期,开始向东部其他省市、中部地区、西部地区延伸。2008年之后,台商投资设立台资企业数明显减少,投资金额持续小幅增长,占全国总量的比重有所回落。2013年以来,投资金额出现下降,

2018年有所回升。40年来，台湾地区成为重要的投资来源地，名列前10位投资国别/地区第二位。其间：

1979—1991年，13年间，台商投资设立台资企业3377家，实际使用外资金额8.5亿美元，占同期全国吸收外资总量的比重很低。

1992—2001年，10年间，台商投资共计设立台资企业49303家，实际使用外资金额339.8亿美元，分别是前13年的14.6倍和40倍，占同期全国总量的14.8%和9.3%。在此期间，台商投资设立的企业数占40年台商投资累计设立企业数的41.3%。其间，1992年，设立企业数比1991年增长271%（为40年最大增幅），实际使用外资金额同比增长123%；1993年，设立台资企业10948家，为40年最高值，比1992年增长70.3%，实际使用外资金额比1992年增长199%（为40年最大增幅）。

2000年之前，福建是台资企业集聚地，据可查数据，截至1997年底，台商对大陆实际投资总额（95亿美元）中，近30%为在福建的投资，一批大型台商投资项目，如漳州后石电厂、中华映管、中华汽车、漳州统一马口铁等，落户福建。

2002—2011年，10年间，台商投资共计设立台资企业38094家，比前10年减少11209家，占同期全国总量的12.4%，比前10年占比降低了2.4个百分点；实际使用外资金额619.3亿美元，是前10年的1.8倍，占全国总量的8.5%，比前10年占比降低了0.8个百分点。其间，2002—2006年，年度新设立企业数连续5年超过5000家；2007年之后，年度新设立企业明显减少，由2006年的5020家降至2011年的3227家。

2012—2018年，7年间，台商投资共计设立企业23626家，实际使用外资金额344.4亿美元，分别占同期全国总量的11%和4%。其间，2018年，台商投资实现恢复性增长，全年新设立企业5191家，同比增长39.4%，占全国总量的8.6%；实际使用外资金额50.3亿美元，同比增长6.3%，占全国总量的3.7%。

1979—2018年台湾地区对大陆投资一览图详见图2-64。

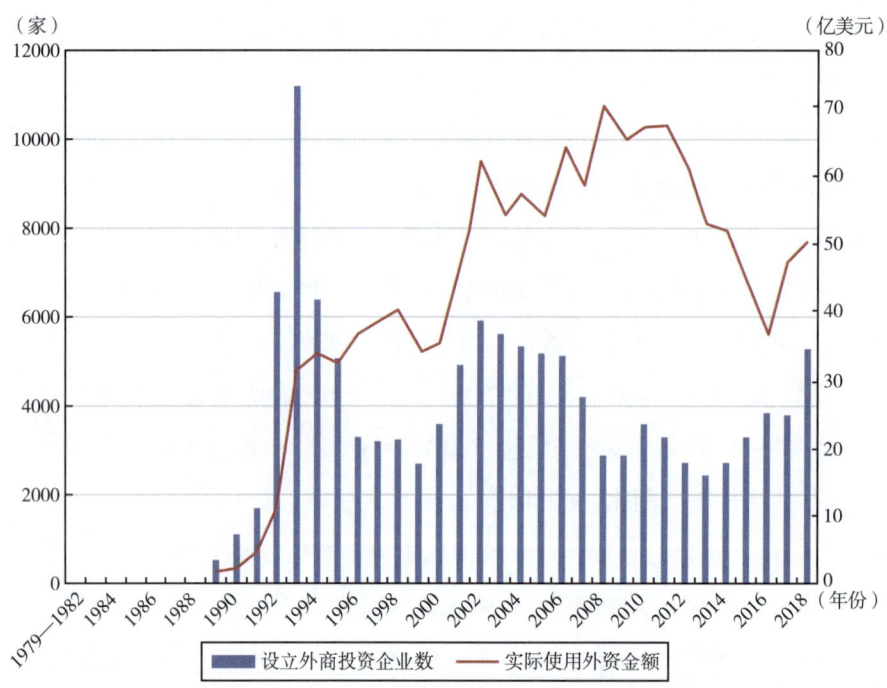

图 2-64　1979—2018年台湾地区对大陆投资一览图

（将自由港数据根据投资者实际来源地纳入）

八、日本投资简况

（一）概况

日本是发达经济体中对华投资最多的国家。日本对华投资以制造业为主，设立的企业中，不少为先进技术型或高技术企业，引进的一些技术和产品填补了我国国内的空白。

截至2018年底，日本对华投资共计设立外商投资企业51906家，实际投入外资金额1125.2亿美元，分别占40年全国累计吸收外资总量的5.4%和5.5%。

（二）日本投资的主要行业

日本对华投资以制造业领域为主。在日本对华实际投资总额中，汽车制造业、通用设备制造业、计算机及通信和其他电子设备制造业、专用设备制造业、化学原料和化学制品制造业、电气机械和器材制造业、非金属矿物制品业7个行业的实际投资金额占比超过50%。在服务业领域，投资较多的行业是商务服务行业和批发行业。

据统计，2004年1月至2019年9月，日本对华投资最多的10个行业如下：

按实际使用外资金额排序，日本对华投资最多的10个行业是：商务服务业（92.4亿美元）、汽车制造业（79.7亿美元）、通用设备制造业（54.8亿美元）、计算机及通信和其他电子设备制造业（53.5亿美元）、批发业（48.1亿美元）、专用设备制造业（40.8亿美元）、化学原料和化学制品制造业（40亿美元）、房地产业（34.5亿美元）、电气机械和器材制造业（34.1亿美元）、非金属矿物制品业（25.1亿美元）。

按设立外商投资企业数排序，日本对华投资设立企业最多的10个行业是：批发业（5935家）、商务服务业（2481家）、通用设备制造业（1126家）、专用设备制造业（1103家）、汽车制造业（796家）、计算机及通信和其他电子设备制造业（692家）、电气机械和器材制造业（557家）、化学原料和化学制品制造业（540家）、非金属矿物制品业（401家）、房地产业（177家）。

2004年1月至2019年9月日本对华投资主要行业前10位详见图2-65。

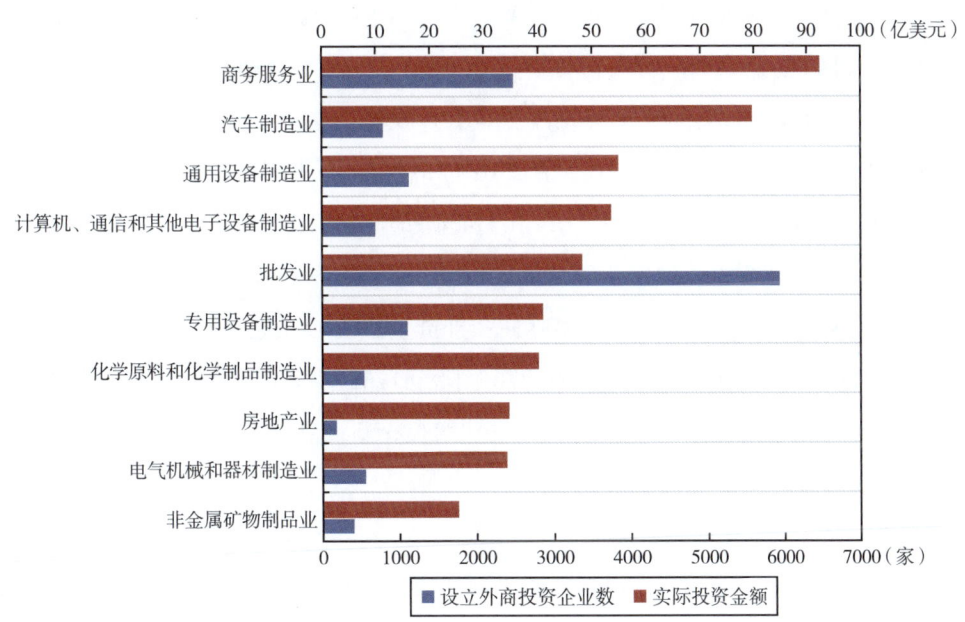

图2-65　2004年1月至2019年9月日本对华投资主要行业（前10位）

2004年1月至2019年9月，日本对华投资上述10个行业共计设立外商投资企业13818家，实际投入外资金额503亿美元，占同期日本对华投资总量的57.1%和68.3%。

（三）日本投资分阶段发展简况

我国对外开放伊始，日本企业即开始对华投资，20世纪80年代至90年代中期，日本对华投资呈增长态势，在全国吸收外资总量中占有较高份额。20世纪90年代中期至21世纪初，日本年度对华投资涨跌互见，总体规模不断扩大，占全国吸收外资总量的比重明显降低。2013年以来，日本对华投资持续下降，占比进一步降低，2018年小幅回升。40年来，日本一直是我国吸收外资重要来源地，居对华投资前10个国别/地区第3位。其间：

1979—1991年，13年间，日本对华投资共计设立企业2003家，实际使用外资金额29.8亿美元，占同期全国吸收外资总量的比重分别为5%和13.7%。其间，1983年设立企业数和实际使用外资金额占同期全国总量的比重高达8.2%、20.4%，为40年最高占比。

1992—2001年，10年间，日本对华投资共计设立企业20412家，实际使用外资金额289.2亿美元，分别是前13年的10.2倍和9.7倍，占同期全国吸收外资总量的6.4%和7.6%。其间，实际使用外资金额从1992年的7.1亿美元稳步增至2001年的43.7亿美元；1993年设立企业3488家，同比增长93.2%，企业数和增幅均为40年最高值。

2002—2011年，10年间，日本对华投资共计投资设立企业23669家，实际使用外资金额481.4亿美元，分别比前10年增长16%和66.5%，占同期全国吸收外资总量的6%和6.2%，比前10年占比下降了0.4和1.4个百分点。在此期间，日本对华投资设立企业数占40年日本累计设立企业总数的45.6%。其间，2002—2005年，年度新设立企业数基本保持在3000家以上，实际使用外资金额由42.1亿美元增至65.6亿美元；2006—2010年，年度新设立企业数从3276家降至1763家，实际使用外资金额从65.6亿美元降至42.4亿美元；2011年实现恢复性增长，新设立企业数和实际使用外资金额分别为1860家和63.5亿美元。

2012—2018年，日本对华投资规模持续缩小，7年共计设立企业4996家，实际使用外资金额283.6亿美元，分别占同期全国总量的3%和3.8%。其间，年均设立企业数仅为714家，远低于上个10年23669家的水平；2016年设立企业580家，实际使用外资金额31.1亿美元，实际使用外资金额占比2.5%，2018年设立企业占比仅为1.4%，均为40年最低值。

2018年，日本对华投资略有回升，全年投资设立企业829家，实际使用外资金额38.1亿美元，分别占同期全国总量的1.4%和2.8%。

1979—2018年日本对华投资一览图详见图2-66。

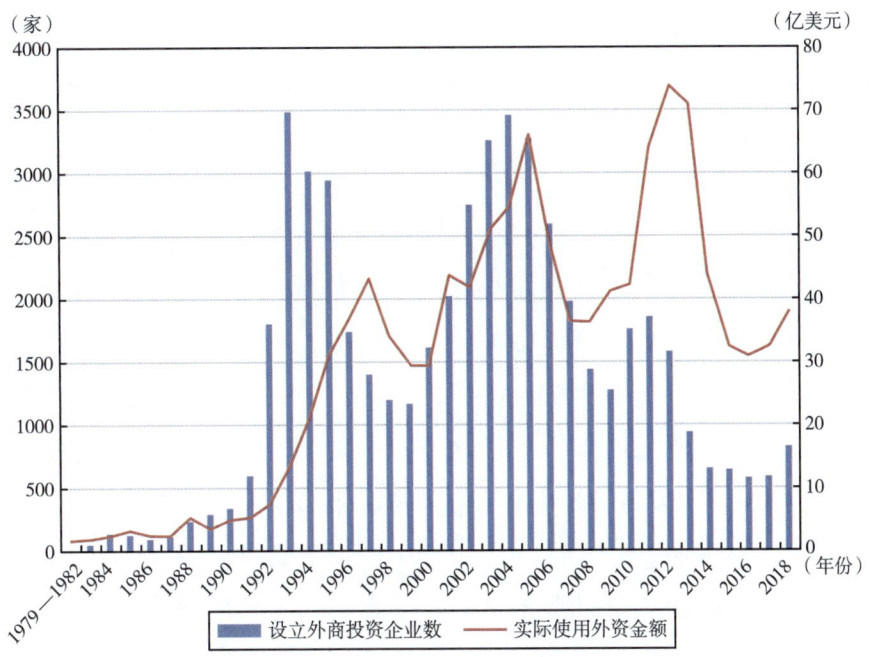

图2-66　1979—2018年日本对华投资一览图

九、美国投资简况

（一）概况

美国是我国吸收外资的重要来源地，是对华投资最多的前5位国家/地区之一，也是跨国公司对华投资最多的国家，财富500强企业几乎均在中国有投资。北美地区对华投资主要来自美国，美国对华投资设立企业数、实际使用外资金额分别占北美地区对华投资总量的82.6%和89.2%。美国投资以先进制造业和现代服务业为主，对我国不同发展阶段扩大开放、打开吸收外资局面发挥着重要作用。

截至2018年底，美国对华投资共计设立外商投资企业72205家，实际使用外资金额999.12亿美元，分别占40年全国累计吸收外资总量的7.5%和4.9%。

（二）美国投资的主要行业

在美国对华投资的主要领域中，制造业领域略大于服务业领域。其中，制造业领域以计算机及通信和其他电子设备制造行业、汽车制造行业、通用设备制造行业、化学原料和化学制品制造行业、电气机械和器材制造行业、专用设备制造行业为主；服务业领域以商务服务业、批发业、软件和信息技术服务业、娱乐业为主。

据统计，2004年1月至2019年9月，美国对华投资最多的10个行业如下：

按实际使用外资金额排序，美国对华投资最多的10个行业是：商务服务业（46.7亿美元）、计算机及通信和其他电子设备制造业（30亿美元）、汽车制造业（29.3亿美元）、批发业（23.9亿美元）、通用设备制造业（20亿美元）、化学原料和化学制品制造业（20亿美元）、软件和信息技术服务业（19.1亿美元）、电气机械和器材制造业（17.8亿美元）、专用设备制造业（16.1亿美元）、娱乐业（16亿美元）。

按设立外商投资企业数排序，美国对华投资设立企业最多的10个行业是：批发业（4373家）、商务服务业（4136家）、软件和信息技术服务业（2509家）、计算机及通信和其他电子设备制造业（1332家）、专用设备制造业（1213家）、通用设备制造业（1095家）、电气机械和器材制造业（933家）、化学原料和化学制品制造业（856家）、汽车制造业（627家）、娱乐业（70家）。

2004年1月至2019年9月美国对华投资主要行业前10位详见图2-67。

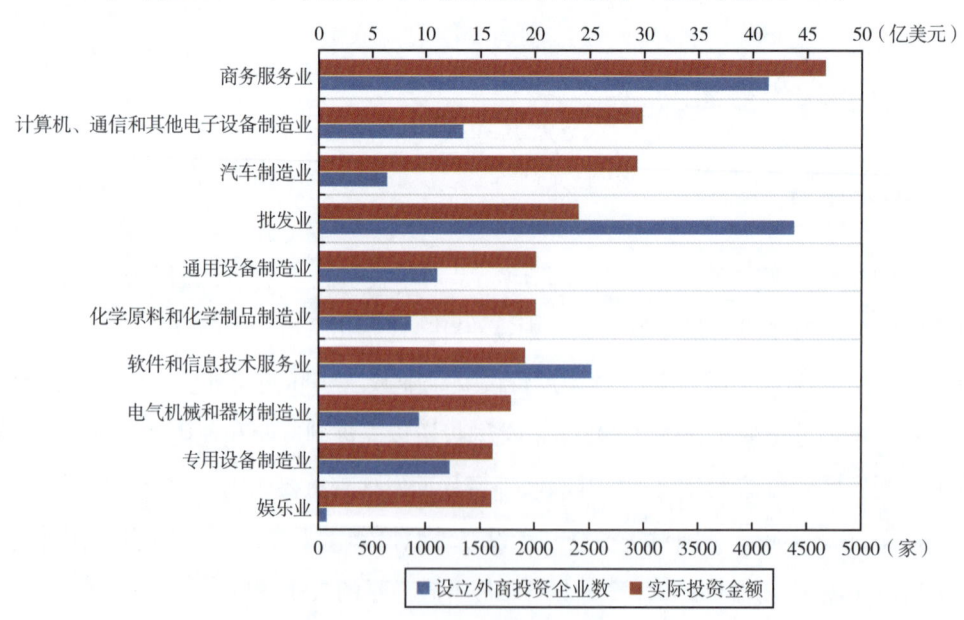

图2-67　2004年1月至2019年9月美国对华投资主要行业（前10位）

2004年1月至2019年9月，美国对华投资上述10个行业共计设立外商投资企业17144家，实际使用外资金额228.9亿美元，占同期美国对华投资总量的56.9%和55.3%。

（三）美国投资分阶段发展简况

中国对外开放伊始，美国企业即率先开始对华投资。1992年邓小平同志南方谈话、2001年中国加入世界贸易组织后，美国对华投资实现跨越式增长。1989—2003年，美对华投资（实际使用外资金额）实现15年持续增长，投资规模迅速扩大。2006年以来，美对华投资（设立企业数和实际使用外资金额）和占全国总量的比重基本上呈下降态势，2018年实现恢复性增长。40年间，美国对华投资年度增减波动较大（设立企业数有15年同比下降，实际投资额有12年同比下降），但总体上保持相当规模，居对华投资前10位国家/地区第4位。其间：

1979—1991年，13年间，美对华投资共计设立外商投资企业2019家，实际使用外资金额27.1亿美元，占同期全国吸收外资总量的4.5%和11.4%。在此期间，1985年实际使用外资金额占全国吸收外资总量的比重高达18.3%，为40年间最高占比。

1992—2001年，10年间，美对华投资共计设立外商投资企业32205家，实际使用外资金额331.5亿美元，分别是前13年的16倍和12.2倍，占同期全国吸收外资总量的10%和8.6%。在此期间，美对华投资年度实际使用外资金额实现连续10年增长，从5.1亿美元稳步增至48.4亿美元，10年扩大9.5倍。这10年设立的企业数占40年间累计设立企业总数的44.6%。其间，1992年新设立企业数比1991年增长370%，为40年间最大增幅，实际使用外资金额比1991年增长59%；1993年新设立企业数6750家，为40年间最高值，比1992年增长108%，实际使用外资金额比1992年增长304%，为40年间最大增幅；1999年新设立企业数占全国总量的12.2%，为40年间最高占比。

2002—2011年，10年间，美对华投资共计设立外商投资企业28514家，比前10年减少3691家，占同期全国总量的8%；实际使用外资金额419.5亿美元，比前10年增长26.4%，占同期全国总量的6%。其间，2002年，实际使用外资金额59.5亿美元，为40年间最高值；2002—2006年，年度新设立企业数基本保持在3500~4200家，实际使用外资金额40亿~60亿美元；2007—2011年，年度实际使用外资金额从37亿美元降至30亿美元，新设立企业数从2777家降至1497家。

2012—2018年，7年间，美对华投资共计设立外商投资企业9464家，年均1352

家，比前10年（年均2851家）减少1499家，占同期全国总量的4.5%，比前10年占比降低了3.5个百分点；实际使用外资金额221.6亿美元，年均31.7亿美元，比前10年（年均42亿美元）减少10.3亿美元，占同期全国总量的2.6%，比前10年占比降低了3.4个百分点。其间，2018年，美对华投资实现增长，全年新设立企业1809家，实际使用外资金额34.5亿美元，同比分别增长30.6%和10.2%。

1979—2018年美国对华投资一览图详见图2-68。

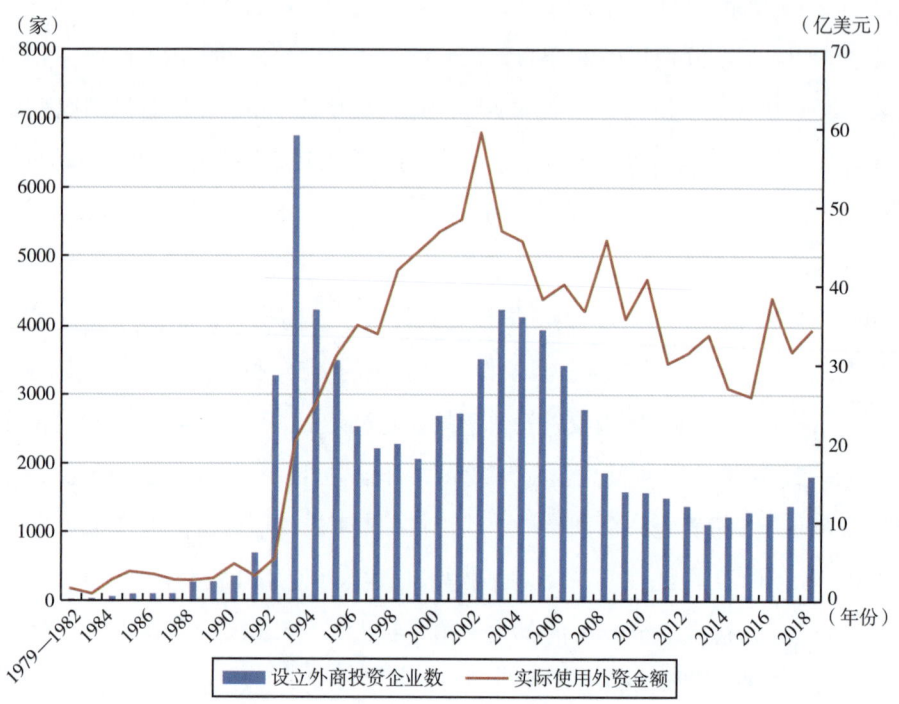

图2-68　1979—2018年美国对华投资一览图

（将自由港数据根据投资者实际来源地纳入）

十、新加坡投资简况

（一）概况

新加坡是我国吸收外资的重点国家，位列对华投资最多的前5位国家/地区之一，现代服务业是其对华投资的重点领域。新加坡是唯一通过政府间协议（国家层面）直接投资设立中外合资开发公司参与国家级开发区、生态城设立与建设的国家，对提升我国开发区、生态城的开发、建设和发展水平做出积极贡献。

截至2018年底，新加坡对华投资共计设立外商投资企业25404家，实际使用外资金额980.1亿美元，分别占同期全国累计吸收外资总量的2.7%和4.8%。新加坡对华投资设立企业数、实际使用外资金额分别占东盟对华投资总量的56.6%和80%。

（二）新加坡投资的主要行业

新加坡对华投资服务业领域大于制造业领域。在服务业领域中，房地产业、商务服务业、装卸搬运和仓储业和批发业4个行业占其投资总量的53%左右，其中，房地产业投资金额最高，占其投资总额的约28%。在制造业领域，新加坡对华投资以计算机及通信和其他电子设备制造业、化学原料和化学制品制造业、电气机械和器材制造业、专用设备制造业、造纸和纸制品业、通用设备制造业为主。

据外资统计，2004年1月至2019年9月，新加坡对华投资最多的10个行业如下：

按实际使用外资金额排序，新加坡对华投资最多的10个行业是：房地产业（202.9亿美元）、商务服务业（76.8亿美元）、计算机及通信和其他电子设备制造业（43.6亿美元）、装卸搬运和仓储业（40.3亿美元）、批发业（35.8亿美元）、化学原料和化学制品制造业（30亿美元）、电气机械和器材制造业（26.4亿美元）、专用设备制造业（23亿美元）、造纸和纸制品业（21.5亿美元）、通用设备制造业（17.3亿美元）。

按设立外商投资企业数排序，新加坡对华投资最多的10个行业是：批发业（2643家）、商务服务业（2375家）、房地产业（577家）、专用设备制造业（528家）、通用设备制造业（471家）、计算机及通信和其他电子设备制造业（464家）、装卸搬运和仓储业（384家）、电气机械和器材制造业（329家）、化学原料和化学制品制造业（263家）、造纸和纸制品业（47家）。

2004年1月至2019年9月新加坡对华投资主要行业前10位详见图2-69。

2004年1月至2019年9月，新加坡对华投资上述10个行业共计设立外商投资企业8079家，实际使用外资金额520.3亿美元，占同期新加坡对华投资总量的58.7%和67.9%。

（三）新加坡投资分阶段发展情况

对外开放伊始，新加坡企业即开始对华投资，至20世纪90年代初，其投资规模一直很小，占全国吸收外资总量的比重不足1%。20世纪80年代中期至90年代末，

中国吸收外资四十年（1979—2018）

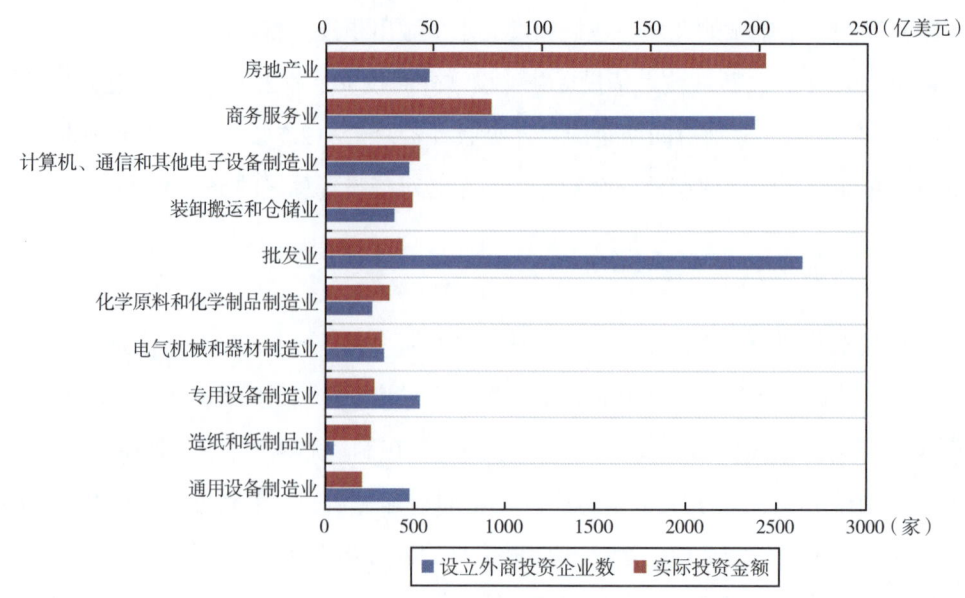

图2-69　2004年1月至2019年9月新加坡对华投资主要行业（前10位）

特别是1992年邓小平同志南方谈话之后，新加坡对华投资快速增长，投资规模数十倍扩大，实际使用外资金额，在1985—1998年连续14年增长。20世纪90年代末至2006年，新加坡对华投资有所下降，年度实际使用外资金额基本稳定在21亿~26亿美元。2007年以来，新加坡对华投资规模持续扩大，2012年至今投资规模稳定在较高水平。40年来，新加坡稳居对华投资国家/地区前10位，对我国不同发展阶段扩大开放、提高吸收外资工作水平发挥了积极作用。其间：

1979—1991年，13年间，新加坡对华投资共计设立外商投资企业631家，实际使用外资金额2.7亿美元，占同期全国累计吸收外资总量的比重分别为1.6%和0.9%。

1992—2001年，10年间，新加坡对华投资共计设立外商投资企业9243家，实际使用外资金额191.2亿美元，分别是前13年的14.6倍和70.8倍，占同期全国吸收外资总量的2.9%和4.7%。其间，1993年，新设立企业数（1751家）为40年间最高值，当年新设立企业和实际使用外资金额分别比1992年增长136%和308%，均为40年间最大增幅；1998年，实际使用外资金额34.6亿美元，占同期全国总量的7.6%，为40年间最高占比。

2002—2011年，10年间，新加坡对华投资共计设立外商投资企业10086家，比前10年增加843家，实际使用外资金额355.1亿美元，是前10年的1.9倍，分别占同期全国总量的2.9%和4.5%。其间，年度实际使用外资金额从2002年的24.4亿美元增至2011年的63.3亿美元,有6年实现同比增长;年度新设立企业数增减交替,2002—2007年基本保持在1000~1300家,2008年之后逐年下降,2011年降至762家,10年设立企业数占其40年设立企业总数的40%。

2012—2018年,7年间,新加坡对华投资共计设立外商投资企业5444家,占同期全国总量的2.6%;实际使用外资金额431.2亿美元,是前10年的1.2倍,占同期全国总量的5%。其间,年均实际使用外资金额61.6亿美元,2013年达73.3亿美元,为40年间最高值。2018年,新设立企业1018家,同比增长39.8%,占同期全国总量的1.7%;实际使用外资金额53.4亿美元,同比增长10.6%,占同期全国总量的4.0%。

1979—2018年新加坡对华投资一览图详见图2-70。

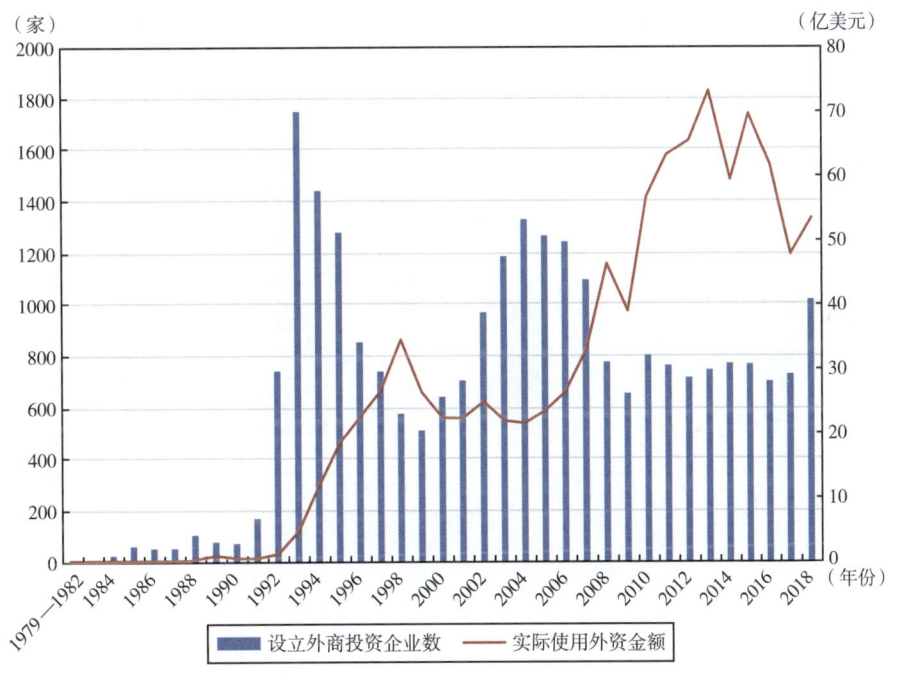

图2-70　1979—2018年新加坡对华投资一览图

十一、其他国家/地区投资简况

(一)"一带一路"沿线国家/地区投资概况

截至2018年底,"一带一路"沿线国家/地区(64个)对华投资共计设立外商投资企业63752家,合同外资金额2690.9亿美元,实际投入外资金额1252.1亿美元,占同期全国累计吸收外资总量的比重分别为6.6%、5.6%和6.2%。

"一带一路"沿线国家/地区对华投资最多的前5位是:新加坡、马来西亚、泰国、菲律宾和文莱。五国投资共计设立企业数、合同外资金额、实际使用外资金额分别占"一带一路"沿线国家/地区对华投资总量的64.3%、84%和90.6%。其中,新加坡占39%、63.8%和76.1%。

2013—2018年"一带一路"国家/地区对华投资一览图详见图2-71。

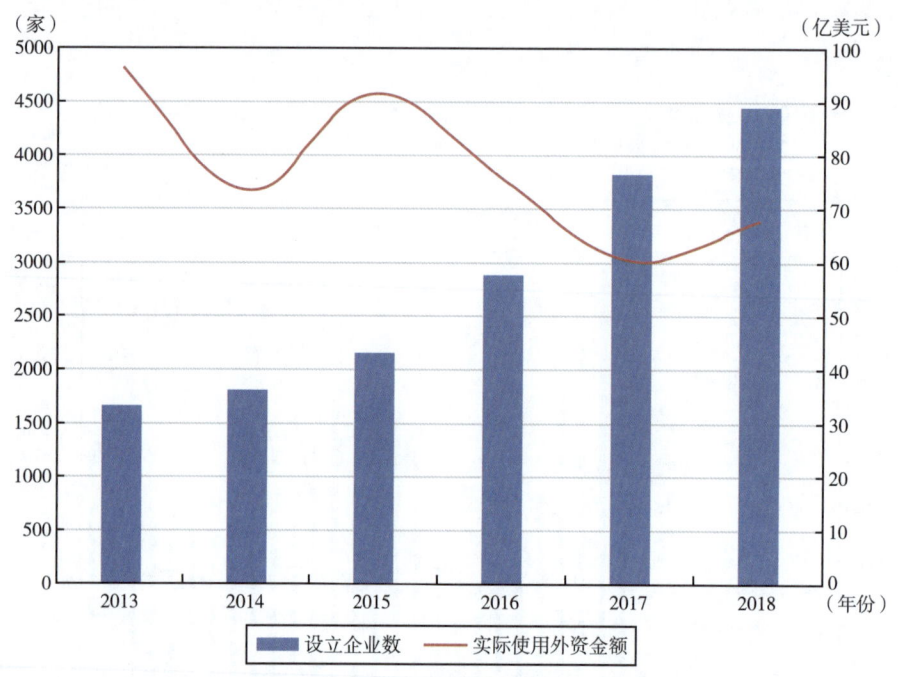

图2-71　2013—2018年"一带一路"国家/地区对华投资一览图

(二)金砖国家投资概况

截至2018年底,金砖国家对华投资共计设立外商投资企业6830家,合同外资金额145.5亿美元,实际投入外资金额34亿美元,占同期全国累计吸收外资总量的比重分别为0.7%、0.3%和0.17%。

2010—2018年金砖国家对华投资一览图详见图2-72。

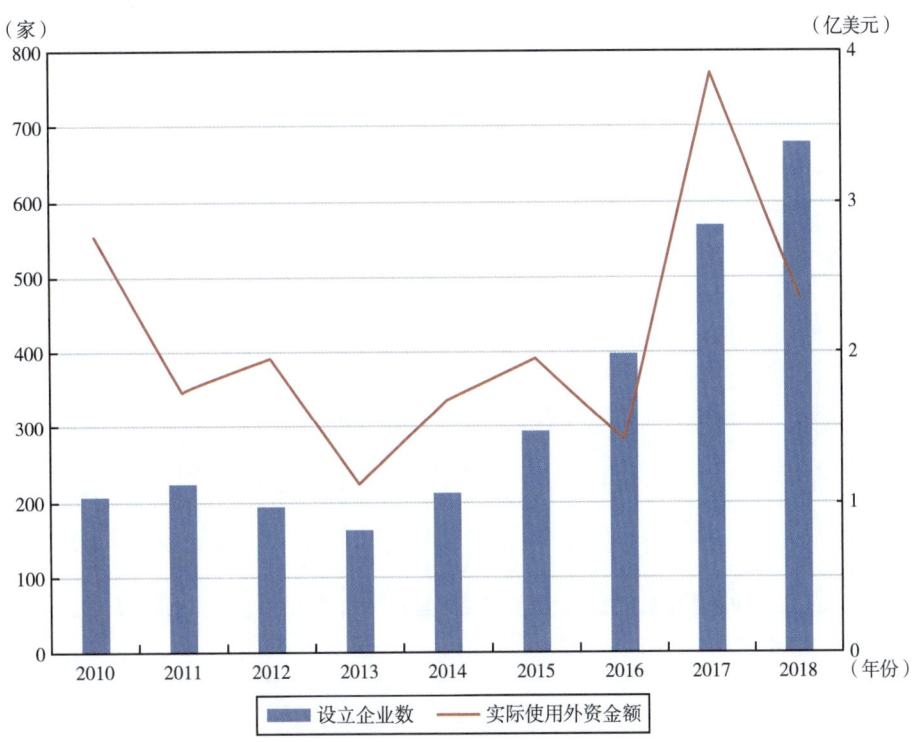

图 2-72　2010—2018 年金砖国家对华投资一览图

（三）东盟投资概况

按照实际投资者注册地统计（不含自由港，将自由港数据根据投资者实际来源地纳入其国别/地区），截至 2018 年底，东盟十国对华投资共计设立外商投资企业 44919 家，实际使用外资金额 1223.2 亿美元，分别占同期全国累计吸收外资总量的 4.7% 和 6%。新加坡位居东盟十国对华投资之首，其对华投资设立企业数、实际使用外资金额分别占东盟对华投资总量的 56.6% 和 80%。

按实际投入外资金额排序，东盟对华投资前 5 位国家依次为：新加坡（952.4 亿美元）、马来西亚（77.9 亿美元）、泰国（42.7 亿美元）、菲律宾（33.6 亿美元）、文莱（28.1 亿美元）。

按设立外商投资企业数排序，东盟对华投资前 5 位国家依次为：新加坡（24869 家）、马来西亚（6816 家）、泰国（4508 家）、菲律宾（3012 家）、印度尼西亚（2002 家）。

1979—2018 年东盟对华投资一览图详见图 2-73。

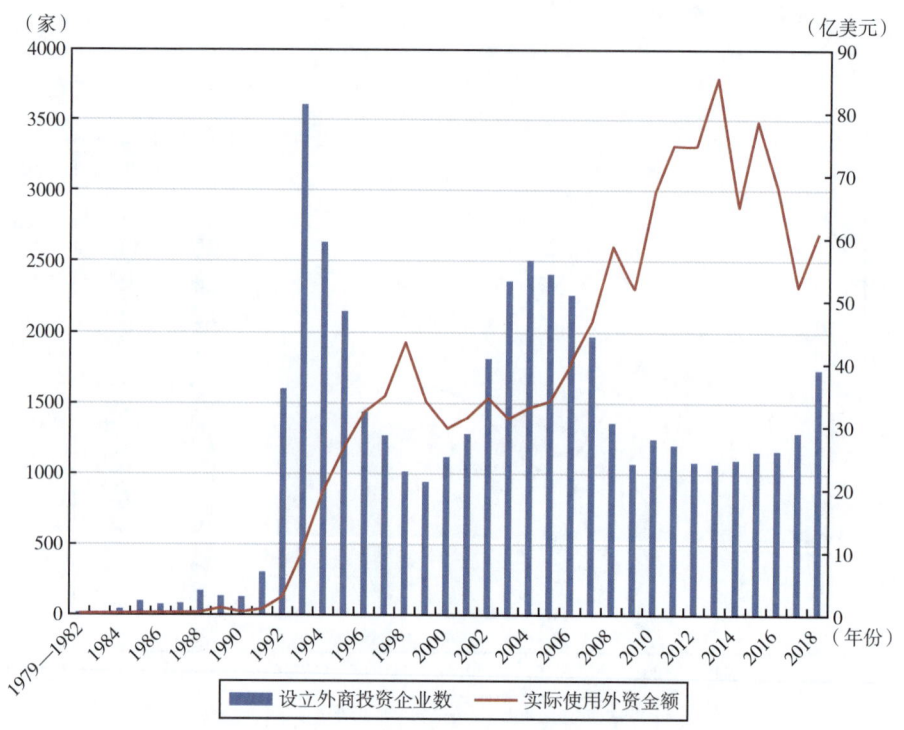

图2-73　1979—2018年东盟对华投资一览图

（将自由港数据根据投资者实际来源地纳入，不含自由港）

（四）欧盟投资概况

按照实际投资者注册地统计（不含自由港，将自由港数据根据投资者实际来源地纳入其国别/地区），截至2018年底，欧盟（28国）对华投资共计设立外商投资企业50103家，实际投入外资金额1473.5亿美元，分别占同期全国累计吸收外资总量的5.2%和7.2%。欧盟对华投资主要来自欧盟十五国，欧盟十五国对华投资设立企业数、实际投入外资金额分别占欧盟对华投资总量的94%和98.7%。

欧盟（含欧洲共同体）对华投资起步较早，1983—1992年，对华投资年均约1.4亿美元，对我国打开吸收外资工作局面，特别是初期引进跨国公司发挥了积极作用。随着中国加速扩大开放的步伐，欧盟对华投资实现快速增长，成为外商对华投资重要且稳定的来源地。其间：

1979—1992年，14年间，欧盟（含欧洲共同体）对华投资共计设立外商投资企业1508家，实际使用外资金额19.1亿美元，占全国同期吸收外资总量的1.9%和7.1%

（1979—1982年投资金额占比曾高达12.9%）。

1993—2003年，11年间，欧盟对华投资共计设立外商投资企业16911家，实际使用外资金额390亿美元，是前14年的11.2倍和20.4倍，占全国同期吸收外资总量的5.1%和8%。其间，1993—1997年是欧盟对华投资高速增长期，1993年、1994年实际使用外资金额分别比上一年增长2.72倍和2.28倍，1995年、1996年、1997年相继同比增长40%、30%、54.1%，1997年达到43.3亿美元，是1992年（2.5亿美元）的17.3倍；1999—2002年是欧盟对华投资小幅稳定增长期，每年实际使用外资金额保持在45亿美元左右。

2004—2015年，13年间，欧盟对华投资共计设立外商投资企业25571家，实际使用外资金额761.3亿美元，占同期全国吸收外资总量的6.9%和7%。其间，年度实际使用外资金额基本稳定在60亿~70亿美元，由2004年的50.6亿美元小幅稳步增至2015年71.1亿美元。

2016—2018年，3年间，欧盟对华投资共计设立外商投资企业6113家，年均2038家，比前13年年均值（1967家）增加71家，占同期全国吸收外资总量的5.2%；实际使用外资金额276.1亿美元，年均92亿美元，比前13年年均值（58.6亿美元）净增加49.4亿美元，占同期全国吸收外资总量的7.7%。其间，2018年，欧盟对华投资设立企业2499家，实际使用外资金额118.6亿美元，同比分别增长33.4%和34.9%，占同期全国吸收外资总量的4.1%和8.8%。

截至2018年底欧盟（含欧洲共同体）对华投资一览图详见图2-74。

（五）亚洲地区投资概况

按照实际投资者注册地统计（不含自由港，将自由港数据根据投资者实际来源地纳入其国别/地区），截至2018年底，亚洲地区共计设立外商投资企业755866家，合同外资金额37585.2亿美元，实际使用外资金额14944.2亿美元，分别占同期全国累计吸收外资总量的78.7%、76%和73.5%。

亚洲地区投资最多的前5位国家/地区是：中国香港地区、日本、新加坡、韩国和中国台湾地区。上述5个国家/地区投资设立企业数、合同外资金额、实际使用外资金额占亚洲地区投资总量的93.4%、96.5%和97.1%。

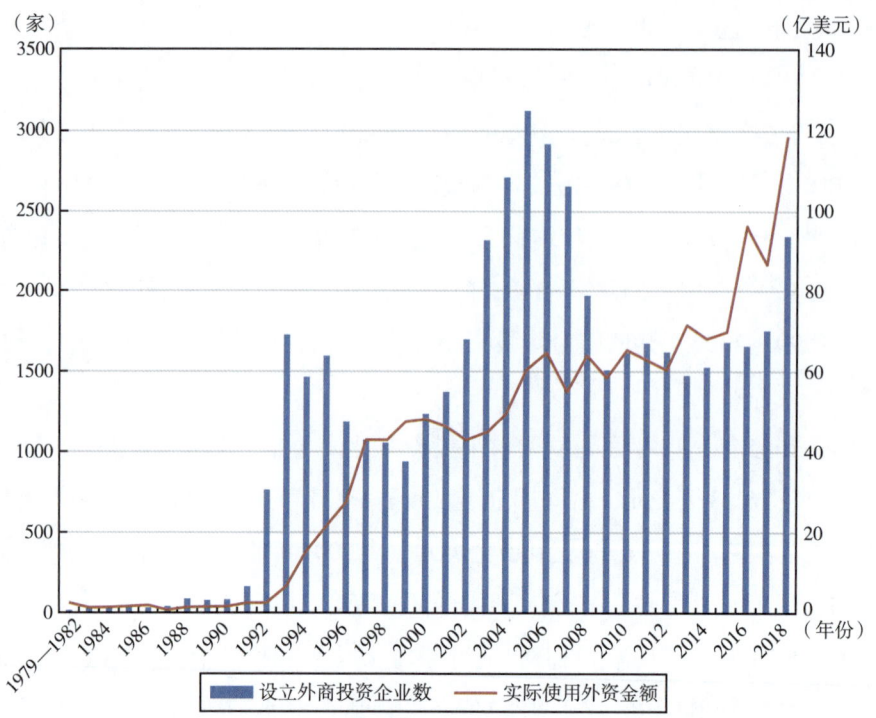

图2-74 截至2018年底欧盟（含欧洲共同体）对华投资一览图
（将自由港数据根据投资者实际来源地纳入，不含自由港）

（六）南美洲地区投资概况

按照实际投资者注册地统计（不含自由港，将自由港数据根据投资者实际来源地纳入其国别/地区），截至2018年底，南美洲地区对华投资共计设立外商投资企业4141家，合同外资金额142.2亿美元，实际投入外资金额52.7亿美元，分别占同期全国累计吸收外资总量的0.4%、0.3%和0.3%。

按照实际投资者注册地统计，南美洲地区对华投资最多的前5位国家是：巴哈马、巴拿马、巴西、伯利兹和阿根廷。上述五国对华投资设立企业数、合同外资金额、实际投入外资金额占南美洲地区对华投资总量的51.9%、60.6%和75.9%。

按照名义投资者注册地统计（转投资以名义投资计入自由港，含自由港），截至2018年底，南美洲地区对华投资共计设立外商投资企业32473家，实际投入外资金额2161.8亿美元，分别占同期全国累计吸收外资总量的3.38%和10.63%。

按照名义投资者注册地统计,南美洲地区对华投资最多的前5位国家地区是:英属维尔京群岛、开曼群岛、巴巴多斯、巴哈马和巴拿马。上述5个国家/地区对华投资设立企业数、实际投入外资金额占南美洲对华投资总量的89.38%和98.80%。

1979—2018年南美洲对华投资一览图详见图2-75。

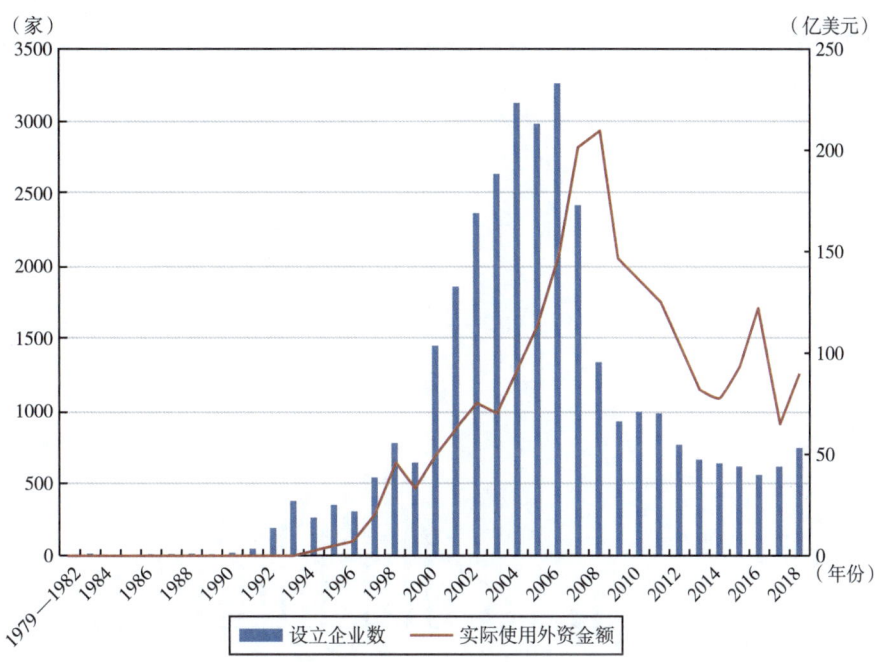

图2-75　1979—2018年南美洲对华投资一览图
（按照名义投资者注册地统计）

（七）非洲地区投资概况

按照实际投资者注册地统计（不含自由港,将自由港数据根据投资者实际来源地纳入其国别/地区）,截至2018年底,非洲地区对华投资共计设立外商投资企业7285家,合同外资金额150.6亿美元,实际投入外资金额48.4亿美元,分别占同期全国累计吸收外资总量的0.76%、0.3%和0.24%。

按照实际投资者注册地统计,非洲地区对华投资最多的前5位国家是:塞舌尔、南非、尼日利亚、利比里亚和埃及。上述5国对华投资设立企业数、合同外资金额、实际使用外资金额占非洲地区对华投资总量的60.3%、80.2%和83.7%。

按照名义投资者注册地统计（转投资以名义投资计入自由港，含自由港），截至2018年底，非洲地区对华投资共计设立外商投资企业9761家，实际投入外资金额196.2亿美元，分别占同期全国累计吸收外资总量的1.02%和0.96%。

按照名义投资者注册地统计，非洲地区对华投资最多的前5位国家是：毛里求斯、塞舌尔、南非、尼日利亚和利比里亚。上述5个国家对华投资设立企业数、实际投入外资金额占非洲对华投资总量的65.27%和95.61%。

1979—2018年非洲对华投资一览图详见图2-76。

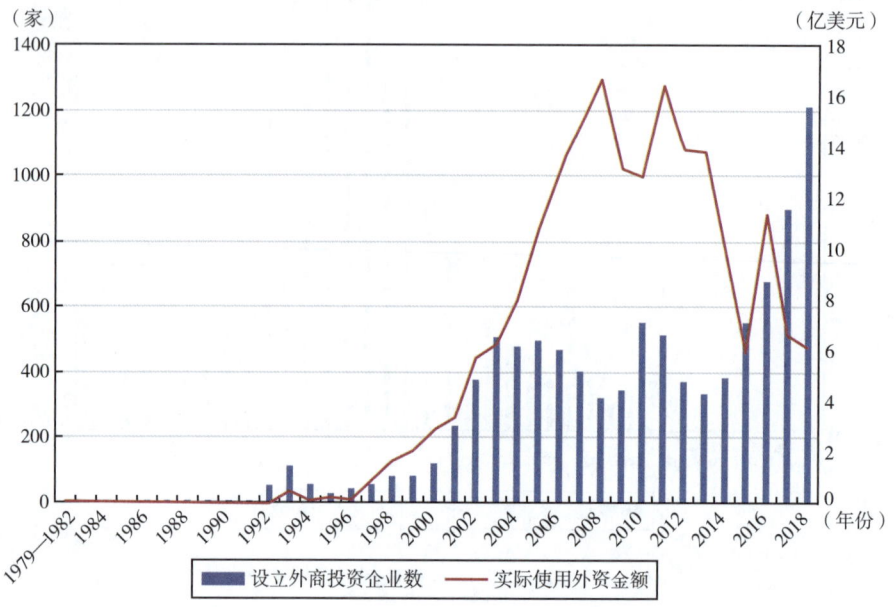

图2-76　1979—2018年非洲对华投资一览图
（按照名义投资者注册地统计）

第三章
全国外商投资企业运营情况

改革开放40年，我国建立了社会主义市场经济体系，形成全方位、宽领域开放格局，随着投资营商环境的日益完善，外商投资企业不断发展壮大，成为我国国民经济的重要组成部分和全球价值链、产业链、供应链中不可或缺的重要成员，是我国各类市场主体中对外依存度最高的经济实体。40年来，全国外商投资企业总体运行良好，主要经济指标持续增长。其间，2008年之前，其主要经济指标的增幅明显高于全国平均水平，在全国总量中的比重不断提升。2008年之后，在不断调整优化结构的同时，其主要经济指标继续增长，部分指标的增幅有所回落。40年来，作为经济发展的重要增长极，外商投资企业为我国经济持续快速健康发展做出了重要贡献，对深化社会主义市场经济体制改革和推进开放型经济的形成与发展发挥了重要作用。

第一节　全国外商投资企业基本情况

一、在册实有外商投资企业

（一）概况

截至2018年底，全国累计设立外商投资企业96万余家（不含银行、证券、保险业，下同），工商在册实有外商投资企业41万家左右，约占40年累计设立外商投资企业数的44.5%，占同期全国各类工商在册实有企业总数的比重不足2%。

（二）在册运营外商投资企业分阶段简况

截至1997年底，在全国累计设立的30.3万家外商投资企业中，尚存注册企业24万家左右[1]，占累计设立企业总数的79%。

截至2008年底，在全国累计设立的66万家外商投资企业中，尚存注册企业28.7万家左右[2]，比1997年底增加近5万家，占全国各类注册企业总数的约3%，占累计设立外商投资企业总数的43%。其中，在册运营企业约22万家，比1997年增加6万余家。

截至2018年底，在全国累计设立的96万余家外商投资企业中，尚存注册外商投资企业41万家左右[3]，比2008年底增加12万余家，占全国各类工商在册实有企业总数的比重不足2%。其中，在册运营企业约32万家，比2008年底增加近10万家。

二、外商投资企业合同外资增资

（一）概况

2002—2018年，外商投资企业外方增资额共计14976.7亿美元，年均增幅[4]16.2%，高于同期合同外资金额年均增幅（12.4%）3.8个百分点，占同期外商投资累计合同外资金额的37.4%。

（二）合同外资增资分阶段发展简况

自1992年党的十四大做出建立社会主义市场经济体制的重大决策以来，我国的经济体制改革不断深化。2001年中国加入世界贸易组织，对外开放进一步扩大。改革开放步伐加速，大大增强了外商对华投资的信心，已设立外商投资企业的境外投资者不断扩大投资规模，增资、利润再投资等（合同外资增资，下同）成为我国吸收外资的重要增长极。

---

［1］1995—1996年对全国外商投资企业合同履约情况普查数据。
［2］2009年联合年检数据。
［3］国家市场监督管理总局数据。
［4］本书第三章中"年均增幅"均为"算术平均增幅值"。

2002年以来，合同外资增资额大幅增长，占同期合同外资金额的比重不断提升，2007年之后，占比基本保持在40%左右。其间：

2002—2006年，5年间，合同外资增资额共计1963.4亿美元，占同期合同外资金额（7341.1亿美元）的26.7%；年度增资额从2002年的209.3亿美元增至2006年的585.2亿美元，占当年合同外资金额的比重从25.3%增至30.2%，增加了4.9个百分点；合同外资增资额平均增幅29.9%，高于同期合同外资金额平均增幅（23.5%）6.36个百分点。

2007—2011年，5年间，合同外资增资额共计4486.7亿美元，是前5年的2.3倍，占同期合同外资金额（11151亿美元）的40.2%，比前5年增长13.5个百分点；年度增资额从2007年的921.9亿美元增至2011年的1029.3亿美元，占当年合同外资金额的比重基本保持在40%左右；年均合同外资增资额897.2亿美元，比前5年（392.7亿美元）高出502.4亿美元。

2012—2016年，5年间，合同外资增资额共计5314.6亿美元，是前5年1.2倍，占同期合同外资金额（14178.1亿美元）的37.5%，比前5年降低了2.7个百分点；年度增资额从2012年的968.4亿美元增至2016年的1250亿美元，占当年合同外资金额的35%~40%；年均合同外资增资额1062.9亿美元，比前5年高出165.7亿美元。其间，有3年合同外资增资额呈负增长（2012年、2013年、2016年）。

2017年、2018年，合同外资增资额实现较大幅度增长，两年共计增资3212.5亿美元，平均增幅19.1%，年均增资额1606.3亿美元，比前5年年均增资额高出543.4亿美元。

2002—2018年外商投资增资情况详见图3-1。

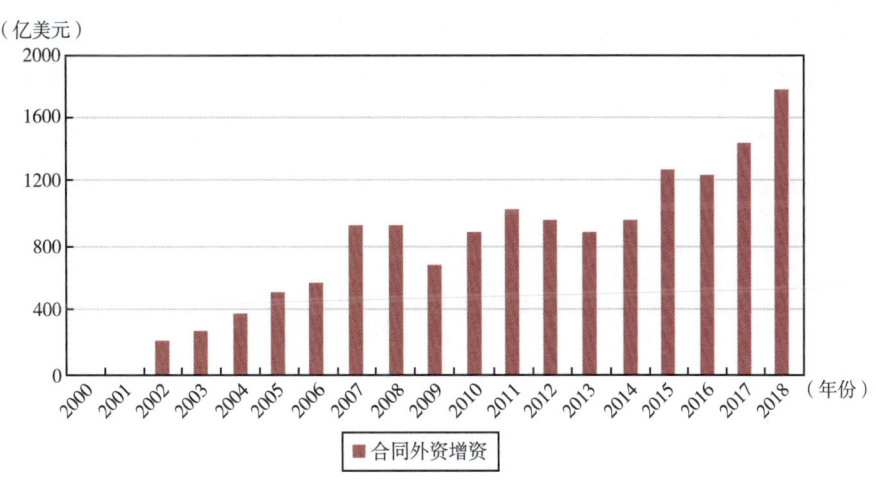

图3-1　2002—2018年外商投资增资一览图

三、外商投资企业对外依存度

外商投资企业对外依存度涵盖若干要素,仅以出口额占工业产值(现价,下同)比重表述。

长期以来,外商投资企业出口占其工业产值的比重大幅高于国内其他类型企业出口占其工业产值的比重,是我国各类企业中对外依存度(出口额占工业产值比重,下同)最高的经济实体。

(一)1999年外商投资企业对外依存度

1999年,全国工业总产值73389.56亿元,出口总值16439.19亿元(1949.07亿美元),出口总值占工业总产值的22.4%。其中,外商投资企业工业产值18348.57亿元,占全国工业总产值的25%;出口值7329.54亿元(886.28亿美元),占其工业产值的比重为39.9%,占全国出口总值的44.6%。同期,国内其他类型企业工业产值55040.99亿元,出口值9109.65亿元(1062.97亿美元),出口占其工业总产值的比重为16.6%。

外商投资企业对外依存度高于国内其他类型企业23.3个百分点,高于全国平均水平17.5个百分点。

(二)2000年外商投资企业对外依存度

2000年,全国工业总产值84879.5亿元,出口总值21031.12亿元(2493.5亿美元),出口总值占工业总产值的24.8%。其中,外商投资企业工业产值23010.84亿元,占全国工业总产值的27.1%;出口值10074.13亿元(1194.41亿美元),占其工业产值的比重升至43.8%,比1999年提高了3.9个百分点,占全国出口总值的47.9%。同期,国内其他类型企业工业产值61868.66亿元,出口值10956.99亿元(1299.1亿美元),出口占其工业总产值的比重为17.7%。

外商投资企业对外依存度高于国内其他类型企业26.1个百分点,高于全国平均水平19个百分点。

(三)2001—2011年外商投资企业对外依存度

2001—2011年,外商投资企业出口额占同期全国累计出口总值的55.1%,占其累计工业产值的比重约为45%。其间，2005年、2006年、2007年，外商投资企业出口占全国出口总值的比重高达58.3%、58.2%、57.1%，为40年间出口占比最高值；2008年，外商投资企业对外依存度高于同期其他类型企业约28个百分点，高于全国平均水平约21个百分点。2005—2007年是40年间外商投资企业对外依存度最高的时期。

2012年以来，随着外商投资企业出口占其工业产值比重逐步下降，其对外依存度有所降低，但仍较大幅度高于其他类型企业。

四、外商投资企业就业人员

自1996年以来，外商投资企业就业人员占全国城镇就业人口的比重基本保持在9%~11%，成为我国解决就业的重要渠道之一。据可查到数据：

1997年，外商投资企业直接就业人员1750万人，约占全国非农业劳动人口的10%。2000年，外商投资企业直接就业人员超过2100万人，占全国城镇就业人口的比重超过10%。2008年，外商投资企业直接就业人数4500万人左右，约占全国城镇就业人口的11%。2018年，外商投资企业就业人员3000万人左右，外商投资企业再投资企业就业人员1000万~1500万人，总计约占全国城镇企业人口的10%。

第二节 外商投资企业主要经济指标分阶段发展简况

一、概况

对外开放前30年（2008年之前），外商投资企业持续快速发展，2008年之前的大多数年份，全国外商投资企业实际使用外资与固定资产投资、工业产值、工业增加值、缴纳税收、进出口、外汇平衡结余及银行结售汇顺差值、工业企业利润等主要经济指标的增长幅度均高于全国平均水平，在全国经济总量，特别是经济增量中所占比重迅速提升。

2008年全球金融危机之后，国内外经济形势发生巨大变化，作为对外依存度最高的经济实体，外商投资企业运营受到较大影响。近10年来，全国外商投资企业上述主要经济指标实现持续增长,但部分指标增幅低于全国平均水平,在全国总量中的比重有所下降。

二、主要经济指标分阶段发展概况

(一)实际使用外资与全社会固定资产投资分阶段概况

1985年之前,全国实际使用外资金额占全社会固定资产投资的比重很低。1986年国务院出台鼓励外商投资的22条措施,全国吸收外资规模明显扩大,实际使用外资占同期全社会固定资产投资总额的比重开始上升。1992年邓小平同志南方谈话之后,外商对华投资快速增长,实际使用外资占同期全社会固定资产投资总额的比重大幅提升,1993—1999年是所占比重最高的时期。2000年以来,实际使用外资增幅趋缓,占全社会固定资产投资的比重逐年回落;2007年至今,所占比重大幅度下降。

1979—1985年,7年间,全国实际使用外资金额共计60.7亿美元,占同期全社会固定资产投资总额的比重不足1%。

1986—1992年,7年间,全国实际使用外资金额共计299.5亿美元,是前7年的5倍,年度实际使用外资金额从22.4亿美元增至110.1亿美元,占同期全社会固定资产投资总额的比重由不足1%增至7.5%,提高了近7个百分点。

1993—1999年,7年间,全国实际使用外资共计2715.8亿美元,是前7年的9.1倍,占同期全社会固定资产投资总额的14.2%;年度实际使用外资金额从275.2亿美元增至403.2亿美元,所占比重由1992年的7.5%增至1999年的11.2%,提高了3.7个百分点。其间,1994占比17.1%,为40年间最高占比;1995年、1996年、1997年,占比依次为15.7%、15.1%和15%。

2000—2006年,7年间,全国实际使用外资共计3995.8亿美元,是前7年的1.5倍,占同期全社会固定资产投资总额的8.2%,比前7年降低了6个百分点;年度实际使用外资金额从2000年的407.2亿美元增至2006年的727.2亿美元,所占比重从10.2%逐年降至5.3%,下降4.9个百分点。

2007—2018年,12年间,全国实际使用外资共计14420.2亿美元,是前28年(7071.8亿美元)的2.0倍,占同期全社会固定资产投资的2.4%;年度实际使用外资金额从835.2亿美元增至1383.1亿美元，所占比重从4.6%降至1.4%，减少了3.2个百分点。

1992—2018年实际使用外资占全社会固定资产投资比重详见图3-2。

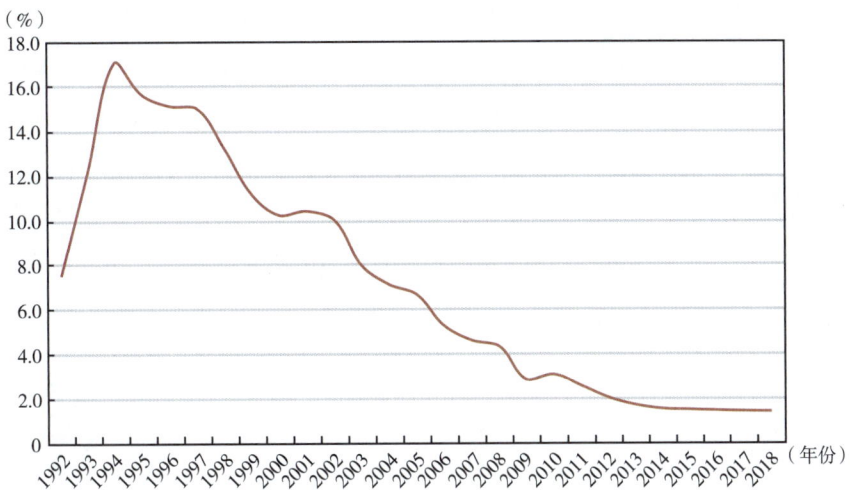

图3-2　1992—2018年实际使用外资占全社会固定资产投资比重示意图

（二）外商投资企业固定资产投资分阶段概况

据国家统计局数据，2008年之前（1993—2007年），外商投资企业固定资产投资快速增长，年均增幅明显高于同期全社会固定资产投资增幅，占全社会固定资产投资的比重持续提升。2008年以来，外商投资企业固定资产投资增幅回落，年均增长率低于全国平均水平，所占比重逐年下降。1993—2017年25年中，外商投资企业固定资产投资有21年实现增长，4年出现下降（1999年、2000年、2015年、2017年）。

1993—2007年，15年间，外商投资企业固定资产投资共计6.97万亿元，占同期全社会固定资产投资总额的9.5%；其年度固定资产投资额从783.77亿元增至13353.9亿元，增长了16倍，年均增幅26.15%，高于同期全社会固定资产投资年均增幅（16.6%）9.6个百分点，占全社会固定资产投资的比重由6%增至9.72%，提高了3.72个百分点。其间，1994—1997年，年度所占比重依次为11.20%、11.13%、11.83%、11.60%，为40年间占比较高年度；1994年，外商投资企业固定资产投资同比增长143.4%，为40年间最大增幅；1999年、2000年，受亚洲金融危机的影响，其固定资产投资呈负增长，分别为-10.8%和-1.7%。

2008—2017年，10年间，外商投资企业固定资产投资共计20.64万亿元，占同期全社会固定资产投资总额的5.6%，比前15年降低了3.9个百分点；其年度固定资产投资额从15407.0亿元增至24916.2亿元，年均增幅6.7%，低于同期全社会固定资产投资年均增幅（18.28%）11.6个百分点，占全社会固定资产投资总额的比重由8.91%降至3.89%，降低了5.02个百分点。其间，2016年，外商投资企业固定资产投资金额26069.5亿元，为40年间最高值；2017年，所占比重3.89%，为1993年以来的最低占比；2015年、2017年，外商投资企业固定资产投资呈负增长，分别为-1.3%和-4.4%。

1992—2018年外商投资企业固定资产投资情况详见图3-3。

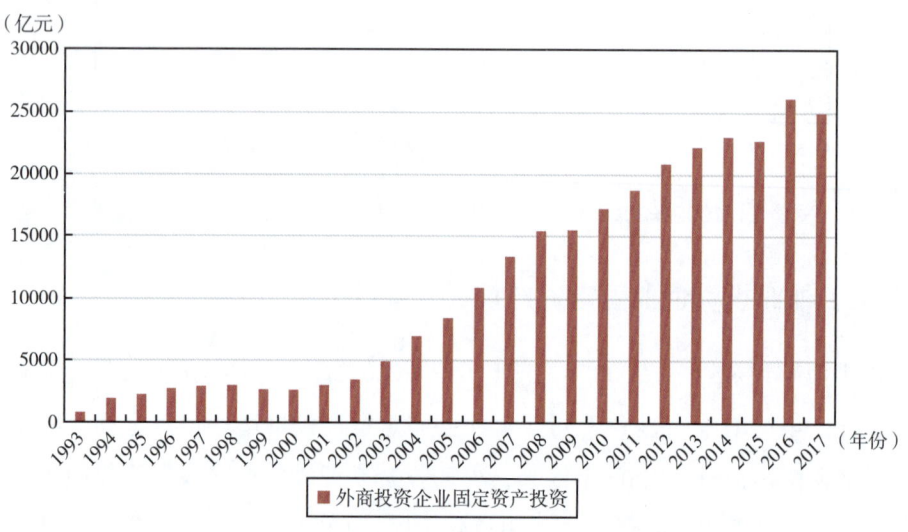

图3-3　1992—2018年外商投资企业固定资产投资一览图

（三）规模以上外商投资工业企业工业增加值增幅分阶段概况

据国家统计局数据，1992—2018年，规模以上外商投资工业企业（以下简称"外资规上企业"）工业增加值年均增幅15.0%，高于同期全国工业增加值年均增幅（11.1%）3.7个百分点。其间，2008年之前，外商投资工业企业快速发展，1992—2007年是其工业增加值增速最快的时期，年度增长幅度均高于全国平均水平，占全国工业增加值的比重快速提升。2008年以来，外商投资工业企业发展速度放缓，工业增加值年均增幅低于同期全国工业增加值增幅，所占比重逐年下降。

1992—2007年，16年间，外资规上企业工业增加值年均增幅20.2%，高于同期全国工业增加值年均增幅（12.9%）7.3个百分点，占全国工业增加值的比重较大幅度提升。在此期间，外资规上企业年度工业增加值的增长幅度均高于同期全国工业增加值的增长幅度，有2年是全国增幅的2倍多，有6年高于全国增幅5个百分点以上；1992年，外资规上企业工业增加值增幅高达48.8%，为40年间最大增幅；2007年，外资规上企业工业增加值占全国工业增加值的比重达28.3%，为40年间最高占比。

2009—2018年，10年间，外资规上企业工业增加值年均增幅7.2%，低于同期全国工业增加值年均增幅（8%）0.8个百分点，占全国工业增加值的比重逐年下降。其间，2010年、2013年外资规上企业工业增加值增幅高于全国平均水平；2015年，其工业增加值增幅3.7%，为40年间最小增幅。

1992—2018年外商投资企业工业增加值详见图3-4。

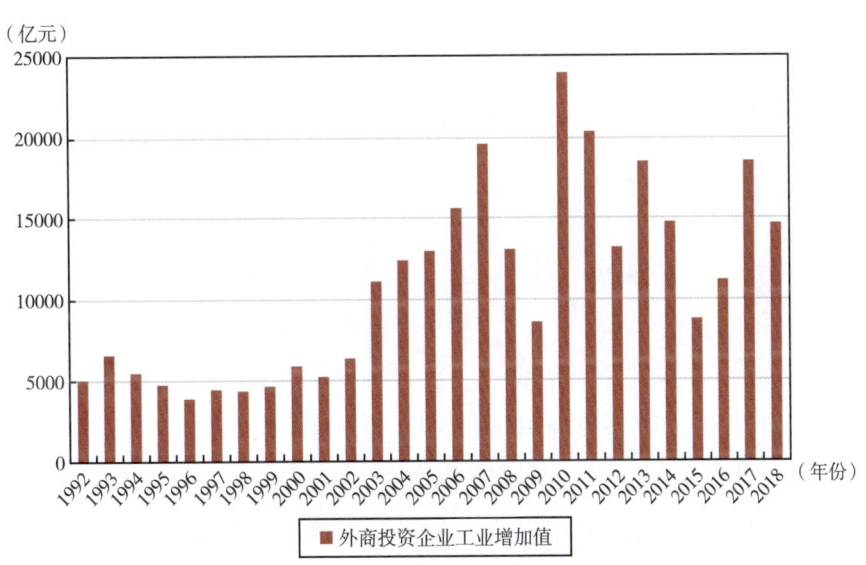

图3-4　1992—2018年外商投资企业工业增加值一览图

（四）规模以上外商投资工业企业利润分阶段概况

据国家统计局数据，2000—2018年，外资规上工业企业累计利润额187581.7亿元，占同期全国工业企业利润总额（726356.7亿元）的25.8%。2009年及以前，外资规上工业企业平均年度利润增幅略高于全国水平，占同期全国工业企业利润平均比重保持在29%左右。2010年以来，其年度利润增幅大多低于全国平均水平，占同期全国工业企业利润的比重有所下降。

2000—2004年，5年间，外资规上企业利润额共计11256.1亿元，占同期全国工业企业利润总额（35177亿元）的32%；年度利润额从1282.5亿元增至3876.0亿元，增长了2倍，年均利润额2251.2亿元。其间，2001—2004年，年均增幅32.6%，高于同期全国工业企业利润年均增幅（29.3%）3.3个百分点；2003年，利润额占全国利润总额的33.3%，为40年间最高占比。

2005—2009年，5年间，外资规上企业利润额共计35402.0亿元，是前5年的3.1倍，占同期全国工业企业利润总额的27.9%，比前5年减少3.7个百分点；年度利润额从4140.8亿元增至10107.1亿元，年均利润额7080.4亿元，比前5年增加4829.2亿元；其利润额年均增幅21.7%，略低于全国工业利润年均增幅（24.1%）2.4个百分点。其间，2009年，外资规上企业利润额首次超过万亿元，是2005年的2.4倍。

2010—2014年，5年间，外资规上企业利润额共计72316.6亿元，是前5年的2倍，占同期全国工业企业利润总额的24.9%，比前5年减少3个百分点；年度利润额从15019.6亿元增至15972亿元，年均利润额14463.3亿元，比前5年增加7382.9亿元，增加值是前5年的1.5倍；年均增幅16%，低于全国工业企业利润年均增幅（20.0%）4个百分点。其间，2010年外资规上企业利润同比增长48.6%，为40年间最高增幅；2012年，其利润额呈负增长。

2015—2018年，4年间，外资规上企业利润额共计68607.0亿元，年均增幅7.1%，略低于全国工业企业利润年均增幅（9.4%）2.3个百分点，占同期全国工业企业利润总额的25.0%；年度利润额从15726亿元增至16776亿元，占同期全国总额的比重由24.7%升至25.3%；年均利润额17151.8亿元，比前5年增加2688.5亿元。其间，2017年，外资规上企业工业利润额18753亿元，为40年间最高值；2015年，其利润额同比呈负增长（-1.5%）；2018年，其利润额16776亿元，同比下降10.5%，占同期全国利润总额的25.3%，比上一年提高了0.4个百分点。

2000—2018年外资规上企业工业利润与全国工业企业利润详见图3-5。

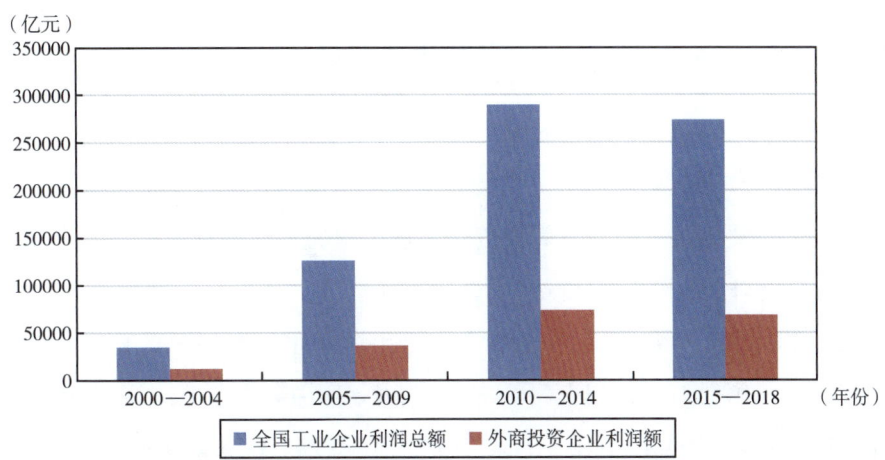

图3-5 2000—2018年外资规上企业工业利润与全国工业企业利润一览图

（五）外商投资企业税收分阶段发展概况

1992—2018年，外商投资企业税收额（不含关税和土地税费，下同）累计289628.2亿元，占同期全国税收总额（1424291.2亿元）的20.3%，年均增幅25.0%，高于全国税收年均增幅8.6个百分点。在此期间，1992—2011年是外商投资企业税收增长最快的时期，平均增幅31.8%，高于同期全国税收年均增幅12.4个百分点，税收额数十倍增长，占全国税收总额的比重迅速提升，是我国增长最快的税源之一。2012年以来，外商投资企业税收持续增长，但增幅有所回落，年均增幅6.6%，低于同期全国税收年均增幅1.7个百分点。

1992—2001年，10年间，外商投资企业税收共计11092.0亿元，占同期全国税收总额的12.1%，年均增幅43.6%，年度外商投资企业税收从122.3亿元增至2883亿元，增长了22.6倍，占全国税收总额的比重由4%增至19.9%，提高了15.9个百分点。

2002—2011年，10年间，外商投资企业税收共计99212.9亿元，是前10年的8.94倍，占同期全国税收总额的22.8%，比前10年提高了10.7个百分点；年度外商投资企业税收额从3487亿元增至19638.1亿元，增长了4.6倍，占当年全国税收总额的比重由20.6%增至22.5%，提高了1.9个百分点。

2012—2018年，7年间，外商投资企业税收共计179323.3亿元，是前10年的1.8倍，占同期全国税收总额的19.9%，比前10年降低了2.9个百分点；年均外商投资企业税收25617.6亿元，比前10年增加15696.3亿元；外商投资企业税收年均增幅6.6%，低于全国税收年均增幅1.7个百分点。

(六)外商投资企业进出口分阶段发展概况

1. 外商投资企业进出口总体概况

40多年来,外商投资企业进出口持续增长,是推动我国对外贸易迅速发展、成为贸易大国的重要因素。作为外商投资企业进出口的主要方式之一,加工贸易对外商投资企业进出口分阶段发展状况产生直接影响。

1986—2018年(33年),外商投资企业进出口共计253098.9亿美元,占同期全国累计进出口总额(518546.3亿美元)的48.8%,年均增幅24.4%,高于同期全国进出口年均增幅(14.5%)9.9个百分点。其中,出口额共计135619.9亿美元,占同期全国累计出口总额(281199.7亿美元)的48.2%,年均增幅29.5%,高于同期全国出口年均增幅(15.4%)14.1个百分点;进口额共计117478.9亿美元,占同期全国累计进口总额(237373.8亿美元)的49.5%,年均增幅22.2%,高于同期全国进口年均增幅(13.9%)8.3个百分点;顺差值共计18141亿美元,占同期全国累计顺差总值(43825.9亿美元)的41.4%。33年间,外商投资企业年度进出口额由29.9亿美元增至19681亿美元,增长了657.2倍,占全国进出口总额的比重由4%上升到42.6%(最高时曾达58.9%)。其中,出口额由5.8亿美元增至10360亿美元,增长了1785.2倍,占全国出口总额的比重由1.9%升至41.6%(最高时曾达58.3%);进口额由24亿美元增至9321亿美元,增长了387.4倍,占全国进口总额的比重由5.6%上升到43.6%(最高时曾达59.7%)。据可查到数据,2000—2018年(19年),在外商投资企业进出口总值中,加工贸易进出口额占62.3%。

2. 外商投资企业进出口分阶段发展概况

40年间,外商投资企业进出口总体上呈快速增长态势。据海关数据,1986—1995年,外商投资企业进出口大幅增长,规模数十倍扩大,占全国进出口总额的比重迅速提升,进出口呈现逆差。1996—2007年,其进出口继续成倍增长,占全国总额的比重持续上升,进出口由逆差转为顺差,且顺差值快速增长,占全国顺差总值的比重大幅提升,加工贸易占其进出口额的比重高达80%以上。2008年以来,由于加工贸易政策几度变化、亚洲金融危机、企业运营成本较快提升等因素,外商投资企业进出口大幅增长的态势受到抑制。2006—2015年,外商投资企业进出口持续增长,但增幅低于全国平均水平,占全国进出口的比重有所下降,加工贸易占其进出口额的比重明显下降[1]。在此期间，其进出口顺差值迅速扩大，占全国顺差总值的比重大幅提升。近年来，贸易摩擦，特别是中美贸易摩擦加剧等，对外商投资企业进出口产生的负面影响进一步增大。2016—2018年，其进出口实现增长，但增幅明显趋缓，占比略有下降，顺差值呈负增长，降幅小于全国平均水平，占全国顺差总值的比重有所上升（详见图3-6）。

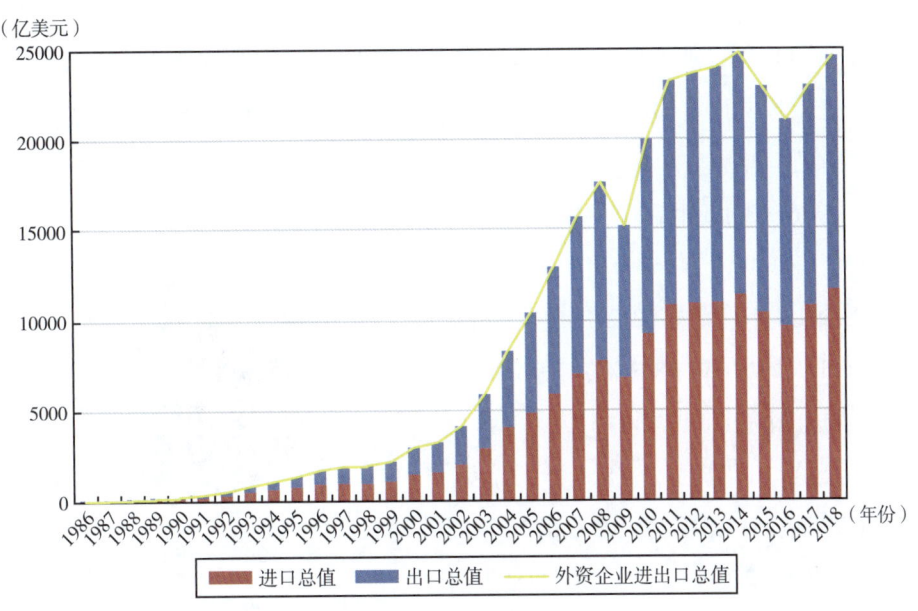

图3-6　1986—2018年外商投资企业进出口一览图

（1）1986—1995年，10年间，外商投资企业进出口额共计3869.9亿美元，占同期全国进出口总额的25.8%（详见图3-7），年均增幅50.1%，高于同期全国进出口年均增幅（16.2%）38.7个百分点。其中，出口额1532.1亿美元，占全国出口总额的20.4%，年均增幅65.2%，高于同期全国出口年均增幅（19.3%）45.9个百分点；进口额2337.5亿美元，占全国进口总额的31.2%，年均增幅44.7%，高于同期全国进口年均增幅（14.0%）30.7个百分点；进出口逆差值

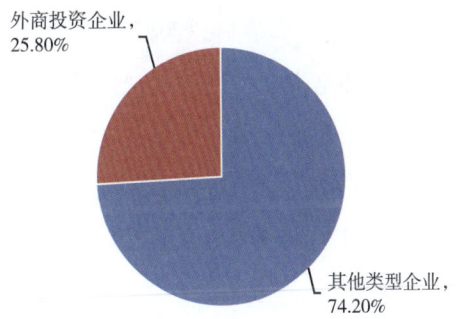

图3-7　1986—1995年外商投资企业进出口额占全国进出口总额比重图

---

[1] 外商投资企业加工贸易进出口分阶段概况在本部分（三）中阐述。

共计805.4亿美元（全国为顺差9.8亿美元）。

这10年间，外商投资企业年度进出口额由29.9亿美元增至1098.2亿美元，增长了35.7倍，占全国进出口总额的比重由4%上升到39.1%，提高了35.1个百分点。其中，出口额由5.8亿美元增至468.8亿美元，增长了约79.8倍，占全国出口总额的比重由1.9%升至31.5%，提高了29.6个百分点；进口额由24亿美元增至到629.4亿美元，增长了25.2倍，占全国进口总额的比重由5.6%上升到47.7%，提高了42.1个百分点。

其间，1987年，外商投资企业出口同比增幅108.6%，为40年间最大出口增幅；1988年，进出口同比增幅82.1%，为40年间最大进出口增幅，进口同比增幅74.5%，为40年最大进口增幅。

（2）1996—2005年，10年间，外商投资企业进出口额共计34150.9亿美元，是前10年的8.8倍，年均增幅23.2%，高于同期全国进出口年均增幅（18.3%）4.9个百分点，占同期全国进出口总额的53.9%（详见图3-8），比前10年提高了28.1个百分点。其中，出口额17517.8亿美元，是前10年的11.4倍，年均增幅25.8%，高于同期全国出口年均增幅（18.4%）7.4个百分点，占同期全国出口总额的52.3%，比前10年提高了31.9个百分点；进口额16633.2亿美元，是前10年的7.1倍，年均增幅20.9%，高于同期全国进口年均增幅（18.3%）2.6个百分点，占同期全国进口总额的55.7%，比前10年提高了34.1个百分点；进出口顺差值共计884.6亿美元，占同期全国顺差总值的34.1%。

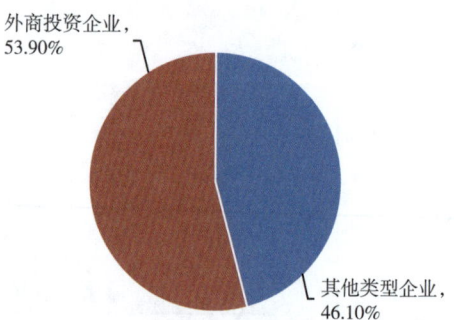

图3-8 1996—2005年外商投资企业进出口额占全国进出口总额比重图

这10年间，外商投资企业年度进出口额由1371.1亿美元增至8317.2亿美元，增长了5.1倍，占全国进出口总额的比重由47.3%上升到58.5%，提高了11.2个百分点。其中，出口额由615.1亿美元增至4442.1亿美元，增长约6.2倍，占全国出口总额的比重由40.7%升至58.3%，提高了17.6个百分点；进口额由756亿美元增至3875.1亿美元，增长了4.1倍，占全国进口总额的比重由54.5%上升到58.7%，提高了4.2个百分点。

在此期间，1998—2005年，8年间，外商投资企业顺差值共计1053.7亿美元，年均增幅达102.8%，高于全国顺差年均增幅（26.7%）76.1个百分点，占同期全国顺差总值的34.1%；年度顺差值由42.4亿美元增至567亿美元，增长了12.4倍，占全国顺差总值的比重由9.7%升至55.7%，提高了46个百分点。其间，1998年，外商投资企业进出口逆差转顺差；2005年，其顺差值同比增幅303.6%，为40年间最大顺差增幅；2005年，其出口额占全国出口总额的58.3%，为40年最高出口占比。

（3）2006—2015年，10年间，外商投资企业进出口额共计160134.7亿美元，是前10年的4.7倍，年均增幅9.1%，低于同期全国进出口年均增幅（11.8%）2.7个百分点，占同期全国进出口总额的比重为50.7%（详见图3-9），比前10年下降了3.2个百分点。其中，出口额87266.4亿美元，是前10年的5倍，年均增幅9.4%，低于同期全国出口年均增幅（12.5%）3.1个百分点，占全国出口总额的50.8%，比前10年降低了1.5个百分点；

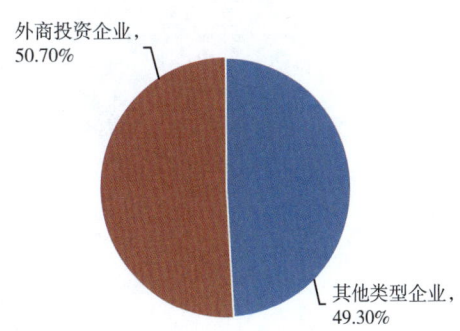

图3-9　2006—2015年外商投资企业进出口额占全国进出口总额比重图

进口额72868.4亿美元，是前10年的4.4倍，年均增幅8.8%，低于同期全国进口年均增幅（11.0%）2.2个百分点，占全国进口总额的50.5%，比前10年降低了5.2个百分点；进出口顺差值共计14398亿美元，是前10年的16.3倍，占同期全国顺差总值（27358.7亿美元）的52.6%，所占比重提高了28.1个百分点。

这10年间，外商投资企业年度进出口额由10364.4亿美元增至18346亿美元，增长了1.8倍，占全国进出口总额的比重由58.9%降至46.3%，下降了12.6个百分点。其中，出口额由5638.3亿美元增至10047亿美元，增长了1.8倍，占全国出口总额的比重由58.2%降至44.1%，下降了14.1个百分点；进口额由4726.2亿美元增至8299亿美元，增长了1.8倍，占全国进口总额的比重由59.7%降至49.3%，下降了10.4个百分点；进出口顺差值由912.1亿美元增至1748亿美元，增长了1.9倍。其间：

2006年，外商投资企业进出口、出口、进口额占全国进出口、出口、进口总额的比重依次为58.9%、58.2%和59.7%，为40年间最高占比；2014年，其出口额10747亿美元，为40年出口最高值；2011年，其顺差值占同期全国顺差总值的85.5%，为40年间顺差最高占比（2009年、2010年、2012年、2013年，顺差占全国顺差总值的比重均超过60%）；2015年，其顺差值达1748亿美元，为40年间最高顺差值,但占全国顺差总值的比重降至29.4%。

1986—2015年外商投资企业进出口结构分阶段对比图如图3-10所示。

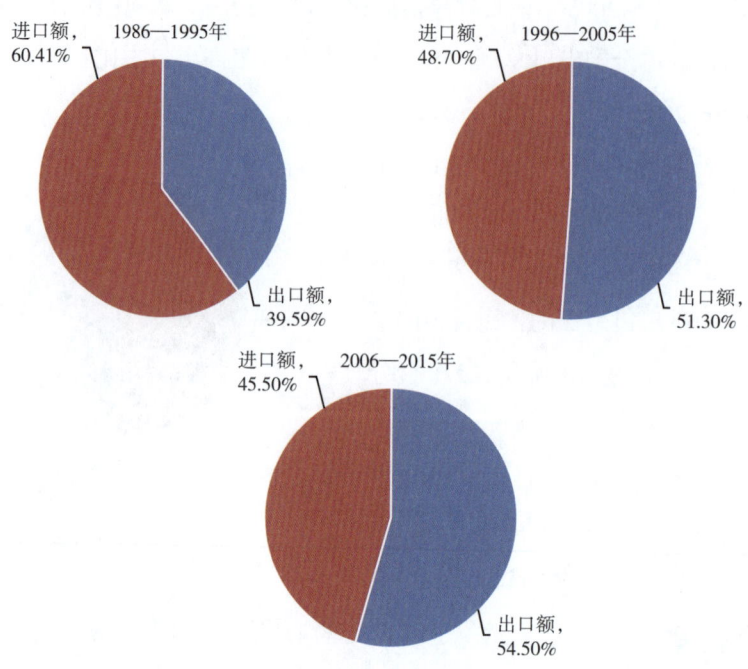

图3-10　1986—2015年外商投资企业进出口结构分阶段对比图

(4)2016—2018年,3年间,外商投资企业进出口共计54943.4亿美元,年均增幅2.7%,低于同期全国进出口年均增幅(5.7%)3个百分点,占全国进出口总额的44.3%。其中,出口额29303.6亿美元,年均增幅1.3%,低于同期全国出口年均增幅(3.3%)2个百分点,占全国出口总值的42.8%;进口额25639.8亿美元,年均增幅4.3%,低于同期全国进口年均增幅(8.8%)4.5个百分点,占全国进口总值的46.1%;顺差值3663.8亿美元,年均负增长-15.8%(全国年均负增长-16.0%),占全国顺差总值的28.5%。

3年间,外商投资企业年度进出口额由16871亿美元增至19681亿美元,占全国进出口总额的比重由45.8%降至42.6%,降低了3.2个百分点。其中,出口额由9168亿美元增至10360亿美元,占全国出口总值的比重由43.7%降至41.6%,降低了2.1个百分点;进口额由7703亿美元增至9321亿美元,占全国进口总额的比重由48.5%降至43.6%,降低了4.9个百分点;顺差值由1465亿美元降至1039亿美元,占全国顺差总值的比重由28.7%升至29.5%,提高了0.8个百分点。其间:

2016年，外商投资企业进出口、出口、进口均为负增长（全国亦然）；2018年，外商投资企业进出口19681亿美元，为40年间最高进出口值，其中，进口额9321亿美元，为40年间最高进口值。2018年，外商投资企业进出口总值19681亿美元，比上年增长7.0%，低于全国同期进出口增幅（12.6%）5.6个百分点，占全国进出口总值的42.6%（详见图3-11），比2017年下降2.2个百分点。其中，出口10360亿美元，同比增长6.0%，低于全国出口增幅（9.9%）3.9个百分点，占全国出口总值的41.6%，比2017年下降1.6个百分点；进口9321亿美元，同比增长8.2%，低于全国

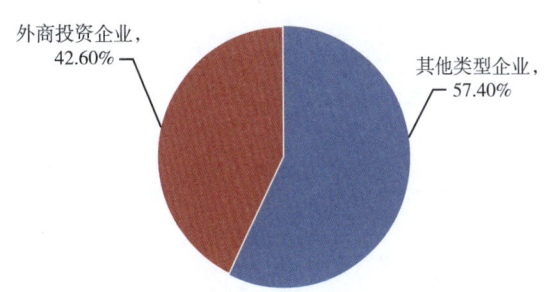

图3-11 2018年外商投资企业进出口额占全国进出口总额比重图

进口增幅（16%）7.2个百分点，占全国进口总值的43.6%，比2017年下降3.2个百分点；顺差值1039.0亿美元，同比下降-10.4%，降幅小于全国降幅（-16.8%）6.4个百分点，占全国顺差总值的29.5%，比2017年提高了2.1个百分点。

3. 外商投资企业加工贸易进出口分阶段变化概况

（1）背景情况。20世纪中后期，跨国产业转移加速，跨国直接投资快速增长，加工贸易政策应运而生并不断完善（对用于加工复出口的进口零部件、原材料免征进口环节税收或实行保税政策），驱动全球产业链（制造业）重新布局，推进经济全球化深入发展。

为紧紧把握经济全球化新趋势带来的机遇，自20世纪70年代末改革开放伊始，我国即制定了鼓励外商投资和促进加工贸易发展的政策措施。加工贸易适应外商投资企业作为跨国产业转移和全球产业链重构参与者的发展需求，成为外商投资企业的主要贸易方式。

1979年以来，随着上述政策措施的不断完善和有效实施，我国吸收外商投资和加工贸易得到快速发展，大大促进了我国对外贸易的迅猛增长，加速推动我国工业化、国际化、现代化进程。1997年，加工贸易进出口额占全国进出口总额的比重升至54.6%，成为我国进出口贸易的主要方式，其中，外商投资企业加工贸易占全国总额的70%。2005年，加工贸易进出口额占全国进出口总额的49%，加工贸易出口对我国出口增长的贡献率达60%以上，其中，外商投资企业加工贸易占全国总额的比重升至84%。

2004年以来，随着经济形势的变化，我国加工贸易政策数度调整，从以扶持鼓

励措施为主转变为以调整结构、加强综合监管为主(扩大加工贸易禁止类、限制类商品目录,调整出口退税率,公布禁止出口目录等措施),加工贸易进入调整期,结构不断优化,增幅开始回落。受2008年全球金融危机、国内加工贸易政策再度调整和生产经营成本快速上升的影响,2008年以来,我国加工贸易增幅明显收窄,有3年呈现负增长,占全国进出口总额的比重持续下降,外商投资企业加工贸易占全国总额的比重保持在80%以上(详见图3-12)。

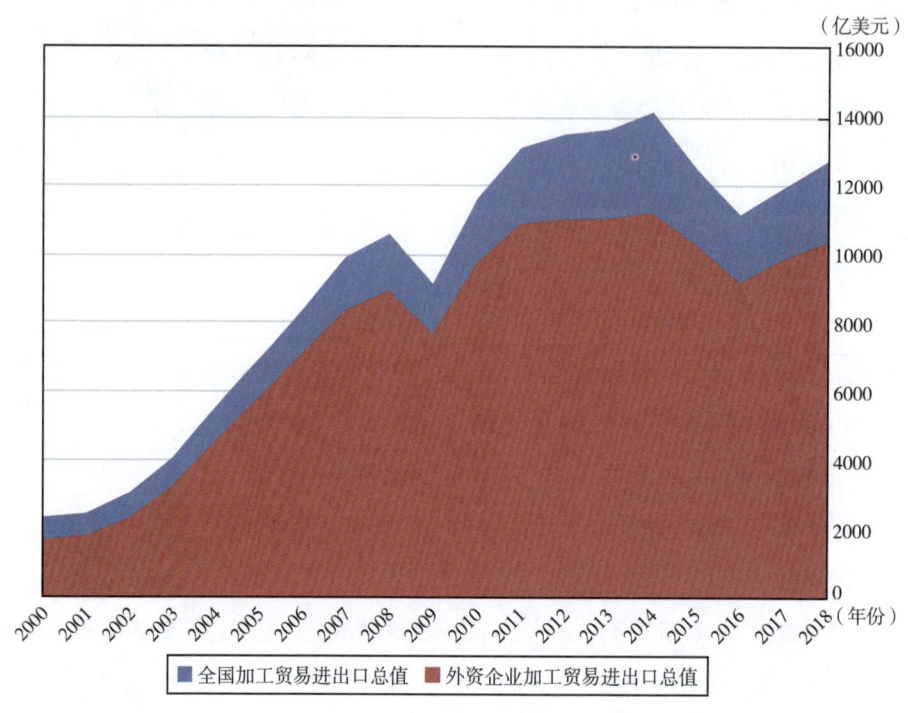

图3-12　2000—2018年外商投资企业加工贸易进出口额一览图

(2)外商投资企业加工贸易分阶段发展情况:

1979—1999年,由于采取了适应我国国情的鼓励政策和管理措施,外商投资企业加工贸易从零起步持续快速健康发展。21年间,外商投资企业加工贸易规模上百倍增长,占其进出口额和全国加工贸易总额的比重迅速提升。

1981—1999年,19年间,外商投资企业加工贸易进出口额由约10亿美元增至1272.12亿美元,增长126倍,占全国加工贸易[1]进出口总额的比重从40%上升至

---

[1] 1981—1999年,19年间,全国加工贸易进出口总额由25亿美元增至1845亿美元,增长了73倍,占全国进出口总额的比重从5.7%(出口占比5%、进口占比6.4%)上升至51.2%(出口占比56.9%、进口占比44.4%),提高了45.5个百分点(1979年占比)。

69%，提高了29个百分点。其间，1999年，外商投资企业加工贸易额占其进出口额的72.9%（出口占其出口总额的84.1%，进口占其进口总额的61.33%），为40年间最高占比。

在此期间，加工贸易的国内增值率[1]（以下简称"增值率"）大幅提高，外商投资企业加工贸易国内增值率高于全国平均水平。其间，1981年，全国加工贸易国内增值率为负值（-21.4%），1984年，增值率由负值转为正值。1988—1998年，11年间，加工贸易国内增值率从16.1%升至52.4%，提高了36.3个百分点，1998年增值率是1988年的3.3倍。其间，1990年增值率为11%，1995年增值率为13.4%，1997年增值率大幅升至41.9%，1998年增值率进一步提高到52.4%。

2000—2018年，外商投资企业加工贸易规模继续扩大，年均增幅高于同期全国加工贸易年均增幅，占其进出口额的62.3%，国内增值率进一步提高。据可查到数据：

2000—2018年，19年间，外商投资企业加工贸易进出口额由1657.75亿美元增至10308.35亿美元，增长了6.2倍，占其进出口额的比重从70.03%降至52.38%，下降了17.65个百分点，占全国加工贸易[2]进出口总额的比重由72.01%升至81.32%，提高了9.31个百分点；外商投资企业加工贸易国内增值率高于全国平均水平，2014年达到81.6%。在此期间，2000—2008年，外商投资企业加工贸易保持2位数增长，占其进出口额的比重为68.2%；2009—2018年，外商投资企业加工贸易增幅明显回落，有3年呈现负增长，占其进出口额的比重降至57%，下降了11.2个百分点，占全国加工贸易总额的比重持续上升。其间：

2005年，加工贸易出口对我国出口增长的贡献率达60%以上，外商投资企业加工贸易占其进出口额的69.5%，占全国加工贸易的比重升至83.7%；2006年，其加工贸易额占全国加工贸易总值的84.8%，为40年间最高占比；2011年，其加工贸易进出口额为10841.84亿美元，首次超过万亿美元；2014年，其加工贸易进出口额（11171.43亿美元）、出口额（7204.37亿美元）、进口额（3967.06亿美元）均为40年间最高值；2009年、2015年、2016年，外商投资企业加工贸易呈负增长（全国亦然）；

---

[1] 加工贸易的国内增值率=（当期出口-当期进口）/当期进口×100%。

[2] 2000—2018年，19年间，全国加工贸易进出口总额由2302.1亿美元增至12676.3亿美元，增长了5.5倍，占全国进出口总额的比重由48.5%（出口占比61.2%、进口占比37.1%）降至27.4%（出口占比37.3%、进口占比18.9%），下降了21.1个百分点。

2018年，外商投资企业加工贸易进出口额10308.35亿美元，同比增长4.85%，低于全国增幅7.75个百分点，占其进出口额的比重降至52.38%，占全国加工贸易[1]进出口总额的81.32%。

在此期间，外商投资企业加工贸易国内增值率继续保持高于全国平均水平。其间，2014年，外商投资企业加工贸易国内增值率81.6%，为40年间最高增值率；2018年，其加工贸易国内增值率73.4%，比2017年（80.2%）降低了6.8个百分点，高于同期全国增值率[2]3.9个百分点。

2000—2018年外商投资企业加工贸易进出口额占全国加工贸易进出口额的比重详见图3-13。

4. 外商投资企业投资项下设备进口分阶段变化概况

（1）背景情况：

外商投资企业投资项下进口自用设备、技术等，是其固定资产投资的重要组成部分，进口环节税收的高低决定投资者的投资成本和投资回报率，直接影响其投资决策。

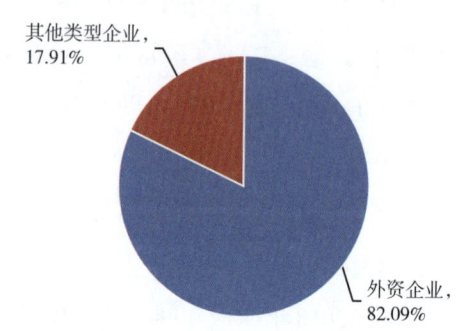

图3-13　2000—2018年外商投资企业加工贸易进出口额占全国加工贸易进出口总额比重图

1979—1994年，在我国进口环节税率较高的情况下，作为鼓励外商投资，特别是鼓励引进先进生产设备和技术的政策之一，国家对外商投资企业进口符合条件的自用投资设备、技术、关键部件、物料等（以下简称"设备进口"）给予减免进口环节税收（关税、工商税、增值税等）的待遇。这一政策的有效实施，对于促进外商对华投资、鼓励外商投资企业扩大固定资产投资、引进先进生产设备和技术、不断进行技术改造、提升国际竞争力发挥了重要作用。在此期间，外商投资企业设备进口快速增长，占其进口总额的比重逐年提升。

1995—1999年，由于国家政策的调整，特别是1996年取消上述减免税政策，1997年亚洲金融危机，外商投资企业设备进口金额连年大幅下降。

1999年底，国务院决定，自2000年至2005年，恢复上述进口减免税政策，对内

---

[1] 2018年，全国加工贸易进出口总额46230.4亿美元，同比增长12.6%，占全国进出口总额的27.4%。

[2] 2018年，全国加工贸易国内增值率为69.5%，比2017年（75.9%）降低了6.4个百分点。

外资企业实行同等待遇；同时，对内外资企业在国内采购自用设备的流转税实行零税率（即征即退）。这一政策的实施取得明显实效，2001年中国加入世界贸易组织，进一步增强了外商对华投资的信心，外商对华投资规模迅速扩大，与此同时，外商投资企业设备进口连续5年较大幅度增长。

2005年上述减免税政策到期，2005年以来，外商投资企业设备进口总体呈下降态势，特别是2012年之后持续大幅下降，占比一路下跌。2018年设备进口额仅为34.4亿美元，占比不足1%。

1994—2018年外商投资企业投资项下设备进口情况详见图3-14。

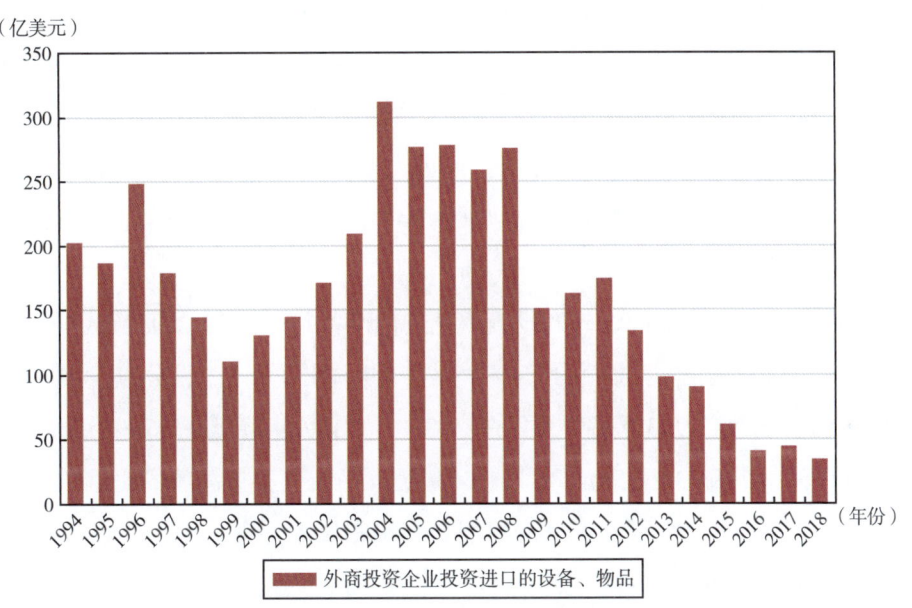

图3-14　1994—2018年外商投资企业投资项下设备进口一览图

（2）外商投资企业投资项下设备进口分阶段概况：

40年来，外商投资企业设备进口随着政策的调整增降交替，2005年以来总体呈下降态势。1979—1996年，外商投资企业设备进口快速增长，占全国实际使用外资金额的比重50%以上，占其进口总额的比重不断提升。1997—1999年，其设备进口连续3年大幅下降。2000—2004年，其设备进口持续较大幅度增长（恢复性增长）。2005—2018年，外商投资企业设备进口总体呈下降态势（有9年为负增长），占比大幅降低，2018年设备进口额降至1992年以来的最低值，占比为40年间最低。

1994—1999年，6年间，外商投资企业进口设备共计1073.8亿美元，占同期其进口总额的24.9%，占同期全国实际使用外资金额（2440.6亿美元）的44%；年度设备进口额从202.94亿美元降至110.73亿美元，平均降幅9.1%，占其进口总额的比重由38.32%降至12.89%，下降了25.4个百分点，占同期全国实际使用外资金额的比重由60.1%降至27.5%，下降了32.6个百分点。其间，1994年，外商投资企业设备进口占其进口总额的38.32%，为1994年以来，截至到现在的最高占比；1997—1999年，其设备进口连续三年大幅下降，年均增幅23.6%，1999年设备进口仅为1996年的44.5%。

2000—2005年，6年间，外商投资企业设备进口共计1246亿美元，比前6年增长16%，占同期其进口总额的9.2%，比前6年降低了15.7个百分点，占同期全国实际使用外资金额（3268.9亿美元）的38.1%，比前6年降低了5.9个百分点；年度设备进口额由130.94亿美元升至276.74亿美元，年均增幅17.8%，占其进口总额的比重由11.17%降至7.14%，下降了4个百分点，占同期全国实际使用外资金额的比重由32.2%升至38.2%，提高了6个百分点。其间，2000—2004年外商投资企业进口设备连续5年2位数增长，年均增幅23.7%，2004年同比增长48.8%，为40年间最大增幅；2005年呈负增长（-11.31%）。

2006—2011年，6年间，外商投资企业进口设备共计1302.28亿美元，比前6年增长4.5%，占同期其进口总额的3.4%，比前6年降低了5.8个百分点，占同期全国实际使用外资金额（5973.4亿美元）的21.8%，比前6年降低了16.3个百分点；年度设备进口额由278.23亿美元降至174.65亿美元，占其进口总额的比重由5.89%降至2.02%，下降了3.9个百分点，占同期全国实际使用外资金额的比重由38.4%降至14.1%，下降了24.3个百分点。其间，6年中有2年呈负增长，2009年同比下降45.07%，为40年间最大降幅。

2012—2018年，7年间，外商投资企业进口设备共计504.5亿美元，比前6年净减少797.7亿美元，年均增幅19.6%，占其进口总额的0.8%，比前6年降低了2.6个百分点，占同期全国实际使用外资金额（9174亿美元）的5.5%，比前6年降低了16.3个百分点；年度设备进口额由134.18亿美元降至34.43亿美元，占其进口总额的比重由1.54%降至0.37%，下降了1.17个百分点，占同期全国实际使用外资金额的比重由11.1%降至2.5%，下降了8.6个百分点。其间，7年中有6年呈负增长；2018年，外商投资企业设备进口额仅为34.4亿美元（为1992年以来的最低值），同比下降22.64%，占其进口总额和同期全国实际使用外资金额的比重分别降至0.37%和2.5%，均为40年间最低占比。

1994—2018年，25年间，外商投资企业共计进口投资设备4126.6亿美元，占同期全国实际使用外资（FDI）和其进口总额的比重分别为19.8%和3.6%。

（七）外商投资企业外汇平衡及银行结售汇分阶段概况

1. 背景情况

对外开放初期，我国实行计划经济，外汇短缺，没有外汇交易市场。1979—1985年，部分外商投资企业难以自行平衡外汇，购汇面临一定困难。外商投资企业外汇平衡成为吸收外资工作的重要议题。

为妥善解决外商投资企业的外汇需求和外商投资资本金兑换人民币等难题，1986年，国务院颁布鼓励外商投资的22条规定，包括设立外商投资企业外汇调剂中心（简称"外汇调剂中心"），允许外商投资企业按照规定，根据自身需求，在外汇调剂中心进行资本和贸易项下的外汇兑换。这一措施有效解决了外商投资企业外汇平衡问题。1987—1996年，外商投资企业在外汇调剂中心年度调剂外汇均实现顺差（调出额大于调入额），全国外商投资企业每年均能保持外汇自行平衡有余，外汇调剂中心外汇净调出额（顺差值）逐年扩大，对弥补国家外汇短缺起到积极作用。

1996年，国家进行外汇体制改革，外商投资企业实行银行结售汇，同时，保留外汇调剂中心，允许外商投资企业自行选择在银行结售汇或通过调剂中心调剂外汇余缺。通过平稳过渡，至1998年底，外商投资企业经常项目和资本项目下外汇兑换95%以上通过银行结售汇体系进行，外汇调剂中心随之关闭。1996—2018年，外商投资企业银行结售汇和结售汇顺差值大幅增长，占全国结售汇顺差总值的比重在96%以上。

2. 外商投资企业外汇平衡分阶段发展简况

自1987年以来，外商投资企业长期保持总体外汇平衡有余，顺差值占全国顺差总值的比重日益提升，对于改善我国国际收支状况，增加国家外汇储备起到重要作用。

（1）外汇调剂中心外汇调剂顺差值分阶段增长概况：

1987—1996年，外商投资企业在外汇调剂中心进行外汇余缺调剂，每年均能保持总体外汇自行平衡有余，年度调出外汇值大于调入外汇值，其外汇调剂顺差值[1]

---

[1] 外汇调剂顺差值系指净调出外汇值，净调出外汇值即为调出外汇与调入外汇相抵后的净调出外汇值（顺差值）。调入外汇：用人民币兑换外汇；调出外汇：用外汇兑换人民币。

（净调出外汇值）快速增长，占我国外汇储备增加值的比重迅速提升。

1987—1993年，外商投资企业资本项下调剂外汇顺差值（调出大于调入）大于贸易项下调剂外汇逆差值（调入大于调出），资本项下调剂外汇顺差是外商投资企业实现外汇平衡的主要因素。

1993年，外商投资企业首次实现贸易项下调剂外汇顺差（调出大于调入），调入调出相抵后贸易项下净调出外汇值4000万美元，之后，逐年大幅度增长；1996年贸易项下银行结售汇顺差值为114.24亿美元，是1993年贸易项下净调出外汇值的285倍，贸易项下净调出外汇和结售汇顺差成为外商投资企业外汇平衡的重要因素。同期，外商投资企业资本项下净调出外汇值继续快速增长。

1991—1995年，5年间，通过外汇调剂中心，外商投资企业共计净调出外汇值（顺差值，下同）266亿美元，占同期国家新增外汇储备值（625亿美元）的42.6%；年度净调出外汇值由1991年的16.5亿美元增至1995年的121.3亿美元，增长了6.4倍，年均增幅高达86.7%。其间，1993年外商投资企业净调出外汇值同比增长147.9%，为40年间最大顺差增幅。

（2）银行结售汇顺差值分阶段增长概况：

1996—2018年，外商投资企业通过银行结售汇进行资本项下和经常项目项下外汇结汇或售汇。23年间，除2014年、2015年，年度结售汇均实现顺差（结汇大于售汇，总体外汇平衡有余），结售汇顺差值逐年增加，占全国银行结售汇顺差总值的比重大幅提升，成为我国外汇储备快速增长的重要因素。其间：

1996—2000年，外资机构银行结售汇[1]始终保持顺差，顺差额是前5年其在外汇调剂中心外汇调剂顺差值的2.1倍，占同期全国银行结售汇顺差总额的比重大幅提升至62.5%。在此期间，受1998年亚洲金融危机的影响，顺差值增减交替大幅波动。

2006—2014年，外资机构银行结售汇顺差值持续增长，年均增幅13.4%，占同期全国银行结售汇顺差总值的67.5%。其间，2013年，其结售汇顺差值为40年间最高值。

2006—2018年外商投资企业结售汇概况详见图3-15。

---

[1] 外资机构银行结售汇99%以上为外商投资企业银行结售汇，以下外商投资企业银行结售汇系指外资机构结售汇。

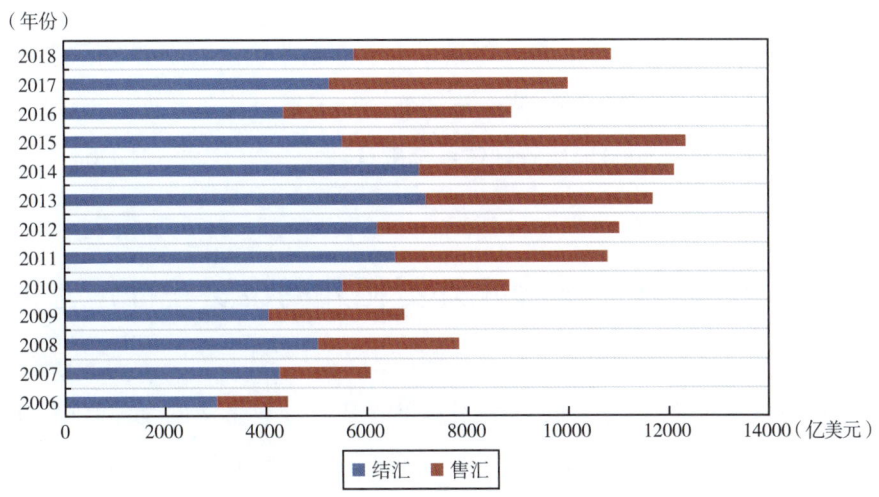

图3-15　2006—2018年外商投资企业结售汇概况

（八）外商投资集聚的国家级经济技术开发区业绩优良

自1984年国务院批准在沿海设立首批14个国家级经济技术开发区（以下简称"国家级经开区"）以来，截至2018年底，全国31个省（区、市）共计设立国家级经开区219个（东部107个、中部63个、西部49个）。作为我国对外开放的重要平台和外商对华投资最集中的地区，35年来，国家级经开区不断推进体制机制创新，积极有效吸收外资，大力发展先进制造业和现代服务业，以国际化和工业化带动城镇化，已经建设成为先进制造业、生产性服务业的集聚区和区域经济的增长极，为我国改革开放和现代化建设做出了突出贡献。

35年来，国家级经开区业绩优良，主要经济指标增速超过全国平均水平。2018年，国家级经开区实现地区生产总值9.9万亿元，同比增长10.5%，占全国生产总值的比重为10.6%；进出口总额6.2万亿元，同比增长10.8%，占全国进出口总额的比重为20.3%；实际使用外资和外商投资企业再投资金额513亿美元，同比增长5.5%，占全国该项指标的比重约为20.4%。

在发展进程中，国家级经开区注重提升质量效益，致力增强创新能力，领先绿色发展水平，大力推进协同发展，对经济社会发展起到重要的辐射和带动作用。截至2018年底，国家级经开区拥有2.2万家高新技术企业，占全国的12.2%；拥有国家级孵化器和众创空间超过450家；每万人发明专利拥有量为72件；东中西携手，参与共建园区54个，对口援疆、援藏、援助边境经济合作区86个。国家级经开区坚持绿色、低碳、循环发展，2018年，区内规模以上工业企业单位工业增加值能耗、水耗和主要污染物排放量同比均大幅下降，显著低于全国平均水平；截至2018年底，超过1.7万家企业通过ISO14000环境管理体系标准认证。

第三节 2018年全国吸收外资和外商投资企业运营简况

2018年，世界贸易摩擦加剧，全球化进程受阻，业已形成的全球制造及服务业产业链、供应链的正常运作和新增投资受到严重影响。面对国际形势错综复杂、国内外经济下行压力加大的严峻挑战，中国政府采取一系列措施，减税降费、降低贷款利率水平，激发市场活力，深入进行"放管服"改革等，取得积极成效。在全球跨国直接投资大幅度下降的情况下，2018年我国吸收外商直接投资实现增长。尽管外商投资企业对外依存度高，其运营受到较大影响，在中国政府的鼓励和支持下，全国外商投资企业积极应对挑战，主要经济运行指标均实现增长。2018年我国吸收外商直接投资和外商投资企业运营呈现可持续发展态势。

一、2018年全国吸收外商直接投资简况

（一）概况

2018年，外商对华投资新设立企业60533家，实际投入外资金额1349.7亿美元，同比分别增长69.8%和3%（未含银行、证券、保险领域数据，下同）。其中，以并购方式设立外商投资企业3124家，实际投入外资金额178.1亿美元，同比分别增长51.2%和22.2%。截至2018年12月底，全国累计设立外商投资企业960489家，实际使用外资金额20343.2亿美元。

（二）外商对华投资主要领域和行业

2018年，农、林、牧、渔业新设立外商投资企业639家，同比增长10.4%；实际使用外资金额7.1亿美元，同比下降10%。

制造业领域新设立外商投资企业6152家，实际使用外资金额411.7亿美元，同比分别增长23.4%和22.9%。制造业吸收外资较多的行业主要有计算机及通信和其他电子设备制造业、专用设备制造业、汽车制造业、化学原料和化学制品制造业、通用设备制造业，上述5个行业占制造业吸收外资总量的55.2%。

服务业领域新设立外商投资企业53696家，同比增长78.6%；实际使用外资金额918.5亿美元，同比下降3.8%。其中，房地产业实际使用外资金额224.7亿美元，同比增长33.3%，占服务业实际使用外资金额的24.5%。外商投资其他服务业行业主要集中在计算机应用服务业、综合技术服务业、电力及燃气及水生产和供应业、能源及材料和机械电子设备批发业等行业，上述4个行业占服务业吸收外商直接投资总量的24.2%。

（三）外商对华投资主要区域

2018年，东部地区实际使用外资金额1153.7亿美元，同比增长0.7%；中部地区实际使用外资金额98亿美元，同比增长17.9%；西部地区实际使用外资金额97.9亿美元，同比增长20.4%。

同期，长江经济带区域新设立外商投资企业15271家，实际使用外资651.8亿美元，同比分别增长21.8%和9.5%。

（四）外资来源主要国别/地区

按实际投入外资金额排序，主要投资来源地前10位国家/地区依次为香港地区、新加坡、台湾地区、韩国、英国、日本、德国、美国、荷兰和澳门地区。前10位国家/地区新设立外商投资企业53398家，实际投入外资总额1284.6亿美元，占全国吸收外资总量的88.2%和95.2%，同比分别增长95.1%和3.1%。

东盟十国对华投资新设立企业1735家，实际投入外资金额60.7亿美元，同比分别增长34.8%和16.5%。欧盟28国对华投资新设立企业2499家，实际投入外资金额118.6亿美元，同比分别增长33.4%和35%。"一带一路"沿线国家/地区对华投资新设立企业4479家，实际投入外资金额64.5亿美元，同比增长16.1%和16%（上述国家/地区对华投资数据包括这些国家/地区通过英属维尔京群岛、开曼群岛、萨摩亚、毛里求斯和巴巴多斯等自由港的对华投资。）

二、2018年全国外商投资企业运营简况

2018年，全国外商投资企业主要经济指标均实现增长，其中，工业增加值同比增长4.8%，缴纳税收同比增长4.2%，规模以上工业企业利润同比增长1.9%，进出口额同比增长7%，银行结售汇顺差值同比增长21.6%（全国银行结售汇为逆差559.6亿美元），占国家外汇储备增加值的379.9%。2018年，外商投资企业及其再投资企业直接就业人员占全国城镇从业人口10%左右。

综上所述，尽管外商投资企业部分经济指标的增幅小于全国平均水平，但总体运行平稳，占全国注册企业总数不到2%的外商投资企业，在全国经济总量中仍占有较大比重，对我国经济稳定健康发展继续发挥重要促进作用。

（一）在册运营外商投资企业

2018年，全国工商在册实有外商投资企业近41万家，在全国各类注册企业总数中所占比重不足2%，其中，在册运营外商投资企业32万家左右（2016—2018年新设立的10余万家外商投资企业中，部分尚未开始运营）。

（二）外商投资企业主要经济指标

1. 规模以上外商投资企业工业增加值

2018年，规模以上外商投资企业工业增加值同比增长4.8%，低于全国增幅1.3个百分点（全国工业增加值305160亿元，同比增长6.1%）。

2. 实际使用外资金额占固定资产投资

2018年，全国吸收外资实际使用外资金额1383.1亿美元，同比增长1.46%，占全社会固定资产投资的1.4%，所占比重与2017年基本持平（全社会固定资产投资97572.2亿美元，同比增长2.74%）。

3. 外商投资企业缴纳税收（不含关税和土地费）

2018年，外商投资企业缴纳税收30397.5亿元，同比增长4.2%，低于全国增幅4.9个百分点，占全国税收收入总额的17.9%，占比减少0.8个百分点（全国税收收入169958.8亿元，同比增长9.1%）。

4. 外商投资企业规上工业企业利润

2018年，外商投资企业规上工业企业利润为16776亿元，增幅1.9%，低于全国增幅8.4个百分点，占全国工业企业利润总额的25.3%，占比提高了0.3个百分点（全国规上工业企业利润66351亿元，增幅为10.3%）。

5. 外商投资企业进出口

2018年，外商投资企业进出口总额19681亿美元，同比增长7.0%，低于全国进出口增幅5.6个百分点，占全国进出口总额的42.6%（占比下降2.2个百分点）。其中，进口总值9321亿美元，同比增长8.18%，低于全国进口增幅7.62个百分点，占全国进口总值43.6%（占比下降3.2个百分点）；出口总值10360亿美元，同比增长6.0%，低于全国出口增幅3.9个百分点，占全国出口总值的41.6%（占比下降1.6个百分点）。

同期，全国进出口总额46230.4亿美元，同比增长12.6%；进口总值21356.37亿美元，同比增长15.8%；出口总值24874.01亿美元，同比增长9.9%。

2018年，外商投资企业投资总额项下进口的设备、物品共计34.43亿美元，同比下降22.64%，占外商投资企业进口额的比重降至0.37%。

6. 外商投资企业银行结售汇

2018年，全国外商投资企业银行结售汇额10865.8亿美元，同比增长8.5%，低于全国结售汇额增幅4.4个百分点，占全国银行结售汇总额的28.3%，结售汇顺差值691.4亿美元，同比增长21.6%。

7. 外商投资企业总资产

2017年，全国外商投资工业企业（含港澳台投资企业）总资产215998.04亿元，总负债116678.12亿元，净资产总规模为99319.92亿元。

8. 直接从业人员

2018年，外商投资企业直接就业人员近3000万人，外商投资企业再投资企业就业人员1000万~1500万人，总计占全国城镇就业人口的近10%。

第四章
吸收外资对我国经济社会发展的积极作用

吸收外资是我国对外开放基本国策的重要内容，外商投资企业是开放型经济体制的重要组成部分，在我国经济发展中发挥了独特而重要的作用。吸收外资引进了新的投资主体、新的制度形态、新的运营理念和新的资源配置方式。40年来，外商投资以其承载的资本、技术、人才、信息、市场、管理经验等综合竞争要素，成为我国经济增长的重要引擎之一，带动了国内的科技进步和管理水平的整体提高，引进并培养了大量人才，促进了社会主义法治建设，加速了开放型经济的形成与发展，推进了经济体制改革的深入和经济结构的调整，对我国社会主义市场经济体制的建立与完善和国民福祉的提升发挥了积极作用。同时，对促进我国香港、澳门平稳回归并保持繁荣稳定，加强海峡两岸经济合作起到不可替代的重要作用。

第一节 促进我国经济持续快速健康发展

改革开放初期，我国面临资金和外汇短缺、产业结构不合理、技术水平不高、商品种类单一和供应不足等突出问题。外商投资在弥补我国资金不足、促进技术进步、创造就业岗位、增加财税收入、促进对外贸易和国际经济合作等方面，发挥了重要作用。目前，我国是世界第二大经济体、第一大工业国、第一大货物贸易国、第一大外汇储备国，已经成为世界历史上经济发展进程最快的国家，堪称世界性的经济增长奇迹。在这一进程中，外商对华投资是我国经济发展的重要资源和推动力，对促进我国经济持续快速健康发展做出了重大贡献。

一、外商直接投资是我国经济增长的重要引擎

40年来，外商投资对我国经济增长的贡献率超过25%，外商投资企业以不足全国企业总数的3%，创造了二分之一的进出口总额、四分之一以上的工业产值、五分之一的税收、十分之一的城镇就业，此外，还间接创造了与其配套的加工、服务等相关就业。外商直接投资及外商投资企业的资本项目和经常项目下的顺差是我国外汇储备的重要来源，有效改善了我国的国际收支状况，增强了抵御国际金融风险的能力，为进一步扩大对外开放、更广泛地开展对外经济贸易合作提供了重要保障。经过40年的发展，外商投资企业已经成为我国国民经济的重要组成部分。

二、吸收外资为我国带来宝贵的建设资金

一方面，外商实际投资成为我国建设资金的重要来源。截至2018年底，我国累计实际使用外资超过21000亿美元，相当于同期全社会固定资产投资的2.6%。尤其是在改革开放初期和中期，1992—2011年的20年间，外商实际投资共计3701.6亿美元，相当于同期全社会固定资产投资总额的12.6%。

另一方面，外商投资企业缴纳税收增加了财政收入，大大缓解了制约我国经济发展的资金"瓶颈"问题。1992—2018年，外商投资企业税收为主体的涉外税收（外商投资企业占98%以上）规模迅速扩大，2018年外商投资企业纳税额为1992年的248倍，年均增幅达23.6%（同期全国税收扩大55倍，年均增长16.7%），外商投资企业已经成为我国税收的重要来源。

三、吸收外资促进我国技术进步和创新能力的提高

其一，长期以来，外商投资带来了大量先进适用技术，外商投资企业在我国各类企业的技术引进中占据主导地位。

其二，外商投资的技术溢出效应，通过示范学习机制、竞争机制、联系机制、员工培训及人员流动机制等，提高了相关企业的创新意识和技术创新能力。

其三，外商投资企业具有的专利技术、专有技术、商标、技术创新能力与管理销售技能等知识资产，通过设备和技术进口、直接在华设立研发中心、产品链条的技术延伸、面向协作企业的技术援助、同众多大专院校和国内科研机构多种形式的合作等方式，产生的溢出效应，降低了我国自主创新的风险和成本，缩小了与国际先进技术之间的差距，对国内产业的技术进步产生积极的推动作用。

其四，外商投资在华设立研发中心，引进研发能力，建立研发成果市场化、商品化机制等，增强了我国的科技创新能力，提升了我国科技成果转化应用的水平。目前，跨国公司在华设立的2000余家外商投资研发中心以及外商投资企业内部设立的逾万家研发机构和自身开展的研发活动已经成为我国创新体系的有机组成部分，为建立创新型国家和构建数字经济已经并将继续做出重要的贡献。

四、外商投资创造大量就业岗位，增加劳动者的收入

由于我国吸收外资以绿地投资为主，外商投资直接带来了新企业的设立和新的生产能力，吸纳了大量就业人口。根据国家统计局数据，1987年，外商投资企业直接就业人数21万人，而到2016年，已经达到2666万人（未含外商投资企业再投资企业就业人数），30年间增加近126倍，占城镇就业人口数量的6.44%。据商务部联合国家统计局等部门开展的外商投资企业联合年度信息报告数据，2018年外商投资企业吸纳就业人口4500万（含外商投资企业再投资企业就业人数），约占城镇就业人口的十分之一。

在创造大量就业岗位的同时，外商投资企业引进并培养了大量中高端人才，其提供的劳动需求和培训，对提高我国劳动力素质、培育人力资本、增加居民收入发挥了积极作用。根据《中国统计年鉴》数据，自1993年以来，除少数年份（2009—2012年）外，外商投资企业及其分支机构单位城镇就业人员平均工资一直在各类型企业中处于最高水平。2017年，外商投资单位就业人员平均工资超过9万元，比全国平均水平高21.2%。

五、外商投资促进我国对外贸易规模扩大和结构优化

外商投资直接联系国际、国内两个市场，充分利用两种资源，使我国加速融入

全球价值链的分工体系。外商投资企业进出口贸易的迅速增长，扩大了我国在世界贸易体系中所占的份额。1986—2018年，外商投资企业进出口额从29.9亿美元扩大到19681亿美元，年均增长22.5%，比同期全国外贸总额年均增幅高8.7个百分点，占我国外贸总额的比重由4%提高到42.6%。

外商投资对我国贸易结构的优化调整产生积极影响。外商投资企业出口以工业制成品为主，机电产品和高新技术产品出口占比不断提高，促进我国出口商品结构逐步完成了从初级产品为主到以工业制成品为主的转换。

改革开放初期，在我国出口商品结构中，初级产品和资源型产品占有很大比重（外商投资企业进出口占我国进出口总额的比重很低）。1978年，初级产品出口占我国出口的53.2%，工业制成品出口占46.5%，机电产品近乎为零。到1983年，我国工业制成品占出口商品总额的比重逐渐接近初级产品，但机电产品占比很低。在此期间，外商投资企业进出口占我国进出口总额的比重很低，不足5%。

外商投资企业出口以机电产品、高新技术产品等高附加值产品为主，随着外商投资的快速增长，外商投资企业出口规模逐渐扩大，促进我国出口商品结构不断优化，高附加值、高技术含量商品出口占比逐年提升。1992—2001年，我国出口商品实现从以轻纺产品为主向以机电产品为主的转变，工业制成品出口占比从1992年的80%上升到2000年的89.8%，机电产品出口占比从不足30%上升到42.3%，其中，外商投资企业机电产品出口占全国机电产品出口总额的比重由1992年的31.2%升至2000年的63.4%，在外商投资企业出口额中，机电产品比例接近56%。1996—2001年，高新技术产品出口年均增幅38.6%，高于同期全国出口增速近26个百分点。外商投资企业是高新技术产品出口的主力军，2000年其高新技术产品出口额占全国高新技术产品出口总额的比重高达81%。

2001年我国加入世界贸易组织后，更多的跨国公司进入我国，加快了机电产业、高新技术产业部分加工环节向我国转移，以电子和信息技术为代表的高新技术产品出口占比不断扩大，与此同时其高新技术产品进口快速增长，外商投资企业作为我国机电产品及高新技术产品进出口的主力地位进一步巩固，促进我国进出口结构进一步优化。近10年来，外商投资企业高技术服务产品进出口增幅明显，已经成为我国服务贸易的主力军。外商投资企业进出口产品逐步向高端化、智能化方向迈进。

第二节 促进我国社会主义法治建设

一、外商投资促进我国法治建设

习惯于市场经济环境的境外投资者，进入中国市场设立外商投资企业，必然对中国的法治环境有着内在的要求。境外投资者希望通过市场机制配置资源，按照国际惯例进行生产运营，要求相对完善的市场体系。作为改善投资环境的重要措施，就必须在符合我国国情的前提下，按照国际通行规范和市场经济要求建立相配套的法治环境。

顺应外商对完善中国市场经济体系的要求，我国一直高度重视以市场化改革为核心内容的法治环境的建设，相继对引进外资有关的法律法规和政策体系，如设立企业、合同规范、金融体制、财税体制、外贸体制、价格管理体制、用工制度、知识产权保护等进行了相应的重大改革，形成了较为完备的涉外法律体系。同时，为了避免外资带来安全隐患、妨碍公平竞争、环境污染等负面影响，促进外资更好地服务我国经济，我国建立健全了市场准入、经营要求、资源和环境监管、反垄断等方面的法律法规，对外资准入、环境、质量、社会责任和技术水平、国家安全等提出了要求。

伴随我国日益融入全球经济，为进一步提升吸引外资全球竞争力，我国积极参与国际经贸协定的谈判和国际规则的建设，以国际标准促进我国法治化建设和国内制度变革，统一内外资法律法规，积极营造更加开放、公平、透明和稳定的政策法律环境，进一步提升了我国法律体系的国际化水平。

二、外商投资助推我国法律制度朝国际规范的方向发生重要变革

我国吸收外资政策以及相关的法律制度已经在朝着市场化变革的方向上取得了长足进展，市场经济制度和相关法律不断完善，在法律上确认了开放性的外资准入态度、多元化的外资组织形式、国民待遇原则、合同守约意识和投资者权益保护，为外商投资提供了符合国际规范的法律环境和制度保障，有效地推动和保障了外商

在华投资活动的持续发展。

进入21世纪，全球吸引外资竞争日益激烈，优惠政策不再是外商投资最重要的决策因素，东道国制度环境和整体法律框架的作用越发凸显。我国正努力通过进一步健全法制体系，消除经济制度环境的不确定性，营造国际化、市场化、法治化的营商环境。这既是我国完善市场经济体制的需要，也是新形势下培育吸引外资全球竞争新优势的紧迫要求。

40年来，吸收外资政策已经成为我国全面推进国家治理体系和治理能力现代化的重要组成部分，与外商投资相关的法律法规促进了我国经济领域法律和规则的制定与实施。

第三节　促进我国经济管理体制改革

一、外商投资带来的市场经济意识对传统经济管理体制产生巨大冲击

我国的改革开放是在计划经济体制下严重缺乏市场意识和市场知识的背景中启动的。外商投资带来了市场经济的规范知识和运作方式，引入了竞争机制，促进人们改变思想观念，对商品、竞争、市场、价值规律等市场经济的范畴进行重新认识，对单一公有制形式、指令性计划、平均主义的分配形式等计划经济范畴进行了反思，在一定程度上促进了对市场经济由不理解、排斥到接受及主动实行社会主义市场经济改革的转变。在微观层面，外商投资企业带来了新的公司治理结构和职业经理人等新生事物，促进了我国现代企业制度的建立、企业管理制度的改革和管理人才的成长。

二、吸收外资促进了社会主义市场经济管理体制的建立和完善

外商投资带来的资本、商业知识、经营网络、技术技能以及市场竞争的游戏规则，有利于我国对市场经济的运行规则进行合理借鉴，促进了我国宏观经济调控制度和方式的转变。外商投资法律法规的实施，促使政府管理机构改变过去单纯依靠

行政指令的管理模式，开始综合运用税收、利率和汇率等宏观调控手段和法律手段来管理经济生活，建立以间接手段为主的宏观调控体系，并促使政府职能由管制型向服务型转变。外商投资企业采用国际上通行的企业组织形式，按照市场经济通行的办法进行管理，实行国际化经营，引进竞争机制，客观上加快了我国经济市场化进程，推动了金融、外汇、生产资料、房地产、劳动力、技术、信息等市场的形成和发育，以及经济管理的法制化和规范化，并为我国建立社会主义市场经济体制提供了有益的借鉴。

三、吸收外资促进了政府职能转变和政府治理理念与治理方式的改进

2013年党的十八届三中全会后，我国实现了从传统外资管理体制向新的基于负面清单和备案制的开放型外资管理体制的转变，并将之推广延伸至经济管理的其他领域和层面；自由贸易试验区体制机制创新成效显著；探索建设自由贸易港取得积极进展；同时，以制度创新为核心任务，以"放、管、服"改革为突破口，加大转变政府职能，提升政府服务效能以及投资、贸易、金融等领域的改革力度。40年来，我国社会主义市场经济管理体制日趋完善，市场知识得到普及，市场对资源配置的决定性作用逐步显现，运用市场机制管理经济的方式日趋成熟，政府职能开始由管制型向服务型发生根本转变，政府治理理念与治理方式不断改进，政府服务效能日益提高。

第四节 促进我国工业化、城镇化和经济市场化的进程

一、外商投资在我国城镇化和工业化进程中发挥了重要作用

改革开放以来，我国城镇化、工业化取得显著成就，外商投资在这一进程中发挥了重要作用。

在改革开放初期，大量外资尤其是海外华商资本的进入，带来了乡镇企业发展急需的企业家精神、管理经验、资本、商业技能和组织技术。当地企业的经营活动与跨国公司经营网络的结合，直接带动了乡镇企业产量和出口的快速增长，帮助乡

镇企业快速成为中国经济的增长点，有力推动了我国农业商品化、农村国际化进程。

伴随吸收外资规模的不断扩大，产业结构不断优化升级，产业链不断延伸，外商投资企业及其上下游企业就业吸纳能力大大增强，促进了大量农村劳动人口向城镇的转移，进一步促进了城镇化、工业化的进程。

与此同时，经济技术开发区等各类特殊经济区域以吸收外资、制造业、高技术产业为主，在成为外商投资企业和先进制造业集聚地的过程中，有力推进了我国工业化、城镇化、现代化、国际化的进程。

二、外商投资将国际通行的商业文化和实践导入我国经济之中，提升了本土企业的竞争优势和创新能力，推进了我国工业化进程

改革开放之初，国内企业既缺乏对市场运行机制的认识，也没有先进的企业管理模式。外商投资企业完全市场化的运作和国际先进的企业管理经验，以及其在技术、管理、人才、营销等方面的竞争，促进了人们思想观念、思维方式的转变，使长期处于计划经济环境中的各个微观企业主体在很短的时间内就感受到了市场经济的运行特点，对内资企业掌握先进的管理经验、培养懂得市场经营的人才和提高企业管理水平起到了很好的示范和推动作用，同时，激励其主动进行管理体制和运营机制的改革，改变以往陈旧的管理方式与理念，提高投资效益和资源配置效率。

此外，外商投资进入某一产业，不仅会促进该产业的发展，还通过前后向关联效应带来上下游产业供求关系的变化，并进一步扩散到更多相关产业，最终带动相关产业发展，从而扩大了我国工业化的基础，推动了工业化进程。

三、外商投资促进了我国的市场化进程，有利于我国社会主义市场经济体制的建立和完善

外商投资企业在国内、国外配置资源和要素，对传统的供给制度和流通方式带来冲击。在传统计划经济体制下，政府控制着绝大部分经济资源。外商投资企业进入后，希望建立统一的产品和要素市场，通过市场途径来解决各种经济资源和生产要素的配置问题。内资企业出于竞争压力，也希望由市场来配置资源，以获得和外商投资企业一样的市场主体地位。在社会主义市场经济体制改革的进程中，我国政府

适应各类企业的要求，逐步放弃了对经济资源的分配权，取消了对要素和产品市场的干预性管制，市场配置资源的力度日益扩大。

外商投资企业采用国际上通行的企业组织形式设立，按照市场经济通行的办法进行管理，实行国际化经营，引入了市场机制和竞争机制，一方面加速了国内市场和国际市场的融合，另一方面也促进了资本、劳动力、技术、信息等生产要素市场的形成和发育，加速了我国经济的市场化进程；同时，还推进了宏观管理体制法治化和规范化的改革，对建立和完善社会主义市场经济体制提供了有益的借鉴。

四、外商投资引入了竞争机制，改变了国内的市场环境，促进了内资企业的变革

通过与外商投资企业竞争与合作，内资企业逐步熟悉了国际上现代市场机制及其规范的运作模式，加速了内资企业经营机制的转换进程，促进了传统所有制结构的改变，现代企业制度和公司治理体系逐步建立和完善，为我国的市场化转型奠定了良好的微观基础。竞争机制和竞争意识的建立，成为国有企业转变经营机制和管理方式的动力。长期以来，国有企业竞争压力不大，制度创新动力不强，外资进入后，市场竞争日益激烈，旧体制"难以为继"。竞争压力使国有企业逐步认同和接受市场经济体制下的企业管理体系和运作模式，抛弃了原有体制下形成的传统管理模式和惯例，建立与市场机制相适应的现代企业制度。国有企业的改革，使其在积极参与市场竞争的过程中得到发展壮大，不仅实现了经济总量的扩张，也实现了结构优化、技术进步和质量效益的提高。

第五节　促进我国开放型经济的形成与发展

一、吸收外资促进了我国开放型经济体系的建立，加快了我国融入国际经济体系的进程

吸收外资是打破经济封闭的有效途径之一，促进了我国开放型经济的形成与发展，推动了两个市场、两种资源的开放共享。外资的进入使中国加速融入国际生产、

营销网络之中，开阔了中国企业的视野，使之接触到市场经济规则和国际通行惯例，并为其提供了参与国际市场竞争、拓展海外市场的机会。通过与跨国公司开展竞争与合作，一大批中国企业迅速成长起来，从被动参与全球价值链、处于低端地位，逐步向积极参与全球价值链重构并向价值链高端地位迈进，使我国成为全球价值链的重要枢纽之一。

二、外商投资促进我国开放型经济快速发展

外商投资带动了进出口贸易的快速增长。改革开放以来，我国对外贸易迅速发展，进出口额由1978年的210亿美元上升到2018年的46224亿美元，进出口商品结构显著改善，跻身于世界贸易大国行列，于2013年首次成为全球货物贸易第一大国。外商投资企业是我国对外贸易迅速发展的重要驱动力。40年来，其进出口增幅高于全国平均增幅，1992年以来，在全国对外贸易中所占比重迅速提高，其进出口商品结构的不断优化，大大提高了我国进出口商品的国际竞争能力，拓宽了贸易渠道，推动了我国进出口贸易的发展，加速了我国经济融于世界经济的进程。外商投资改善了我国国际收支状况。1987年以来，外商投资企业连续32年外汇收支总体平衡有余，净顺差额逐年增加，明显促进了我国国际收支平衡的改善，成为我国外汇储备较大幅度增长的一个重要因素。

三、外商投资企业是我国企业走向世界的中介和桥梁

跨国公司遍布全球，它们熟悉各国政治、经济、法律以及风俗习惯，了解当地的投资项目、管理部门和投资的规则与形式，与当地政府和企业界有着密切联系。我国企业在"走出去"过程中，经由跨国公司牵线搭桥、指点迷津，可以更迅速地熟悉当地的环境和文化，从而在当地站稳脚跟，避免缺乏经验或不熟悉情况而遭受的损失。在我国企业的国际化经营过程中，外商投资企业往往既是中介者，又是合作者。未来，随着"一带一路"建设的推进以及我国国际竞争力的增强，必将有越来越多的企业走向跨国经营的道路。在这一过程中，外商投资企业作为便捷的桥梁和重要的纽带，必将在推动我国企业走向国际化的进程中发挥更加重要的作用。

第六节　促进我国经济结构优化和产业升级，推进新兴产业的形成与发展

一、外商投资是我国经济结构优化和产业升级的重要驱动力量

新中国成立以后，我国自力更生建立了门类齐全的工业基础，但经济结构失衡问题长期存在。改革开放40年来，我国经历了工业化的初期、中期发展阶段，目前进入经济结构调整，由劳动密集型向资金、技术密集型转化的新阶段，逐步改进了经济结构失衡问题。在此期间，大量外资进入制造业和服务业部门，优化了我国的产业结构，特别是政府相关部门按照国家不同时期的发展目标及时修订外商投资产业指导目录，对外商投资进行积极引导，有力推动了传统产业的转型升级和新兴产业的形成与发展，对我国经济结构优化发挥了积极的促进作用。

吸收外商投资使我国机械、电子、通信、汽车、化工、轻工、纺织、建材、医药、食品等许多制造领域行业，以及养殖、饲料、经济作物等农业领域的产品得到更新换代或填补空白，技术水平、生产工艺和管理水平明显进步；使旅游饭店、连锁零售、连锁餐饮、快递、快餐、金融、保险等许多服务领域行业引入新的业态、新的模式、新的经营理念，强化了竞争和服务意识，带动了全行业管理水平的提升和服务质量的提高。

与此同时，外商投资带来的先进技术、设备、产品、服务、市场、管理经验、大量人才等，以及其产生的扩散效应和示范效应，在相互竞争和配套协作中推动了国内相关行业的技术进步和劳动生产率的提高，加快了我国产业及产品结构的优化调整和产业升级步伐。

二、外商投资推进新兴产业的形成与发展

外商投资使我国某些领域在较短的时间内迅速形成了一批新兴高技术产业，大大缩小了我国在产品、技术、研发等方面同发达国家的差距。以通信领域两个外商投资企业为例。1983年比利时BTM公司与邮电工业总公司合资设立上海贝尔有限

公司，使我国通信交换设备从机械步进式一举跃升为具有世界先进水平的计算机程控交换系统，为改变我国通信行业的落后局面打下坚实基础。1993年美国摩托罗拉公司在天津经济技术开发区设立独资企业，带动了我国移动通信的发展，对我国移动通信产业的形成做出积极贡献。2013年制造业部分数据显示，外商投资企业资产占当年我国工业总资产的22%，在计算机、通信和其他电子设备制造业领域占比为59%，在汽车制造业领域占比为40%。

进入21世纪，随着我国对外开放水平的提高，特别是服务业对外开放，外商投资产业结构进一步优化。"十二五""十三五"期间，我国吸收外资实现了由制造业为主向服务业为主的转变，外商投资高端制造业和高技术服务业增长迅速；服务业吸收外资规模快速扩大的同时，结构不断优化，移动通信、跨境电商、现代物流、现代金融、文化创意、研发设计、数字服务、数字经济等新兴产业和新经济企业形态不断涌现。

第七节　促进我国区域经济协调发展

区域经济发展不平衡是我国长期面临的问题，为解决这一问题，我国自20世纪90年代中期以来，通过制定中西部地区外商投资优势产业目录等一系列差异化的外资政策，加大对中西部地区吸引外资的支持力度，积极鼓励、引导外资投向中西部地区。进入21世纪，西部大开发、中部崛起、东北振兴等国家战略的实施，为优化吸收外资区域结构、帮助中西部承接东部地区产业转移提供了重要机遇。近年来，随着长江经济带战略、"一带一路"倡议以及新一轮沿边对外开放战略等实施，中西部对外开放水平大幅提升，营商环境更加优化，各类经济技术开发区、产业园区、边境经济合作区、自由贸易试验区等开发开放平台承接东部产业转移日益活跃，产业集聚越发显著，联通东西和融入"一带一路"合作取得实质进展。

2018年，中部地区新增外商投资企业2126家，实际使用外资98亿美元，同比分别增长27.1%和17.9%；西部地区新增外商投资企业1883家，实际使用外资97.9亿美元，同比分别增长6.9%和20.4%。中西部地区成为全国实际使用外资增长率最高的区域。跨国公司利用我国人力、土地等要素资源成本差异进行产业链布局，将具有总部功能的研发设计创新中心、财务结算中心、物流营销中心等服务业布局在一线城市或区域中心城市，把生产基地更多地布局在中西部地区，促进了东中西部地区从制造到服务的产业链融合，对充分发挥区域比较优势、深化区域产业分工合作，发挥了重要促进作用。随着中西部地区的开放水平不断提高，基础设施不断完善，外商也逐步在中西部地区布局高端制造业以及信息技术、研发、设计、咨询、物流、文化创意等新兴服务业，有力推动了区域产业转型升级。

第八节　外商投资企业积极履行社会责任

40年来，广大外商投资企业在依法开展经营活动的同时，在履行社会责任方面做出了积极的努力，特别是在救灾、扶贫、教育、医疗、水资源保护、绿化、节能减排、帮助弱势群体等方面，力争走在前列。40年间，外商投资企业响应政府号召，认真践行资源节约和利用，重视生态环境保护，维护劳动者合法权益，积极参与公益事业、慈善事业和环保事业，在救灾防灾、扶危济困、精准扶贫、捐资助教、环境保护、医疗健康、妇女儿童权益保护等方面，以实际行动回馈中国社会，共享发展成果，做负责任的企业公民，为可持续发展贡献力量。

一、救灾防灾，扶危济困，积极参与精准扶贫

在重大自然灾难发生的时候，总能看见外商投资企业伸出的援助之手。例如，在2008年"5·12"汶川地震发生时，仅中国外商投资企业协会统计的6958家外商投资企业捐款、捐物就达38.8亿元。扶危济困，促进脱贫是外商投资企业履行社会责任的重要内容。例如，部分外商投资企业长期支持"中华健康快车"慈善活动，仅2004—2009年，捐款就超过2400万元，为贫困农村约2.4万个白内障患者免费实施手术，恢复光明，带动脱贫。近年来，外商投资企业在继续为贫困地区捐款的同时，积极响应党中央、国务院提出的动员全社会力量参与脱贫攻坚、打赢脱贫攻坚战的号召，通过产业扶贫、助残减贫、扶智脱贫等方式，以集中连片贫困地区、重点贫困县和建档立卡户为重点，投入扶贫的资金规模逐年扩大，方式多样化，扶贫效果显著。有的企业通过传授环保技术，以生态扶贫促进绿色发展，助力

"美丽乡村"建设。部分扶贫项目入选2018年在纽约联合国总部举办的"中国精准扶贫成就展"。

二、节能环保，践行绿色发展理念

外商投资企业注重采用清洁能源、先进的生产设施和办公楼宇建造技术，努力减少碳排放。例如，许多企业结合自身行业特点开展环境保护和绿色发展研发、宣传，广泛传播环保知识；不少企业与合作伙伴共同努力，探索开展符合我国国情的可持续包装解决方案，最大限度实现包装物回收再利用；采用节能环保解决方案，为电力匮乏的乡村捐赠光伏发电和照明设施；踊跃参加各地的植树造林活动。例如，捐资并参与建设陕西黄帝陵、北京奥林匹克森林公园、四川广安等地的龙腾友谊林等；在荒漠地区实施适合的种养殖和加工项目，积极参加防沙治沙，既有利于改善生态环境，又帮助当地居民从中获得经济收益等。从众多外商投资企业践行社会责任的成功案例看，绿色低碳循环发展、推进生态文明建设是重要内容，符合中国转变经济发展方式的要求。

三、捐资助教，促进可持续发展

自改革开放初期，外商投资企业就一直通过直接无偿提供资金和教学设施、设备捐助等方式，为贫困地区捐资助教。例如，积极参与希望工程，建设希望小学、中学；随着信息化的发展，通过儿童发展数字化项目等，为偏远地区引入优质教育资源，助力教育公平，缩小城乡差距；与职业教育机构良性互动、协同发展的人才培养模式，提供工业自动化、智能制造及能源管理等方面的职业技术培训以及实训和就业机会，深化产教融合，培养制造业升级所需的中高级技术技能型人才；为外来随迁子女、城市打工人员子女受教育提供帮助；与中国企业共同"走出去"，参与"一带一路"建设，为非洲地区打造职业教育平台等。

四、关注医疗健康，造福弱势群体

长期以来，外商投资企业积极参与相关方面组织的多项活动，为偏远地区患者送医送药，服务弱势群体，积极参与脱贫攻坚战。例如，部分外商投资企业为先天性唇裂、视障儿童实施免费手术，发挥自身特长，组织医疗专家培训讲座义诊、捐赠药品医疗器械，推动贫困县医院管理的科学化和精细化；为异地就医的患儿和家庭提供了医院旁的临时爱心住所，提供免费住宿和关爱支持服务，解除家庭后顾之忧；通过"净水24小时"灾后饮用水紧急救援项目，在自然灾害发生后第一时间向受灾地区提供清洁饮用水；为母亲水窖捐款捐物；通过营养加餐、爱心厨房和营养宣教等方式，提供资金支持，有效改善贫困地区儿童的营养状况。

第五章
全球跨国投资新趋势

我国对外开放吸收外资的40年，恰值全球跨国直接投资总体呈快速增长的时期。准确把握全球跨国投资发展趋势，适应我国不同时期发展战略的需要，及时调整吸收外资政策和措施，是我国吸收外资结构不断优化、规模不断扩大的重要因素之一。20世纪90年代以来，我国连续27年居发展中国家吸收外资之首，2018年吸收外资规模全球第二，占全球跨国投资流入总量的10.7%。作为全球跨国直接投资的重要组成部分，我国吸收外资与全球跨国直接投资的发展趋势密不可分。在百年不遇之大变局的特殊时期，了解当前全球跨国直接投资的新趋势、新方向和新领域，分析世界各主要经济体（东道国）吸引外资的新动向、新政策，根据我国未来经济发展的目标，适时调整吸收外资的政策措施，有利于新时期我国更加积极有效地吸收外资，提升吸收外资的工作水平。

第一节 全球跨国直接投资总体趋势

一、全球跨国直接投资（FDI）是推动世界经济增长的重要动力

20世纪70年代以来，全球跨国直接投资（以下简称"FDI"）规模总体上不断扩大。20世纪70年代和80年代，全球FDI年均规模分别为132亿美元和544亿美元；1990—2007年，全球FDI从2040亿美元增至近2万亿美元，此后多年在1.5万亿美元的水平上波动。跨国直接投资存量占世界GDP的比重逐年升高，从1990年的9%上升

至最近5年的35%以上；跨国直接投资流量占全球固定资产形成总额的比重从1990年的4%，上升至2010年后的10%左右。国际投资成为推动世界经济增长的重要动力。

二、无形资产正在成为推进国际投资发展的重要驱动力

从宏观指标看，全球外国直接投资和货物贸易的增长趋势基本持平，但服务贸易和无形资产国际支付（特许权使用费和许可费）的增长明显高于国际投资和货物贸易的增长。在数字化和新一轮工业革命的推动下，国际生产的扩张很大程度上由无形资产和非股权模式（如许可和合同制造等）所推动，无形资产和非股权模式正在成为国际投资承载的关键要素和推进国际投资创新发展的新动能。非股权模式是指跨国公司通过诸如合同制造、服务外包、订单农业、特许经营、技术许可以及管理合同等方式，在不拥有东道国企业股权的情况下掌控国际生产经营活动的经营模式。

三、国际投资持续下滑，跨国公司国际生产扩张放缓

从国际生产指标看，近年来，尽管国际投资流量在持续下滑，但跨国公司国外分支机构的总资产、销售额、增加值、雇员、技术许可收益和商品与服务出口不断增长，其国际生产规模仍在继续扩大，但扩张速度正在明显放缓（详见表5-1）。联合国贸易和发展会议发布的《世界投资报告》的数据显示，近年来全球跨国公司海外销售额的增速高于海外资产和雇员的增速，表明跨国公司能以较低的经营成本开拓海外市场，呈现出新一轮工业革命和数字经济下国际投资新的特征。

表5-1　　FDI和国际生产的若干指标

指标	现值（十亿美元）					
	1990年	2005—2007年（危机前均值）	2015年	2016年	2017年	2018年
FDI流入	205	1414	2034	1919	1497	1297
FDI流出	244	1451	1683	1550	1425	1014
FDI流入存量	2196	14475	26313	28243	32624	32272
FDI流出存量	2255	15182	26260	27621	32383	30975
FDI流入的收入[a]	82	1028	1513	1553	1691	1799
FDI流出的收入[a]	128	1102	1476	1478	1661	1792

续表

指标	现值（十亿美元）					
	1990年	2005—2007年（危机前均值）	2015年	2016年	2017年	2018年
跨境M&As	98	729	735	887	694	816
外国分支机构销售额	7136	24621	26019	25649	26580	27247
外国分支机构（产品）增值	1335	5325	6002	5919	6711	7257
外国分支机构总资产	6202	50747	91261	95540	104915	110468
外国分支机构雇员数（千人）	28558	59011	69533	70470	73571	75897
GDP	23439	52366	74664	75709	80118	84713
固定资产形成总额e	5820	12472	18731	18781	20039	21378
特许权使用费和许可费收入	31	174	321	325	355	370
货物与服务出口e	4414	14957	20953	20555	22558	25296

资料来源：2019年《世界投资报告》。

四、全球FDI难以实现大幅增长

近年来，由于以下主要原因，跨国公司国际化进程放缓，未来，全球跨国直接投资难以出现大幅增长。

其一，受到全球或地区金融或经济危机等周期性因素影响。

其二，除周期性因素外，在数字化推动下，跨国公司全球价值链出现新一轮结构性调整与整合。一方面，新兴数字化跨国公司对外投资出现轻海外资产的倾向，并且更依赖非股权投资模式；另一方面，传统制造业跨国公司全球价值链数字化、智能化、自动化、服务化加速，导致全要素生产率不断提高，行业生产能力过剩更加严重，抑制了新增投资，特别是资源和效率寻求型投资。

其三，近来，全球经济增长预期下调、国际直接投资（FDI）回报率持续下降、贸易投资保护主义愈演愈烈、全球贸易关系复杂多变、投资政策环境的不确定性增多，以及美国跨国公司利润再投资潜能的减弱，均不利于国际直接投资增长。

第二节 区域分布发展趋势

不同类型经济体FDI流动情况存在显著差异。全球FDI流动总的趋势是，发达国家在国际投资舞台上占据主角,但发展中国家日益扮演着更加重要的角色。

FDI流入方面,发达经济体FDI流入量最大,大多年份占全球FDI流入总量的比重均在50%以上,国际直接投资主要在发达国家之间进行。2008—2018年,发达国家对发展中国家的投资显著增长,2014年发展中经济体FDI流入量首次超过发达经济体,占全球FDI流入总量的比重为53.2%。之后几年,发达经济体FDI流入量有所回升。2018年,流入发达国家的FDI占全球比重再次下降到50%以下,这主要是受到美国减税导致海外资金回流的短期影响。

FDI流出方面,1992年之前,发达经济体的FDI流出量占全球总量的比重保持在90%以上。2008—2018年,虽然发展中经济体和转型经济体FDI流出量及其占比均有所上升,但大多数年份这一比重均在30%以下。从总体上看,发达国家是国际投资舞台的主角,发展中国家的角色日益重要。

美国是最大的对外投资国和外资流入国。截至2018年底,美国累计对外直接投资存量约为6.5万亿美元,外商直接投资流入存量约为7.5万亿美元。中国是后期崛起的重要国家,约占全球投资总量的8%~9%。根据联合国贸易和发展会议(简称"UNCTAD")的调查,美国和中国仍然是跨国公司最优先选择的投资目的地。

第三节 行业分布发展趋势

一、国际直接投资(FDI)的增长主要集中在服务业

在FDI存量中,服务业FDI存量快速增长,占比不断提升。2001年,服务业FDI存量为4万亿美元;2007年,增加到12万亿美元;2015年,达到16万亿美元;2018年底,服务业FDI存量超过17万亿美元(约占同期FDI存量的三分之二)。

与服务业相比,制造业FDI存量增加缓慢。2001年,制造业存量为2万亿美元;2007年,增加到5万亿美元;2015年,达到7万亿美元;2018年底,制造业FDI存量约为8万亿美元(不及同期服务业的50%)。2018年,初级产业FDI存量仅为2万亿美元。

二、绿地投资近一半为制造业

制造业约占绿地投资的一半。2003—2018年,绿地投资(新建)累计流量为13.3万亿美元,其中,服务业6万亿美元,制造业5.9万亿美元,约占同期绿地投资的50%;初始产业仅为1.1万亿美元。绿地投资各细分行业详见图5-1。

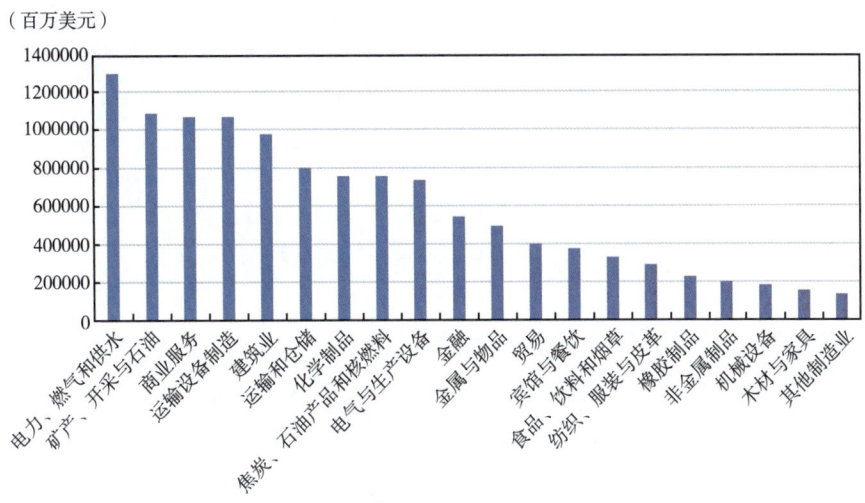

图5-1 2003—2017年绿地投资的行业分布

资料来源:UNCTAD全球外国直接投资数据库。

三、跨境并购以服务业为主

1990—2018年,全球跨境并购累计流量为11.8万亿美元,其中,服务业6.5万亿美元,制造业4.3万亿美元,初级产业9600多亿美元。跨境并购以服务业为主,金融业跨境并购占服务业跨境并购的50%以上,制造业占比低于40%。跨境并购具体行业分布详见图5-2。

四、跨国并购仍将是国际投资的重要形式

跨国并购和绿地投资均是国际投资的重要方式。

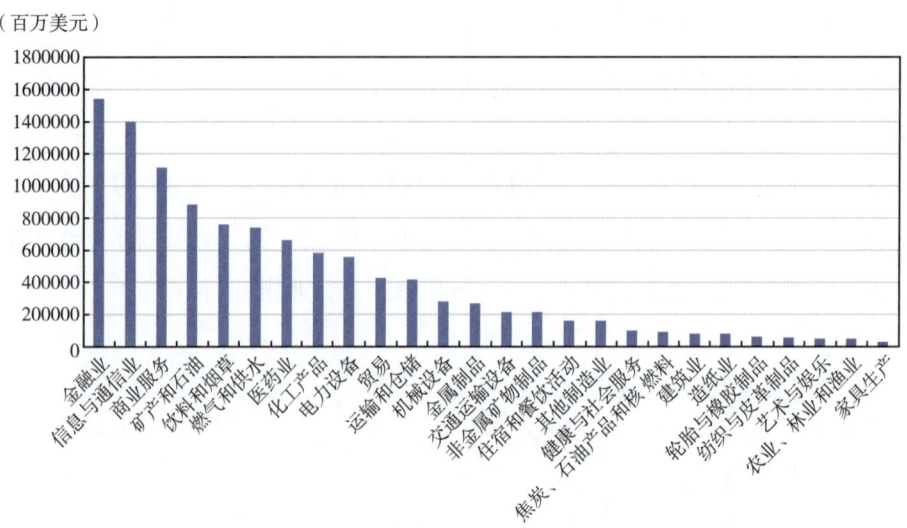

图5-2 1990—2017年跨境并购投资累计流量

资料来源：UNCTAD全球外国直接投资数据库。

跨国并购年均占全球FDI流入总量的三分之二以上。其中，2000年，跨国并购占当年全球FDI流入量的81.14%；2005年占78.2%；2006年达到85.6%。近几年，跨国并购占比有所下降，占FDI流入总量的比重保持在40%~60%。跨国并购主要发生在服务行业，约占55%，其中金融业跨国并购占主要部分，制造业约占38%。

大多数国家将跨国并购作为其国家吸收外资政策的重要组成部分，采取了积极的态度，并成为参与跨国并购的主体。无论是制造业还是服务业，主要发达国家多是跨国并购的出售方，占世界出售额和购买额总额的80%以上。跨国并购与绿地投资（新建）对东道国经济发展的影响途径和方式有所不同。绿地投资是在东道国建立新企业跨国并购是直接兼并东道国现存企业，在投资初期不会增加东道国的生产能力。尽管跨国并购容易引发东道国对其可能产生资源转移、裁员、资产剥离、国家经济安全，以及对市场结构和竞争不利影响等担忧，但鉴于成功的并购能有效引入创新要素，明显增强国际竞争力，提高劳动生产率，更快地产生经济效益，跨国并购仍将是国际直接投资的重要方式，在加强监管的同时得到东道国的重视和鼓励。

第四节 东道国吸引外资政策

过去30年,世界各国不断扩大开放,积极吸收外资成为东道国的总体目标和发展趋势。1991—2018年,全球累计出台3351项与外资相关的政策措施,其中,2832项是自由化与促进政策,占84.5%;418项是限制或加强监管的措施,占12.5%;其他属于中性政策。近几年,全球化进程受阻,部分发达国家出台不同形式限制外资的措施,对国际投资的发展形成新的挑战(详见图5-3)。

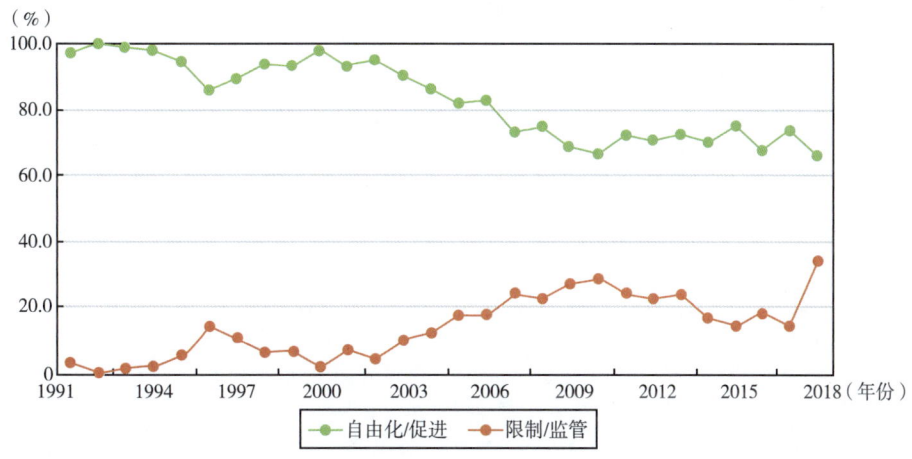

图5-3　1991—2018年各国外资政策演变的方向

资料来源:UNCTAD,2019年《世界投资报告》。

第五节 国际投资治理发展新趋势

国际投资治理体系包括:国家间的双边、多边和区域投资协定,国际投资领域的各类国际组织及协调机构,以及各国在国际投资实践中形成的法律、制度、规范和原则等。近年来,国际投资治理体系呈现一些新的特点,国际协调得到一定的加强。

一、国际投资体制的演变

国际投资法和政策体制在经历了初期的缓慢发展后,20世纪90年代开始快速发展,国际投资体制不断完善,总体特征概况详见表5-2。

表5-2　　　　　　　　　　　国际投资体制演变

发展阶段	1950—1964年 (萌芽期)	1965—1990年 (成型期)	1990—2007年 (发展期)	2008年至今 (调整期)*
基本情况	新签订IIAs:37 合计IIAs:37 新发起投资者与东道国投资争议(ISDS)案件:0 合计ISDS案件:0	新签订IIAs:367 合计IIAs:404 新发起ISDS案件:1 合计ISDS案件:1	新签订IIAs:2663 合计IIAs:3067 新发起ISDS案件:291 合计ISDS案件:292	新签订IIAs:410 合计IIAs:3271 新发起ISDS案件:316 合计ISDS案件:608
主要特征	IIAs兴起 (投资保护力度小,无ISDS)	IIAs加强投资保护和ISDS; 规范投资者行为	IIAs迅速增长; 投资自由化内容涌现; ISDS迅速发展	从双边协定转为区域性协定; 每年签订的IIAs数量下降; 旧条约废止和修改
重要协定	GATT(1947); 《哈瓦那宪章(草案)》(1948); 欧洲经济共同体(1957); 《纽约公约》(1958); 德国和巴基斯坦签订第一个BIT条约(1959); 经济合作与发展组织自由化守则(1961); 联合国关于自然资源永久主权的决议(1962)	ICSID(1965); UNCITRAL(1966); 新西兰和印度尼西亚签订第一个含ISDS的BIT条约(1968); 《联合国跨国公司行为守则(草案)》(1973—1993); 联合国《建立国际经济新秩序宣言》(1974); 《国际技术转让行为守则(草案)》(1974—1985); OECD《跨国公司准则》(1985)	世界银行《FDI指导方针》(1992); NAFTA(1992); 《APEC投资准则》(1994); 《能源宪章条约》(1994); 《OECD多边投资协定(草案)》(1995—1998); WTO(GATS、TRIMS、TRIPS)(1994); WTO贸易和投资工作组(1996—2003)	欧盟《里斯本条约》(2007); 《联合国关于商业和人权的指导性原则》(2011); 《UNCTAD投资政策框架》(2012); 《联合国透明度公约》(2014)

数据来源:UNCTAD《国际投资体系改革路线图》,2015年《世界投资报告》,有关数据截至2015年底。

二、国际投资规制变化的新趋势

2008年全球金融危机爆发以来,国际投资规制呈现出新的发展趋势:

其一,投资规制体系持续扩大,日益庞杂,但增速放缓,国际投资政策进入广泛调整期。每年新增的国际投资协定（IIAs）数量整体呈下降趋势，远不及危机前活跃，但一些区域性协定涉及更多国家，其经济和政治影响力实际增强。

在体系调整方面，在UNCTAD发布的《可持续发展投资政策框架》和《国际投资协定体系改革路线图》的指导下，国际投资体制改革取得初步成果。一方面，近60个国家依据上述框架更新并完善了现有双边投资协定。2016—2018年，各国至少正式终止了19、22和24个国际投资协定。另一方面，各国继续谈判和签订新的IIAs，并纳入含有改革导向（如：可持续发展）的条款。

2018年，各国新签订的国际投资协定共计40个，其中包括30个双边投资协定（BITs）和9个包含投资条款的其他协定（TIPs）。截至2018年底，全球IIAs数量达到3317个（其中，2932个BITs和385个TIPs），其中2658项已经生效（详见图5-4、图5-5）。

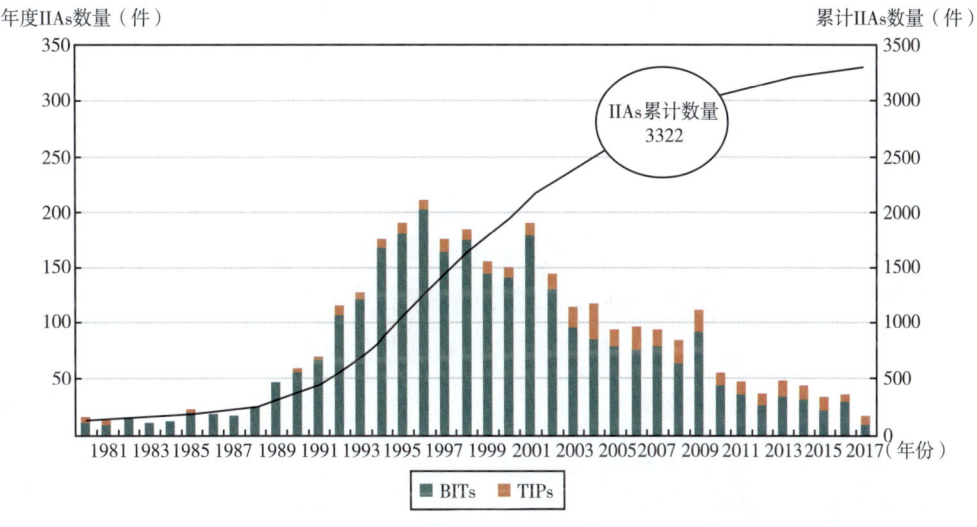

图5-4　1980—2017年IIAs签订趋势（累计）

资料来源：2018年、2019年《世界投资报告》。

其二，双边、区域投资协定使IIAs体系更加复杂化和碎片化，多边协调在国际投资体系改革中的重要性日益突出。近年来，除双边投资协定（BITs）外，一些重要的区域投资协定处于谈判中或已经签署，如全面与进步跨太平洋伙伴关系协定（CPTPP）、加拿大—欧盟全面经济贸易协定（CETA）、跨大西洋贸易与投资伙伴关系协定（TTIP）、区域全面经济伙伴关系协定（RCEP）等。新的区域协定在投资政策自由化、投资保护、待遇标准、环境保护、就业和劳资关系等方面寻求协作，活跃程

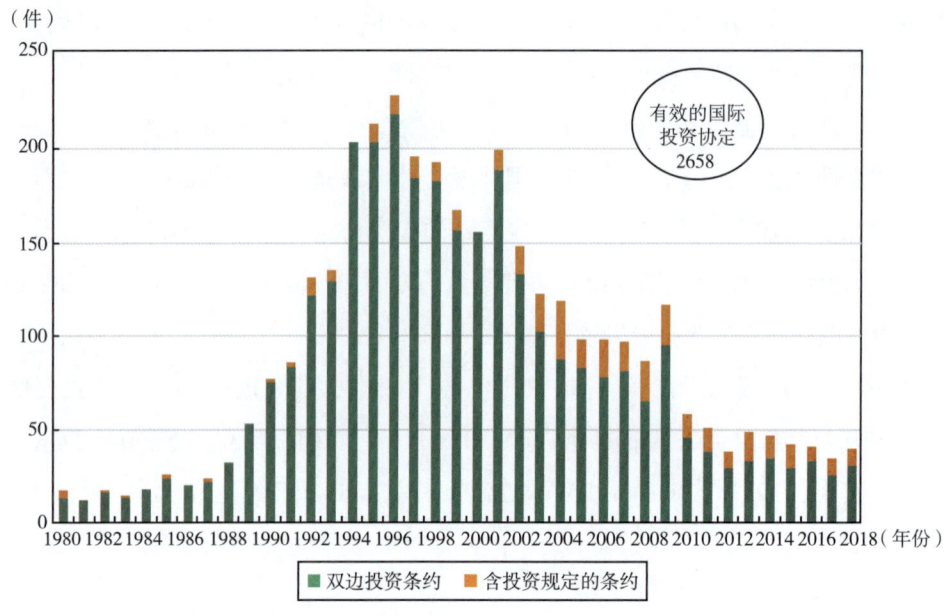

图5-5 1980—2018年签订IIAs概况一览图（有效）

资料来源：2018年、2019年《世界投资报告》。

度甚至超越双边投资协定（BITs）。

然而，由于部分区域投资协定相互重叠、错综复杂，且协定签约方的双边协定仍然有效，致使缔约国根据不同协定适用的法律、豁免权等往往不一致，国际投资协定体系存在日益碎片化、国家与投资者权利义务失衡以及可持续发展缺失三大挑战。此外，全球贸易投资保护主义盛行，多边贸易体制被逐渐弱化，使国际投资体系面临新的挑战。

为解决现有规则体系相互重叠、冲突、不统一、不连贯、约束性不强等问题，亟须加强多边协调并推动国际投资体系（包括：争端解决机制）改革。全球统一的多边投资体系需要各国在诸多议题上达成共识。由于各国发展水平、意识形态、经济政策、核心利益不同，难以达成共识。在多边投资谈判中的主要分歧包括：负面清单能否形成及其形式，劳工与环境标准的水平，争端调解机制的设计，是否开展次级投资联合抵制、限制投资诱因、设定投资绩效要求等。

其三，国际投资体系的多边协调与合作得到加强。为促进国际投资稳定发展，联合国贸易和发展会议与成员国加强合作，努力推动全球投资协定改革；同时，通过G20以及世界投资论坛等多边平台凝聚共识，加强国际投资体系的多边协调与合作，取得一定成效。

2016年，G20杭州峰会通过了联合国贸易和发展会议协助起草的《G20全球投资政策指导原则》。这是国际社会首次在多边机制下就全球投资规则的制订达成共识，是全球多边投资规制的重大突破。《G20全球投资政策指导原则》提出的九大原则，涵盖了国际投资体制的所有核心要素，并纳入了新一代国际投资规则的基本要求，为国际投资领域的多边协调与合作提供了一个有效的框架。

其四，发展中国家角色的转变，促使东道国政府监管权利和政策空间扩大。随着发展中国家和转型经济体经济实力的提升，其吸收外资的规模接近或超过全球FDI的一半，对外投资超过全球的三分之一。国际投资的流向从最初的发达国家向发展中国家单向流动，转变为二者间的双向流动。

发达国家和发展中国家在世界投资格局中角色的转变，促使国际投资规则从单方面强调跨国公司权利和东道国责任，向平衡二者权利和责任的方向变化。面对新兴经济体对外投资的崛起，美欧等发达国家开始关注新兴经济体对外投资对本国经济发展的影响，在投资规则上要求扩大东道国的监管权利和政策空间，以便严格约束外资，使其在不危害国家安全的基础上更好地服务于本国经济。

其五，国际投资规制更加强调投资领域的可持续发展原则，进一步明确投资者责任。外国投资能够促进东道国经济社会的发展，但也可能产生环境、健康、劳动权利、公共利益等方面的负面影响。在可持续发展原则的指导下，规范投资者行为、最大限度提高投资者对社会的积极贡献并避免负面影响，成为制定国际投资规则时的共识。

为此，联合国贸易和发展会议发布的《2012年世界投资报告》提出了《可持续发展的投资政策框架》（IPFSD），之后的《G20全球投资指导原则》、IIAs改革第一阶段和第二阶段指导文件都基于这一框架展开。据2017年《世界投资报告》统计，2011—2016年签订的110项BITs中，序言提及健康和安全保护、劳工权利、环境或可持续发展的比例高达56%，在早期（1959—2010年）的2432项BITs中这一比例仅有8%。早期协定中包括一般例外条款（如：为保护人类、动物和植物的生命和健康或防止资源枯竭等）的比例仅为7%，2011—2016年提高到43%。

三、投资便利化成为改善投资营商环境的重要内容

投资便利化关注的是准入后的管理措施，涉及商事注册、规划、建设、运营、

公平竞争、权益保护等环节,包括减少烦冗的投资审批程序和设立一站式服务窗口等,代表性原则包括透明度、投资者服务和程序的简洁高效、协调合作以及能力建设等。

当前,全球新一代经济规则的重心从关税等"边境议题"向监管一致性等"边境后议题"调整和延伸,目前的反全球化浪潮和国家保护主义蔓延,使投资便利化的作用愈加凸显,受到更大的重视。

近年来,国际组织加快推进投资便利化议题。2008年,亚太经济合作组织(APEC)制定了《投资便利化行动》;2015年、2016年联合国贸易和发展会议(UNCTAD)发布《可持续发展投资政策框架》(强调了投资便利化的意义),提出《投资便利化全球行动清单》;2016年,G20中国杭州峰会通过了包含投资便利化在内的投资指导原则;2017年,金砖五国厦门会晤通过了《金砖国家投资便利化合作纲要》;2017年,世界贸易组织(WTO)在第十一届部长级会议中通过了《关于投资便利化的联合部长声明》。

第六节 全球跨国直接投资的新方向和新领域

联合国贸易和发展会议每年发布《世界投资报告》,全面分析当期全球跨国直接投资情况、发展趋势和主要经济体的政策变化,聚焦全球跨国投资的新热点,发掘跨国直接投资的新方向和新领域。近几年,《世界投资报告》发布的最新研究成果从以下几个方面阐述了新一轮技术革命对跨国投资的影响,提出了适应新形势发展的外资政策目标和框架建议,为我国研究和把握跨国投资的新趋势、新方向、新领域,不断调整和完善吸引外资政策提供了有益参考。

一、关于全球价值链重构与跨国直接投资

当前,全球价值链和产业链进入重构的新阶段,全球生产经营活动被日益纳入基于全球价值链的全球生产体系。其发展路径,一是沿着技术进步的方向,二是沿着各国参与程度和提高价值创造的方向。全球价值链和产业链主要是由跨国公司构建的,跨国公司主导的全球价值链约贡献了全球贸易的80%。

全球价值链可以为经济发展做出重要贡献。在发展中国家，增值贸易对GDP的平均贡献率约为28%，发达国家为18%。参与全球价值链的程度与人均GDP增长率之间呈正相关。全球价值链对附加值、就业和收入有直接的影响。此外，它们还是发展中国家提升生产能力、实现产业升级的重要途径。一些发展中国家通过参与全球价值链提升了高附加值产品和服务的出口。

由于全球价值链通常由跨国公司主导，外国直接投资与一国对全球价值链的参与联系紧密。外国直接投资是发展中国家参与全球价值链的重要途径。但参与全球价值链也存在风险，如只能从价值链中获取较少的增值、可能被锁定在低附加值领域而无法升级、全球价值链活动容易被转移和替代等。

近年来，世界上大多数国家正日益扩大其在不同环节的参与程度。各国能否成功进入和扩大参与程度，取决于其吸引跨国投资的规模或本土企业与领先跨国公司的互动程度。提升全球价值链和产业链参与度的政策框架包括：第一，明确本国总体发展战略与全球价值链、产业链重构趋势的契合点；第二，构建国内生产能力；第三，鼓励跨国公司投资，推进参与全球价值链和产业链；第四，提供稳定的社会环境、投资环境和治理框架；第五，协同贸易投资政策和体制。

联合国贸易和发展会议认为，为了更好地利用全球价值链服务发展，各国政府应致力于改善投资和贸易环境，继续推动投资便利化，并大力加强国内企业生产能力和价值链配套能力建设。

二、关于非股权投资与经济发展

当前，非股权经营模式已成为跨国企业组织国际生产、进入国际市场的重要方式。据联合国贸易和发展会议估算，全球范围内跨境非股权经营模式创造了至少2万多亿美元的销售额。订单农业也遍布全球110多个国家。几乎在所有的行业中，非股权模式的增长速度均高于行业平均水平。鉴于此，发展中经济体开始注重将合同制造、服务外包、订单农业、特许经营、许可与管理合同等非股权投资纳入其参与全球价值链、产业链整合的政策内容。

非股权模式能够带来显著的发展效益。它在发展中国家创造了大约1400万~1600万个工作岗位。在一些国家中，其创造的增加值超过了当地GDP的15%。总体而言，非股权经营模式可以通过生产能力建设、技术扩散以及促进国内企业发展等方式，促进发展中国家产业发展,帮助其融入全球产业链。但是,非股权模式也会带来一定的风险,如合同制造具有高度的商业周期性并且能够被轻易地转移和替代、东道国的企业从全球生产价值链体系中所获得的收益偏低等。此外,跨国公司还可能利用该经营模式来规避社会与环境责任。

为最大限度地利用非股权模式促进可持续发展,发展中东道国应采取以下措施:

(1)非股权经营模式相关政策必须置于国家总体发展战略之中,与贸易、投资以及技术政策统筹安排,并注意解决对其过度依赖风险。

(2)政府应对国内企业生产能力建设提供政策支持,提升其参与全球价值链并从中受益的能力。

(3)建设一个强有力的法律与制度框架,鼓励投资促进机构积极参与,促进非股权投资形式的创新、提升与发展。

(4)提升当地企业参与非股权经营模式的谈判能力,确保公平竞争、保护环境与劳动者权益。

三、关于特殊经济区与外商投资

特殊经济区遍布全球,而且仍在不断增长。目前,全球147个经济体共有近5400个特殊经济区。最近5年至少增加了1400多个,此外,还有500多个新的特殊经济区正在筹建之中。特殊经济区的繁荣既是新一轮产业政策的结果,也是对日益激烈的招商引资竞争的回应。

特殊经济区可以为经济增长和发展做出重要贡献,包括推动外资流入、创造就业、促进出口,并为参与全球价值链、产业升级和多样化提供帮助。特殊经济区有多种模式,基础的免税区侧重于促进贸易物流,在发达国家最为常见;发展中经济体倾向于采用以工业发展为目标的综合特区,这些综合区可以是多行业的、专注于一个行业的或侧重于发展创新能力的;新型特殊经济区和创新区不断涌现,一些特区专注于高新技术、金融服务或旅游等新兴产业,或关注环境绩效、科技的商业化、区域发展或城市改造升级。

当前,特殊经济区的发展面临三大新的挑战:一是可持续发展要求的挑战。放宽对环境、社会、治理的要求不再是特区吸引外资的长期可行的竞争优势。积极推行环境、社会、治理的高标准日益成为现代化特区的新特点。二是新工业革命和数字经济的挑战。特殊经济区需要新的战略，需要更加重视高技能人才和高技术服务等战略资产的创造。三是全球价值链调整的挑战。保护主义抬头、贸易优惠安排不断变化以及区域经济合作盛行，正导致全球价值链出现新一轮调整，将影响特区作为全球价值链中心节点的竞争力。

可持续发展目标示范区是未来的发展方向。可持续发展示范区应致力于吸引对可持续发展目标相关活动的投资，制定最高环境、社会和治理标准，并通过广泛联系和溢出效应促进包容性增长。示范区可以将吸引投资的战略从"竞次"（通过降低税收和降低标准）转化为"竞优"，使可持续发展成为一种区位优势，进而实现从特权飞地到广泛受益的转变。

在当今全球商业和投资环境中，战略重点、监管、治理模式和提供的激励措施仍然是决定特殊经济区政策框架成功与否的关键要素。建议将特殊经济区的政策集中在四个方面：一是明确特殊经济区的战略重点，二是制定有竞争力的特殊经济区监管框架和治理模式，三是充分考虑特殊经济区价值主张和投资者的一揽子利益，四是将实现可持续发展作为设立特殊经济区的战略目标，妥善应对新工业革命和国际生产模式转型带来的新挑战。

四、关于投资与可持续发展

联合国贸易和发展会议估计，为实现联合国可持续发展目标和《2030年可持续发展议程》，发展中国家每年面临着2.5万亿美元的资金缺口。公共资金不能满足可持续发展目标的资金需求。私营部门投资（包括：外资）具有不可或缺的作用。

目前，国际投资政策演变的突出特征是将包容性增长和可持续发展作为吸引外资的核心。在国家层面，将发展战略与投资政策整合，在投资政策中纳入可持续发展的目标，并确保投资政策的关联度和有效性。在国际层面，不断加强开拓国际投资协定的发展维度，平衡国家和投资者的权利和义务，并管理国际投资协定制度体系的复杂性。发展中国家在鼓励私营部门投资于可持续发展目标时面临着一些政策难题。特别是考虑到可持续发展目标的很多相关部门具有公共服务的性质，发展中国家吸引私营部门投资于可持续发展目标的政策需要做到四个平衡：一是在改善投资环境、消除投资障碍的同时，通过监管保护公共利益；二是在保障私营投资者获得有足够吸引力的回报与为全体人民提供可以负担得起的服务之间取得平衡；三是在扩大私营投资与扩大公共投资之间取得平衡，并确保私营投资和公共投资实现互补；四是在实现全球可持续发展目标以及为最不发达国家实现有关目标做出更大努力之间取得平衡。

联合国贸易和发展会议建议通过采取一整套政策措施促进可持续发展私营投资，包括：实施以可持续发展目标为导向的新一代投资促进和便利化战略，建立新一代投资发展机构；重建投资鼓励机制，特别是从"基于投资数量"的鼓励政策转向"基于可持续发展目标"的鼓励政策；加强区域性投资合作；发展可持续发展目标投资新型伙伴关系，如加强母国对外投资机构与东道国投资促进机构的伙伴关系；创新融资机制和金融市场的重新定位等。

五、关于新一代产业政策与吸引外资

联合国贸易和发展会议数据显示，在过去10年（2009—2018年）中，全球共有101个国家（占全球GDP的90%以上）出台了产业发展战略。80%以上是2014—2018年制定的新一代产业政策。现代产业政策日益多样化和复杂化，超越了传统的产业发展及结构转型，更着眼于解决新的问题，并追求多种目标，如全球价值链的切入与升级、发展知识型经济、建立与可持续发展目标相关的产业以及新工业革命的竞争定位等。

各国的产业政策分为三种模式：产业创建战略模式、产业追赶战略模式以及基于新工业革命的战略模式。约40%的产业发展战略包含针对特定产业进行扶持的纵向政策。三分之一的产业政策侧重于横向提升产业总体竞争力，以追赶全球先进生产力水平。还有四分之一产业政策将重点定位于新工业革命。大约90%的现代产业政策充分利用投资政策配套，主要为投资激励措施和绩效要求、各类特殊经济区、投资促进和便利化举措以及投资审查机制。因此，现代产业政策是投资政策演变的重要推动力。自2010年以来，超过80%的新出台的投资政策措施都旨在促进工业体系的发展（如：制造业、与之相关的服务性行业以及工业基础设施），其中约一半明确用于产业政策目的。

激励措施仍然是产业政策最常用的工具。特殊经济区继续增多并多样化。许多发展中国家将投资便利化作为产业发展战略的重要横向措施之一。有针对性的投资促进也在现代产业政策中发挥重要作用。全球三分之二的投资促进机构根据国家产业政策确定优先促进的部门，四分之三的投促机构有专门促进产业技术升级的计划。

新一代产业政策，无论是创建型、追赶型还是新工业革命型，都倾向于遵循一些与老一代产业政策不尽相同的原则。这包括开放性、可持续性、包容性及对新产业革命的应对。投资政策应与上述趋势相适应，保持政策一致性、灵活性和有效性。吸引外资产业的政策更注重于基础设施改善、教育和培训、企业发展、产业集群与关联的建立、创业、创新融资渠道和社会政策等为目标的一系列支持措施和手段，更加注重于扩大参与全球价值链和产业链的程度、鼓励引进高端人才、新产品、新技术和构建新产业。市场准入和设立、审查、提升与促进、激励和绩效要求以及特殊经济区，既是投资政策，也是新一代产业政策的重要内容。

新一代产业政策应为可持续发展战略服务，应与国别及国际投资政策以及社会和环境政策等其他政策相辅相成。产业政策应在市场和政府的角色之间取得平衡，并避免过度管制。此外，产业政策应是开放型的，应致力于促进国际合作，避免以邻为壑。

六、关于数字经济与跨国投资

数字经济将改变国际生产，从而改变跨国投资的模式。当前，数字经济日益成为全球经济中越来越重要的组成部分，构建数字经济几乎是所有国家的主要优先政策。发展数字经济的综合投资政策框架，不仅要确保数字化发展根植于投资政策，而且还要确保投资政策被纳入数字化发展战略，并注重总结政策互动和体制协同作用，紧随新技术的运用与发展不断创新吸引跨国投资的政策与方式。

第六章
新时期提高吸收外资质量和水平的政策思考

40年来，我国实行对外开放基本国策，以开放促改革、促发展，紧紧把握全球产业结构调整的历史机遇，积极合理有效吸收外商直接投资，有力地发展和壮大了自己，为我国实现宏伟发展目标奠定了坚实基础。随着"外资三法"圆满谢幕，《中华人民共和国外商投资法》成功起航，我国吸收外资进入新的发展时期。党的十九大就新时期进一步提升外商投资环境法治化、国际化、便利化水平，推动形成高水平全面开放新格局作了全面部署。落实党的十九大精神，完善投资营商环境，积极有效吸收外资，提高质量和水平，是新时代构建全方位高水平对外开放新格局、实现我国宏伟发展目标的重要工作内容。

当前，世界面临百年未有之大变局，我国吸收外资面临新的重大变化，机遇与挑战并存，推进投资贸易自由化和便利化、改善投资营商环境任重道远。为适应新时期的发展需要，在认真总结过去40年吸收外资成功经验的基础上，采取更加积极有力的措施，从国家层面制定并实施新一轮政策激励、制度创新和正确的舆论引导，对于准确把握机遇、突破外部阻力、有效应对挑战、提高吸收外资的质量和水平将起到决定性作用。

第一节 新时期我国吸收外资面临的机遇和挑战

在新的时期，我国吸收外资面临新的重大变化，机遇与挑战并存，推进投资贸易自由化和便利化、改善投资营商环境任重道远。

一、新时期我国吸收外资的优势和机遇

（一）我国吸收外资具有发展空间和发展潜力

虽然近期全球跨国投资难以大幅增长，但跨国公司国际生产继续扩张的趋势没有改变，其作为促进全球经济增长最具活力的因素之一，仍将保持相当大的规模并适时实现增长，为我国吸收外资提供了发展空间。根据经济合作与发展组织（OECD）主要国家和金砖五国（合计31个样本）1986—2016年FDI流量和存量业绩指数的计算方式测算，2016年我国吸收外资的流量潜力值为2530亿美元，存量潜力值为3.73万亿美元。这一数据表明，我国未来吸收外资仍具有较大的发展潜力。

（二）我国吸收外资的综合竞争优势

基于巨大的经济规模和更加注重提高效益前提下的持续增长，迅速崛起的庞大中产阶级群体和巨大的国内市场需求，相对完备的产业链、供应链、物流链和便利且良好的基础设施条件，不断增长的研发投入及移动通信、大数据、5G、互联/物联网等新技术的快速发展和广泛应用，大量的人才储备和训练有素的劳动力资源，以及不断改善的投资营商环境，我国在吸收外资方面具有较强的国际竞争优势。

（三）我国吸收外资发展空间巨大

新时期，我国实施的京津冀协同发展、长江经济带（长三角一体化）、粤港澳大湾区、建设海南自由贸易港、西部大开发、中部崛起等国家发展战略以及"一带一路"倡议，将为境内外投资者拓展新的巨大发展空间。

随着我国经济体制改革深入，特别是自由贸易试验区和自由贸易港等改革开放平台建设，《海南自由贸易港建设总体方案》《中共中央　国务院关于新时代加快完善社会主义市场经济体制的意见》以及《中共中央　国务院关于构建更加完善的要素市场化配置体制机制的意见》等新的重大举措的出台等，我国国内营商环境的改善会形成新的吸收外商投资的优势，带来吸收外商投资新机遇。

我国现有的约41万家外商投资企业是重要的外资资源，办好现有外商投资企业，鼓励其扩大投资，促进相关中外投资方加强合作，共同吸引新的外资落户中国，既

是我国吸收外资具有的优势，也是新时期扩大外商投资、优化结构的重要途径。

（四）我国有条件继续成为跨国公司和境外投资的目的地

新一轮技术革命的快速发展，促使世界经济结构产生深刻的变革，与之相关的资本、信息、技术、数据、人才、服务、投资及运作方式等以跨国直接投资为重要载体，迅速与东道国经济发展和市场需求相融合，进一步加速了科学技术的进步，特别是新一代信息技术和数字经济的突飞猛进。我国建立创新型国家、构建数字经济、推进生态文明建设的新时期发展目标与跨国直接投资加速数字经济的构建、推进全球价值链结构调整和重构、投资于可持续发展目标的新发展趋势相吻合，积极有效吸收外资将为新时期我国经济结构调整和产业升级提供新的机遇。我国为实现上述战略目标制定并实施的政策措施和为高水平开放、高质量发展做出的不懈努力，将进一步增强对跨国公司和境外投资者的吸引力，并促使我国吸收外资的水平得到新的提升。

调研期间开展的问卷调查结果显示，跨国公司和境外投资者来华投资的主要目的依次为：开拓中国市场、在华建立面向全球或地区的生产基地和研发中心、降低生产和研发成本、寻求战略合作等，与我国创新驱动、扩大内需、高水平开放、注重效益的发展战略高度契合。未来我国吸收外资，在注重国民经济和社会发展内在要求的前提下，将充分考虑我国的竞争优势和境外投资者及外商投资企业的政策诉求，只要政策措施得当，完全有条件继续成为全球跨国直接投资的首选目的地国家之一。

二、新时期我国吸收外资面临的挑战

（一）影响国际资本流动的不确定因素增加

当前，主要经济体投资贸易保护主义加剧、全球化严重受阻、产业链国际分工的重构加速、全球突发事件频发、世界经济和中国经济面临的下行压力日益增强，上述种种因素均对国际资本流动带来明显的影响。

（二）国际引资竞争愈加激烈

美国等发达经济体鼓励外资流入和吸引本国海外资金回流的政策措施，进一步加剧了国际吸引外资的激烈竞争。各国加大改善投资环境力度，鼓励外资政策和投资促进措施不断推陈出新，对我国现行的相关税收政策和吸收外资的政策措施形成较大挑战。

（三）我国吸收外资进入调整期

近年来，我国吸收外商投资规模居世界第二位，但相对于经济规模和人口规模而言，仍处于较低或中等水平。在经过若干年高速发展之后，我国吸收外资比较优势发生较大变化，处于调整期。2012—2018年，全国实际使用外资金额年均增幅1.6%，单项平均外资规模由485.6万美元降至228.4万美元，新设立制造业外商投资企业占新设立外商投资企业总量的比重由36%降至10.2%，外商投资企业投资项下进口设备金额由134.2亿美元降至34.4亿美元（为1994年以来的最低值）。2017年外商投资企业固定资产投资呈现负增长，部分经济指标增幅低于全国平均水平。中西部地区吸收外资大大滞后东部地区，改善这一状况尚需做出更大努力。我国优化外资结构，提高吸收外资工作水平面临较大挑战。

（四）我国投资环境改善任重道远

近年来，我国营商环境在全球的排位明显提升，但在全球新一代经济规则重心从关税等"边境议题"向监管一致性等"边境后议题"调整延伸且国际投资治理不断加强的新趋势下，我国推进投资便利化、改善投资营商环境面临的挑战不容忽视，特别是需对深层次矛盾和问题有足够清醒的认识，需要各级政府统一思想、高度重视，采取有效措施解决难题。

第二节　提高吸收外资工作质量和水平的若干政策思考

当前，世界面临百年未有之大变局。新一轮技术和工业革命强势登场，深刻改变着人们的生活方式和生产方式，创新增长、绿色发展与数字经济正在成为各国政府共同关注的发展主题。同时，世界经济格局、地缘政治正在发生重大变革，全球突发事件频发，经济民族主义日益严重，投资贸易保护主义明显加剧，全球化严重受阻，产业链国际分工重构加速，价值链、供应链区域化趋势明显。面对机遇与挑战，最重要和最有效的应对措施是坚持对外开放、深化改革的基本国策不动摇，首先是要下大力气做好我们自己的事情，采取更加积极有力的措施，加速提升我国的承受力和竞争力。在当前大变革的背景下，认真总结和借鉴过去40年吸收外资的成功经验，从国家层面制定并实施新一轮政策激励、制度创新和正确的舆论引导，对于准确把握机遇、突破外部阻力、有效应对挑战、提高吸收外资的质量和水平将起到决定性作用。为此，就新形势下积极有效吸收外资、提高吸收外资工作的质量和水平提出如下政策思考。

一、完善外资法律体系，提高依法行政水平

（一）完善外资法律体系

出台并完善《中华人民共和国外商投资法》（以下简称《外商投资法》）及其实施条例的配套法规、规章，尽快对滞后于负面清单调整的法律、法规、规章予以修订，对《外商投资法》与现行法律法规的有效衔接及时做出相关司法解释。全面清理国务院相关部门、行业、地方政府与外商投资相关的法律法规，凡与外资准入负面清单不符或外资准入负面清单之外的限制，坚决予以废止，切实做到"非禁即入"，凡与《外商投资法》及其配套法规不符，有违公平竞争原则、损害公平竞争秩序、违反国家有关法规的，坚决予以废止，或限时进行修订，确保《外商投资法》及其配套法规的权威性和执法的一致性。今后在对外资准入负面清单进行缩表调整时，应同时就相关法律、法规、规章的修订制定时间表，以有利于外资准入法律法规的准确、有效实施。

（二）提高依法行政水平

加大普法力度，加强法律培训，对政府相关工作及流程制定明确的标准和具体的要求，严格依法行政。设定行政效率验查标准，对不作为、推诿、扯皮等进行严肃查处。加强对《外商投资法》及其配套法规的宣传，在国内外营造良好的舆论氛

围和社会环境。完善外商投资投诉协调机制，将投资者在准入环节遇到的问题纳入投诉处理范围，督促相关部门依法行政。

二、创新外资政策，鼓励结构优化，促进产业升级

（一）拓展鼓励外商投资的领域

将"（1）数字技术和信息网络基础设施（人工智能、互联网、云计算、自动化、区块链等）、新能源、生物技术；（2）填补供应链空白、延展并提升产业链和价值链、完善供需链、承接跨国公司全球价值链/产业链重构；（3）运用先进技术、使用先进设备及工艺；（4）服务外包和与数字经济相关的制造业和服务业（特别是服务外包和生产性服务）；（5）绿色低碳生产、现有企业数字化/智能化/自动化/服务化改造、中小企业生产—销售—服务实行数字/智能/知识改造；（6）提高一般贸易和加工贸易附加值、延伸产业链、减少能源资源消耗，发挥劳动力资源优势的外商投资"纳入外商投资产业指导目录"鼓励类范围"。鼓励外资并购，简化非敏感领域外资并购审批程序，缩短审批时间。扩大地方政府自行制定鼓励外商投资政策的决策权。

（二）降低税赋，优化结构，内外资同等待遇

在国家鼓励类领域（行业/项目）投资或增资的内外资企业，在一定期限内，减按15%征收企业所得税，其中，投资设立高新技术企业，减按10%的税率征收企业所得税；其进口或在国内采购自用设备、技术、零部件、物料等（国家有特殊规定的除外）免征关税、增值税、消费税等各项进口税，国内增值税即征即退。境内外投资者投资设立或增资研发中心（包括非独立法人研发机构，下同），在一定期限内，免征企业所得税；其进口或在国内采购自用研发所需设备（含更新设备）、配套零配/部件、技术、物品、原料、消耗品等免征进口关税、进口增值税、消费税等各项进口税收，国内增值税即征即退。

（三）加大支持企业参与国际化分工的力度

充分认识加工贸易对我国企业参与国际化分工的促进作用，进一步完善加工贸

易"零"税率的保税监管政策，运用网络、移动通信、云计算、大数据等先进技术联网管理，实现部门间信息共享。按照世界贸易组织（WTO）公平贸易原则，对出口产品实现"零"税率（足额退税）。采取有效政策措施，鼓励内外资一般贸易和加工贸易企业加速技术改造、装备升级，提高劳动生产率和附加值。大力支持服务外包产业，促进数字服务加速发展，将服务外包产业纳入新兴战略性产业范畴，享受相关鼓励政策，降低服务外包企业成本，加大职业培训力度，有效解决其用工中存在的各种问题。对进出口环节各项检验规定及各项收费进行全面清理，简化手续，取消无法律依据的收费事项，大幅降低各类收费水平。尽快将保税加工监管制度的局部改革推进到"以单耗管理为核心的核销制度全面创新"，探索建立"海关保税+N"监管体系，将保税研发创新、保税检测维修、保税展示交易、保税跨境电商、保税融资租赁、保税期货（大宗商品）交割和保税数字交易等纳入保税监管措施覆盖范围。

三、营造公平竞争环境，维护公平竞争秩序

（一）营造公平竞争环境

加快营造包括外商投资企业在内的各种所有制主体依法平等使用资源要素、公开公平公正参与竞争、同等受到法律保护的市场环境。全面落实国务院相关规定，通过立法、修法、清理法律法规、有效执法等措施，建立并完善维护公平竞争环境的保障机制和有关制度。政府部门在制定法律、法规、规章和执法过程中，将公平竞争作为立法、执法必须遵循的原则之一，切实维护公平竞争。

（二）维护公平竞争秩序

对包括外商投资企业在内的各类企业平等对待、一视同仁，在投资项目核准、行业管理、标准制定、政府采购等方面采取与内资一致的核准范围、标准和程序，充分发挥市场在资源配置中的主导作用，激发外商投资企业投资积极性。充分认识实施《中华人民共和国反垄断法》对于保护市场竞争、维护市场秩序的重要意义，加强国务院反垄断委员会的协调与指导，确保《中华人民共和国反垄断法》的全面有效实施。

四、加强外资工作领导，深化管理体制改革

（一）加强对全国外资工作的统一领导

成立全国外资工作领导小组，统一思想，统筹协调，充分调动各方积极性，以开放促改革、促发展、促创新，全面实施新时期体制改革决策，落实对外开放各项新举措和鼓励外商投资的各项政策，推动形成全方位高水平开放新格局。根据国家战略需要、地方发展需求及资源禀赋等条件，对各地吸收外资工作加强统筹指导，防止恶性竞争、人力资源自然禀赋等条件错配。

（二）加强制度集成创新

借鉴国际规则和先进经验，结合我国实际情况，通过顶层设计、协同推进，加速营造系统集成生态环境，将我国建设成为跨境资本、跨境贸易、跨境人才、跨境技术、跨境数据流动集聚的高地，从而吸引更多具备高质量发展要求的外资资源。

（三）深化外资管理体制改革

梳理涉及外资管理各相关部门的职责，避免职责交叉，完善监管法律制度体系，规范和优化政府监管，提升政府治理能力。推进公正监管，改进环保、消防、税务、市场监管等执法方式，对违法者依法严惩，对守法者无事不扰，对改进者给予宽容。对共享经济、数字经济、人工智能、智能制造等新产业新业态实施包容审慎监管，促进新兴产业持续健康发展。

（四）创新海关监管制度

深化"关检融合"机构改革，真正落实口岸监管的"查检合一"，简化查验手续。基于"相信绝大多数企业诚信守法"的理念，依法界定"客观出错"和"主观违法"的区别，合理建立宽严相济的"容错自纠机制"和"违法必究机制"。

（五）及时推广体制机制创新成果

通过自贸试验区、海南自贸港等特殊经济区域，探索更多可复制、可推广的制

度创新成果和扩大开放新措施；及时在全国复制推广创新成果和开放新措施，适时推广海南自贸港制度集成创新的成功经验，带动全国投资环境持续优化。

五、改善投资营商环境，对标国际投资规则

（一）办好现有企业，为企业排忧解难

将办好现有企业作为当前改善投资营商环境急需加强的工作的重点。采取切实可行措施，有效降低企业经营成本（包括税费成本、物流成本、融资成本、土地成本、劳动力供应成本等）。大幅减少并清理各类收费，取消无法律规定的行政性、事业性收费，取消并依法惩处虚假的经营性收费。进一步减少行政许可，简化行政手续，提高行政效率，降低行政成本，提升投资及经营便利化程度。提高外商投资企业资金运用便利度，帮助中小企业解决贷款难、成本高问题，赋予跨国公司地区总部投融资功能，鼓励符合条件的外商投资企业在境内上市。提高人才出入境、人才引进的便利度。坚持市场化运作，促进市场主体公平竞争，增强政策透明度与稳定性，激发外商投资企业投资积极性。国家和地方政府调整涉企政策时，对已设立企业给予合理的缓冲期或一定豁免权。完善外商投资企业投诉工作机制，及时处理反映的问题，协调完善相关政策措施。

（二）对标国际，改善投资环境，制定外商投资新导向

对标国际先进水平，明确我国投资营商环境差距，遵循G20杭州峰会通过的《G20全球投资政策指导原则》，设定符合我国国情的投资环境改善目标并制定相应政策措施。将我国经济发展战略和目标与全球跨国直接投资新趋势、新方向、新领域相结合，制定新时期我国吸收外资导向政策。进一步优化吸收外资的法律环境、政策环境、服务环境、人才环境，构建更加适应创新型经济、创新型社会发展的投资营商环境。

（三）加快推进投资便利化进程

按照《金砖国家投资便利化合作纲要》和《世界贸易组织关于投资便利化的联合部长声明》的原则和要求，根据我国发展目标和规划，制定推进投资便利化进程

时间表和相应措施。特别要注重改善准入后投资便利化措施（包括：商事注册、规划、建设、运营、投融资、进出口、公平竞争、权益保护等各环节），进一步减少审批，简化程序，确保透明度，设立一站式服务等。进一步提升海关通关便利化水平，对标国际标准，加快推进海关"AEO"企业认证工作；建立全国统一电子口岸，集成运用报关、纳税、退税、结汇等功能，优化"单一窗口"建设，扩大"单证无纸化"覆盖面，提高效率，降低成本；采取有效措施，使企业在"风险可控"的前提下拥有更多的自主选择权（例如：转关运输监管）。

（四）建立全国外商投资一站式服务平台

统一发布我国利用外资的法律、法规、规章及配套政策，提供政策解读、投资咨询等服务。对外商投资项目实行"一口受理""一网通办"，简化审批手续。受理外商投诉，协调交办各类涉及外商投资的矛盾纠纷，并限期反馈办理进展情况。

（五）加大惩治侵犯知识产权的力度

完善相关法律法规，全国一盘棋，提高刑事/行政执法威慑力，增加侵权违法成本。中央政府与地方政府联动，在全国实行统一的处置涉及侵犯知识产权的执法流程，指定单一受理窗口，公开透明地受理并依法处置包括外商投资企业在内的涉及侵犯其知识产权的申述和诉讼。对外商投资企业中的技术合作，应充分尊重市场价值规律和合作各方达成的协议/共识，遵循公平原则，行政机关及其工作人员不得以任何名义和方式加以干涉。

六、整合投资促进资源，完善投资促进体系

（一）有效整合资源

有效整合政府、投资促进机构（事业单位和社会团体）、商协会（行业组织）、各类企业的相关资源，完善"四位一体"国际投资促进体系的建设。充分发挥投资促进机构的作用，务实推进国家投资促进战略的实施，创造性地开展投资促进工作，大力推广多元化投资促进产品和服务。充分运用大数据、互联网、云计算等新技术、新平台，创新投资促进模式，更好地整合项目资源和投资商信息资源，提升线上对

接成效，促进精准招商，提升全国投资促进水平。

（二）加强调研与国际合作

加强对全球跨国投资趋势、世界主要经济体投资政策法规和我国投资营商环境的调研与分析，及时提出投资环境评估与改善方案，积极参与国际投资法律、政策的制定。加强并创新国际合作方式，建立多种形式的投资促进合作机制，加强中外投资促进机构、企业间的沟通与交流，推动企业间投资项目的对接与洽谈，发挥企业与政府之间的桥梁作用。提高研究机构、专业服务机构在投资促进体系中的参与度，加强投资合作信息收集、渠道拓展、项目联络、策划咨询。

（三）树立中国品牌

创新投资促进方式，为吸引外商来华投资、实施"一带一路"倡议、支持中外企业合作到第三方投资和我国东中西部地区投资合作提供全方位服务。举办多种形式高水平国际投资促进活动，展示我国对外开放形象，发布对外开放新举措，介绍我国及与会国投资环境及政策，推介"一带一路""引进来""走出去"投资合作项目，拓展国际投资促进交流新渠道。大力支持"中国国际投资贸易洽谈会"（投洽会）、"中国东盟博览会"、"中国中部投资贸易博览会"（中部博览会）、"中国西部国际博览会"（西博会）等知名投资促进会展活动做强做大，打造具有国际影响力的国际投资促进平台。

中国吸收外资四十年（1979—2018）

附表
（共计39个附表）

附表1：1979—2018年外商直接投资一览表（全口径统计）

年度	企业数（家）	合同外资金额（亿美元）	实际使用外资金额（亿美元）
总计	960725	49463.2	21492.8
1979—1982	920	49.6	17.7
1983	638	19.2	9.2
1984	2166	28.7	14.2
1985	3073	63.3	19.6
1986	1498	33.3	22.4
1987	2233	37.1	23.1
1988	5945	53.0	31.9
1989	5779	56.0	33.9
1990	7273	66.0	34.9
1991	12978	119.8	43.7
1992	48764	581.2	110.1
1993	83437	1114.4	275.2
1994	47549	826.8	337.7
1995	37011	912.8	375.2
1996	24556	732.8	417.3
1997	21001	510.0	452.6
1998	19799	521.0	454.6
1999	16918	412.2	403.2
2000	22347	623.8	407.2
2001	26140	691.9	468.8
2002	34171	827.7	527.4
2003	41081	1150.7	535.1
2004	43664	1534.8	606.3
2005	44019	2011.5	724.1
2006	41496	2006.3	727.2
2007	37892	2339.6	835.2
2008	27537	2272.0	1083.1
2009	23442	1975.5	940.7
2010	27420	2445.2	1147.3
2011	27717	2575.5	1239.9
2012	24934	2478.6	1210.7
2013	22819	2373.7	1239.1
2014	23794	2818.3	1285
2015	26584	3372.2	1355.8
2016	27908	3551.6	1337.1
2017	35662	3774.0	1363.2
2018	60560	4503.1	1383.1

说明：

1. 上述表格为"全口径"统计数据，含银行、证卷、保险领域数据。

2. 数据来源：商务部外资统计数据。

附表2：1979—2018年外商直接投资一览表（非全口径统计）

年度	企业数（家）	合同外资金额（亿美元）	实际使用外资金额（亿美元）
总计	960489	48314.1	20343.4
1979—1982	920	49.6	17.7
1983	638	19.2	9.2
1984	2166	28.7	14.2
1985	3073	63.3	19.6
1986	1498	33.3	22.4
1987	2233	37.1	23.1
1988	5945	53.0	31.9
1989	5779	56.0	33.9
1990	7273	66.0	34.9
1991	12978	119.8	43.7
1992	48764	581.2	110.1
1993	83437	1114.4	275.1
1994	47549	826.8	337.7
1995	37011	912.8	375.2
1996	24556	732.8	417.3
1997	21001	510	452.6
1998	19799	521	454.6
1999	16918	412.2	403.2
2000	22347	623.8	407.1
2001	26140	691.9	468.8
2002	34171	827.7	527.4
2003	41081	1150.7	535
2004	43664	1534.8	606.3
2005	44001	1890.6	603.2
2006	41473	1937.3	658.2
2007	37871	2252.1	747.7
2008	27514	2112.9	924
2009	23435	1935.1	900.3
2010	27406	2355.3	1057.4
2011	27712	2495.7	1160.1
2012	24925	2385.1	1117.2
2013	22773	2310.5	1175.9
2014	23778	2728.9	1195.6
2015	26575	3279.1	1262.7
2016	27900	3474.5	1260.0
2017	35652	3721.2	1310.4
2018	60533	4469.7	1349.7

说明：

1. 上述表格为"非全口径"统计数据，不含银行、证卷、保险领域数据。以下表格如无特殊说明，均为"非全口径"统计数据。

2. 数据来源：商务部外资统计数据。

附表3：2008—2018年中国吸收外资（FDI）全球排位一览表

年度	中国FDI金额（亿美元）	占全球FDI（%）	全球排位	发展中国家排位
1992	110.1	6.76	5	1
1993	275.1	12.50	2	1
1994	337.7	13.25	2	1
1995	375.2	10.99	2	1
1996	417.3	10.73	2	1
1997	452.6	9.40	2	1
1998	454.6	6.58	3	1
1999	403.2	3.75	8	1
2000	407.1	2.99	8	1
2001	468.8	6.07	4	1
2002	527.4	8.87	3	1
2003	535	9.57	1	1
2004	606.3	8.70	3	1
2005	724.1	7.55	3	1
2006	727.2	5.15	3	1
2007	835.2	4.37	6	1
2008	1083.1	7.22	2	1
2009	940.7	7.98	2	1
2010	1147.3	8.29	2	1
2011	1239.9	7.79	2	1
2012	1210.8	7.60	3	1
2013	1239.1	8.59	2	1
2014	1285	9.71	2	1
2015	1355.8	7.64	4	1
2016	1337.1	7.66	3	1
2017	1363.2	9.53	2	1
2018	1383.1	10.66	2	1

数据来源：UNCTAD全球外国直接投资数据库。

附表4：截至2018年底外商直接投资分方式（全口径）一览表

方式	企业数		实际使用外资金额	
	数量（家）	比重（%）	金额（亿美元）	比重（%）
总计	960725	100	21492.8	100
中外合资企业	341999	35.6	5327.7	24.8
中外合作企业	61019	6.4	1124.1	5.2
外资企业	556262	57.9	13338.0	62.1
股份公司	931	0.1	422.6	2.0
合作开发	194	0.0	98.8	0.5
其他	320	0.0	1181.6	5.5

数据来源：商务部外资统计数据。

附表5：截至2018年底外商投资分形式一览表

外商投资进入形式	企业数		合同外资金额		实际使用外资金额	
	数量（家）	比重（%）	金额（亿美元）	比重（%）	金额（亿美元）	比重（%）
吸收外资总量	960725	100	48314.0	100	20343.2	100
绿地投资	940626	97.9	46127.8	95.5	19298.3	94.9
外资并购	20099	2.1	2186.2	4.5	1044.9	5.1

数据来源：商务部外资统计数据。

附表6：2000—2018年外商以并购形式投资一览表

年度	设立外商投资企业（家）	合同外资金额（亿美元）	实际使用外资金额（亿美元）
2010	1134	116.3	32.6
2011	1340	126.3	49.0
2012	1213	92.2	45.6
2013	1254	118.9	62.0
2014	1281	353.3	75.0
2015	1466	259.0	177.7
2016	1484	271.2	189.1
2017	2066	211.0	145.7
2018	3124	375.6	178.1

数据来源：商务部外资统计数据。

附表7：2010—2018年中国外资并购与全球跨国并购一览表

年度	中国外资并购			全球跨国并购	
	金额（亿美元）	同比（%）	占全球跨国并购（%）	金额（亿美元）	同比（%）
2010	32.6	28.4	0.94	3470.94	20.68
2011	49.0	37.2	0.89	5534.42	59.45
2012	45.6	-3.3	1.39	3282.24	-40.69
2013	62.0	29.1	2.36	2625.17	-20.02
2014	75.0	19.0	1.75	4281.26	63.09
2015	177.7	124.5	2.42	7351.26	71.71
2016	189.1	6.6	2.13	8869.01	20.65
2017	145.7	-25.9	2.10	6939.62	-21.75
2018	178.1	18.7	2.18	8157.26	17.55

说明：

1. 跨国并购系指以并购形式进行的跨国直接投资。
2. 数据来源：UNCTAD全球外国直接投资数据库、商务部外资统计数据。

附表8：1998—2018年全球FDI与跨国并购一览表

年度	全球跨国并购			全球FDI（流入）	
	金额（亿美元）	同比（%）	占全球FDI（%）	金额（亿美元）	同比（%）
1998	3497.28	86.71	50.62	6908.61	43.70
1999	5595.39	59.99	51.99	10762.30	55.78
2000	9596.81	71.51	70.74	13566.13	26.05
2001	4317.57	-55.01	55.88	7727.15	-43.04
2002	2437.35	-43.55	41.32	5898.60	-23.66
2003	1654.25	-32.13	30.05	5505.49	-6.66
2004	1985.97	20.05	28.69	6923.25	25.75
2005	5350.35	169.41	56.40	9485.85	37.01
2006	6198.09	15.84	44.17	14032.50	47.93
2007	10326.89	66.61	54.60	18914.45	34.79
2008	6176.49	-40.19	41.74	14797.47	-21.77
2009	2876.17	-53.43	24.54	11722.34	-20.78
2010	3470.94	20.68	25.43	13651.07	16.45
2011	5534.42	59.45	35.45	15613.54	14.38
2012	3282.24	-40.69	22.32	14703.34	-5.83
2013	2625.17	-20.02	18.34	14311.64	-2.66
2014	4281.26	63.09	31.54	13572.40	-5.17
2015	7351.26	71.71	36.15	20338.03	49.85
2016	8869.01	20.65	46.22	19186.79	-5.66
2017	6939.62	-21.75	46.35	14973.71	-21.96
2018	8157.26	17.55	62.89	12971.53	-13.37

数据来源：UNCTAD跨境并购数据库。

附表9：1990—2006年全球跨国并购与绿地投资一览表

年度	全球跨国并购 金额（亿美元）	占全球FDI（%）	绿地投资及其他 金额（亿美元）	占全球FDI（%）	全球FDI（流入）金额（亿美元）
1990	1506	75	510	25	2016
1991	808	52	740	38	1548
1992	793	47	912	53	1705
1993	831	37	1410	63	2241
1994	1271	50	1272	50	2543
1995	1866	54	1465	46	3426
1996	2270	58	1657	42	3927
1997	3048	62	1844	38	4892
1998	5316	75	1777	25	6908
1999	7660	71	3129	29	10762
2000	11438	81	2676	19	13566
2001	5940	71	2386	29	7727
2002	3698	59	2522	41	5899
2003	2970	53	3016	47	5505
2004	3806	51	2314	39	6923
2005	7163	76	2293	24	9486
2006	8805	67	4254	33	14033

说明：

1. 跨国并购交易额包含了非FDI投资，因此某些年份甚至超过FDI额。
2. 数据来源：UNCTAD跨境并购数据库。

附表10：2010—2018年中国外资并购与全球外资并购占FDI比重一览表

年度	外资并购占中国FDI总量比重(%)	外资并购占全球FDI总量比重(%)
2010	3.1	25.4
2011	4.2	35.4
2012	4.1	22.3
2013	5.3	18.3
2014	6.3	31.5
2015	14.1	36.1
2016	15.0	46.2
2017	11.1	46.3
2018	13.2	62.9

数据来源：UNCTAD全球外国直接投资数据库、商务部外资统计数据。

附表11：截至2018年底外商投资第一、二、三产业结构一览表

产业名称	企业		合同外资		实际使用外资	
	数量（家）	比重（%）	金额（亿美元）	比重（%）	金额（亿美元）	比重（%）
总计	960489	100	48313.96	100	20343.22	100
第一产业	23720	2.47	1283.31	2.66	262.32	1.29
第二产业	556209	57.91	23592.86	48.83	10698.32	52.59
第三产业	380560	39.62	23437.79	48.51	9382.58	46.12

说明：部分年度（早期）实际使用外资金额为测算值。

附表12：截至2018年底外商直接投资分领域结构一览表

产业领域	企业		合同外资		实际使用外资	
	数量（家）	比重（%）	金额（亿美元）	比重（%）	金额（亿美元）	比重（%）
总计	960489	100	48314	100	20343.2	100
农、林、牧、渔业	23759	2.5	1284.3	2.7	263.2	1.3
采矿业	2191	0.2	243	0.5	105.1	0.5
制造业	526055	54.8	21367.8	44.2	9688.1	47.6
服务业	408484	42.5	25418.9	52.6	10286.7	50.6
其中：房地产	54849	5.7	6147.4	12.7	3967.1	19.5

说明：部分年度（早期）实际使用外资金额为测算值。

附表13：2018年外商直接投资主要行业参考数据

行业	企业数（家）	同比（%）	实际使用外资金额（亿美元）	同比（%）
总计	60560	69.8	1383.1	5.5
农、林、牧、渔业	741	5.0	8.1	−24.6
农业	502	11.3	3.4	−2.6
稻谷种植	10	−56.5	0.3	−22.3
林业	27	17.4	0.3	−16.3
畜牧业	33	−17.5	3.4	−10.0
渔业	77	18.5	0.6	87.3
采矿业	46	76.9	12.4	−4.5
石油和天然气开采业	1	−80.0	12.1	2.2
制造业	6152	23.4	411.9	22.9
农副食品加工业	162	23.7	8.5	69.8
其他谷物磨制	1	−75.0	0.2	115.5
屠宰及肉类加工	23	15.0	1.1	52.8
水产品加工	26	−31.6	1.6	103.0
石油、煤炭及其他燃料加工业	14	100.0	2.7	−41.0
化学原料和化学制品制造业	265	10.0	33.0	38.6
合成材料制造	48	2.1	8.6	91.3
非金属矿物制品业	273	15.7	15.9	34.9
水泥制造	4	300.0	0.7	144.7
轻质建筑材料制造	12	−14.3	1.0	97.7
砖瓦、石材等建筑材料制造	128	17.4	3.9	22.0
玻璃制造	5	25.0	0.3	−15.0
平板玻璃制造	1	−75.0	0.1	−56.3
陶瓷制品制造	28	7.7	0.5	37.1
建筑陶瓷制品制造	1	−75.0	0.3	212.7
通用设备制造业	672	17.1	28.6	−0.9
铁路、船舶、航空航天和其他运输设备制造业	68	70.0	7.8	34.4
计算机、通信和其他电子设备制造业	736	27.8	84.2	42.7
计算机制造	69	60.5	6.4	74.3
通信设备制造	19	−24.0	2.6	0.8
电子器件制造	226	45.8	40.0	140.9
电力、热力、燃气及水生产和供应业	284	−23.7	44.4	26.1
电力、热力生产和供应业	206	−21.7	26.6	51.9
电力生产	173	−28.2	15.9	4.0
火力发电	2	−66.7	0.9	−60.2

续表

行业	企业数（家）	同比（%）	实际使用外资金额（亿美元）	同比（%）
水力发电	5	−44.4	0.2	−73.8
其他电力生产	37	−83.6	8.4	−30.8
燃气生产和供应业	25	4.2	13.2	39.4
自来水生产和供应	3	−40.0	1.1	−70.3
建筑业	1449	128.9	15.0	−42.7
房屋建筑业	162	113.2	5.1	−37.6
土木工程建筑业	340	209.1	9.0	−42.1
铁路工程建筑	13	−79.0	1.2	−89.6
港口及航运设施工程建筑	4	−69.2	1.1	55.9
批发和零售业	22853	86.1	97.8	−14.8
交通运输、仓储和邮政业	754	45.8	47.4	−15.2
住宿和餐饮业	854	21.5	9.1	117.7
旅游饭店	38	−64.5	3.7	163.0
信息传输、软件和信息技术服务业	7222	127.9	116.7	−44.2
金融业	2496	42.5	120.6	−8.6
房地产业	1053	42.9	224.8	33.3
房地产开发经营	517	26.4	201.6	30.9
租赁和商务服务业	9099	78.9	188.9	12.8
科学研究和技术服务业	5819	71.6	68.3	−0.2
水利、环境和公共设施管理业	151	−3.2	4.9	−14.5
居民服务、修理和其他服务业	485	39.0	5.7	0.8
教育	266	31.0	0.9	9.1
卫生和社会工作	83	−27.2	3.1	1.6
文化、体育和娱乐业	749	57.4	5.4	−23.4
公共管理、社会保障和社会组织	4	100.0	0.1	−55.9

数据来源：商务部外资统计数据。

附表14：截至2018年底外商投资主要行业（前10位）一览表

行业	设立外商投资企业数（家）	占比（%）	合同外资金额（亿美元）	占比（%）	实际使用外资金额（亿美元）	占比（%）
累计总量	960489	100	48314	100	20343.2	100
制造业	526055	54.77	21367.83	44.23	9688.11	47.62
房地产业	54849	5.71	6147.43	12.72	3967.14	19.5
租赁和商务服务业	74275	7.73	4488.07	9.29	1509.01	7.42
批发和零售业	139915	14.57	3279.02	6.79	1259.33	6.19
信息传输、软件和信息技术服务业	26159	2.72	1675.14	3.47	685.46	3.37
交通运输、仓储和邮政业	12976	1.35	1328.4	2.75	607.6	2.99
金融服务业	11003	1.15	3433.33	7.11	559.74	2.75
科学研究和技术服务业	31158	3.24	1779.65	3.68	451.71	2.22
电力、热力、燃气及水生产和供应业	5034	0.52	737.62	1.53	364.96	1.79
建筑业	15686	1.63	801.48	1.66	306.03	1.5
上述10个行业总计	897109	93.4	45037.99	93.2	19390.09	95.4

说明：部分年度（早期）实际使用外资金额为测算值。

附表15：截至2018年底外商投资制造业领域主要行业（前10位）一览表

（按实际投入金额排序）

制造行业名称	企业数（家）	占比（%）	实际投入金额（亿美元）	占比（%）
制造业总计	526055	100.00	9688.11	100
计算机、通信和其他电子设备制造业	55968	10.64	1700.38	17.55
电气机械和器材制造业	34848	6.62	758.28	7.83
化学原料和化学制品制造业	28763	5.47	692.29	7.15
汽车制造业	17696	3.36	607.67	6.27
通用设备制造业	34063	6.48	571.26	5.90
专用设备制造业	32221	6.13	521.94	5.39
纺织服装、服饰业	62497	11.88	493.2	5.09
金属制品业	29243	5.56	459.3	4.74
非金属矿物制品业	23362	4.44	451.02	4.66
橡胶和塑料制品业	27323	5.19	395.86	4.09
上述10个行业合计	345984	65.77	6651.2	68.65

说明：部分年度（早期）实际使用外资金额为测算值。

附表16：截至2018年底外商投资服务业领域主要行业（前10位）一览表

行业名称	企业数（家）	占比（%）	实际投入金额（亿美元）	占比（%）
服务业总计	408484	100	10286.7	100
房地产业	54849	13.43	3967.14	38.57
租赁和商务服务业	74275	18.18	1509.01	14.67
批发和零售业	139915	34.25	1259.33	12.24
信息传输、软件和信息技术服务业	26159	6.40	685.46	6.66
交通运输、仓储和邮政业	12976	3.18	607.6	5.91
金融业	11003	2.69	559.74	5.44
科学研究和技术服务业	31158	7.63	451.71	4.39
电力、热力、燃气及水生产和供应业	5034	1.23	364.96	3.55
建筑业	15686	3.84	306.03	2.98
居民服务、修理和其他服务业	14095	3.45	213.17	2.07
上述10个行业合计	385150	94.29	9924.15	96.48

说明：部分年度（早期）实际使用外资金额为测算值。

附表17：1998—2018年外商投资高技术产业一览表

年份	设立外商投资企业			实际使用外资		
	企业（家）	占比（%）	同比（%）	金额（亿美元）	占比（%）	同比（%）
1998	1033	5.2		20.1	4.4	
1999	1401	8.3	35.6	27.1	6.7	34.7
2000	2687	12.0	91.8	37.6	9.2	38.6
2001	3725	14.3	38.6	66.9	14.3	78.2
2002	5303	15.5	42.4	86.9	16.5	29.8
2003	6112	14.9	15.3	69.5	13.0	-19.9
2004	6569	15.0	7.5	105.2	17.4	51.3
2005	6222	14.1	-5.3	107.8	17.9	2.4
2006	5637	13.6	-9.4	113.8	17.3	5.6
2007	5184	13.7	-8.0	118.6	15.9	4.2
2008	4261	15.5	-17.8	146.0	15.8	23.1
2009	3244	13.8	-23.9	132.0	14.7	-9.6
2010	3646	13.3	12.4	156.1	14.8	18.2
2011	3716	13.4	1.9	149.7	12.9	-4.1
2012	3170	12.7	-14.7	154.9	13.9	3.5
2013	2664	11.7	-16.0	142.8	12.1	-7.8
2014	2896	12.2	8.7	135.7	11.3	-5.0
2015	3415	12.9	17.9	165.8	13.1	22.2
2016	4098	14.7	20.0	218.7	17.4	31.9
2017	7064	19.8	72.4	359.7	27.5	64.5
2018	14035	23.2	98.7	321.0	23.8	-10.8

数据来源：商务部外资统计数据。

附表18：1998—2018年外商投资高技术产业（制造业）一览表

年份	设立外商投资企业			实际使用外资		
	企业(家)	占比(%)	同比(%)	金额(亿美元)	占比(%)	同比(%)
制造业累计总量	526055	54.8	—	9688.1	47.6	—
1998	584	2.9		15.2	3.3	
1999	765	4.5	31.0	20.5	5.1	35.1
2000	1103	4.9	44.2	31.3	7.7	52.6
2001	1715	6.6	55.5	55.8	11.9	78.4
2002	2685	7.9	56.6	73.1	13.9	31.0
2003	2855	6.9	6.3	57.1	10.7	−21.9
2004	4417	10.1	54.7	89.1	14.7	56.2
2005	4105	9.3	−7.1	93.2	15.4	4.5
2006	3559	8.6	−13.3	97.2	14.8	4.3
2007	2797	7.4	−21.4	95.3	12.7	−2.0
2008	1861	6.8	−33.5	106.0	11.5	11.2
2009	1591	6.8	−14.5	97.5	10.8	−8.0
2010	1796	6.6	12.9	115.7	10.9	18.6
2011	1835	6.6	2.2	104.5	9.0	−9.6
2012	1410	5.7	−23.2	93.2	8.3	−10.9
2013	1131	5.0	−19.8	90.0	7.7	−3.4
2014	905	3.8	−20.0	86.2	7.2	−4.2
2015	795	3.0	−12.2	93.6	7.4	8.6
2016	798	2.9	0.4	92.0	7.3	−1.7
2017	1032	2.9	29.3	98.9	7.6	7.6
2018	1478	2.4	43.2	137.9	10.2	39.4

数据来源：商务部外资统计数据。

附表19：1998—2018年外商投资高技术产业（服务业）一览表

年份	设立外商投资企业			实际使用外资		
	企业(家)	占比(%)	同比(%)	金额(亿美元)	占比(%)	同比(%)
服务业累计总量	408484	42.5	—	10286.7	50.6	—
1998	449	2.3		5.0	1.1	
1999	636	3.8	41.6	6.6	1.6	33.2
2000	1584	7.1	149.1	6.3	1.5	-5.0
2001	2010	7.7	26.9	11.1	2.4	76.8
2002	2618	7.7	30.2	13.8	2.6	23.7
2003	3257	7.9	24.4	12.5	2.3	-9.4
2004	2152	4.9	-33.9	16.1	2.7	28.9
2005	2117	4.8	-1.6	14.6	2.4	-9.1
2006	2078	5.0	-1.8	16.6	2.5	13.8
2007	2387	6.3	14.9	23.3	3.1	40.2
2008	2400	8.7	0.5	40.0	4.3	71.7
2009	1653	7.1	-31.1	34.5	3.8	-13.8
2010	1850	6.8	11.9	40.4	3.8	17.1
2011	1881	6.8	1.7	45.1	3.9	11.7
2012	1760	7.1	-6.4	61.8	5.5	36.8
2013	1533	6.7	-12.9	52.9	4.5	-14.4
2014	1991	8.4	29.9	49.5	4.1	-6.4
2015	2620	9.9	31.6	72.2	5.7	46.0
2016	3300	11.8	26.0	126.7	10.1	75.5
2017	6032	16.9	82.8	260.8	19.9	105.8
2018	12557	20.7	108.2	183.1	13.6	-29.8

数据来源：商务部外资统计数据。

附表20：1998—2018年外商投资高技术产业主要行业（前10位）一览表

（按实际使用外资金额排序）

行业	企业数		实际使用外资金额	
	数量（家）	占比（%）	金额（亿美元）	占比（%）
全国吸收外资累计总量	655668	100	18124.7	100
高技术产业累计总量	96082	14.7	2839.0	15.7
电子及通信设备制造业	25349	3.9	1246.6	6.9
信息服务	32550	5.0	718.2	4.0
医药制造业	4882	0.7	199.0	1.1
科技成果转化服务	11352	1.7	160.5	0.9
计算机及办公设备制造业	3030	0.5	154.1	0.9
医疗仪器设备及仪器仪表制造业	5724	0.9	131.6	0.7
研发与设计服务	5968	0.9	127.7	0.7
知识产权及相关法律服务	4764	0.7	41.4	0.2
环境监测及治理服务	835	0.1	22.7	0.1
航空、航天器及设备制造业	142	0.0	9.9	0.1
前10位行业合计	94596	14.4	2811.7	15.5

说明：

1. 占比系指占全国吸收外资总量的比重。
2. 前10位行业总计，企业数、实际使用外资金额分别占同期高技术产业吸收外资总量的98.5%和99%。
3. 数据来源：商务部外资统计数据。

附表21：截至2018年底东、中、西部地区吸收外资一览表

地区名称	设立外商投资企业		合同外资金额		实际使用外资金额	
	数（家）	比重（%）	金额	比重（%）	金额（亿美元）	比重（%）
累计总量	960489	100	48313.96	100	20343.22	100
东部地区	814352	84.79	40101.79	83.00	17383.68	85.45
中部地区	92889	9.67	4922.97	10.19	1590.98	7.82
西部地区	53248	5.54	3289.20	6.81	1368.56	6.73

数据来源：商务部外资统计数据。

附表22：2018年全国自贸试验区吸收外资一览表

自贸试验区	外商投资企业数		实际使用外资	
	家数（家）	同比（%）	金额（亿美元）	同比（%）
上海	1127	−2.8	343.2	−24.3
广东	6239	54.2	364.4	−7.5
天津	436	12.4	158.3	18.5
福建	695	−17.3	33.5	34.2
辽宁	197	45.9	6.4	2583.0
浙江	260	622.	19.6	207.1
河南	42	40.0	1.4	—
湖北	71	238.1	6.3	16300.1
重庆	27	200.0	28.8	233.1
四川	203	52.6	32.2	663.5
陕西	112	166.7	29.1	119.4

数据来源：商务部外资统计数据。

附表23：截至2018年底主要投资来源地前15位国别/地区参考数据一览表

（将自由港数据根据实际来源地纳入，按实际使用外资金额排序）

国别地区	设立外商投资企业		实际使用外资金额	
	企业数（家）	占全国（%）	金额（亿美元）	占全国（%）
累计总量	960489	100.00	20343.2	100.00
香港地区	472024	49.14	12192.3	59.93
台湾地区	119480	12.44	1312.0	6.45
日本	51906	5.40	1125.2	5.53
美国	72202	7.52	999.0	4.91
新加坡	25404	2.64	980.1	4.82
韩国	65298	6.80	771.9	3.79
英国	12044	1.25	405.7	1.99
德国	10341	1.08	335.9	1.65
荷兰	3530	0.37	196.5	0.97
澳门地区	17277	1.80	186.9	0.92
法国	5719	0.60	177.4	0.87
加拿大	15197	1.58	121.1	0.60
澳大利亚	12277	1.28	94.0	0.46
马来西亚	6919	0.72	90.0	0.44
瑞士	2003	0.21	77.9	0.38
上述来源地总计	891621	92.83	19065.9	93.72

说明：

1.上述表格中数据是将自由港数据根据实际投资者来源地纳入其所在国别/地区的数据（不含自由港）。其中，部分年度（早期）实际使用外资金额为测算值。

2.以下外资来源国别/地区表中，凡注明"（将自由港数据根据实际来源地纳入）"，均为将自由港数据根据实际投资者来源地纳入其所在国别/地区的数据（不含自由港）。其中，部分年度（早期）实际使用外资金额为测算值。

附表24：截至2018年底亚洲十国/地区投资参考数据一览表

（将自由港数据根据实际来源地纳入，不含自由港）

国家/地区	设立外商投资企业		实际使用外资	
	企业数（家）	占全国（%）	金额（亿美元）	占全国（%）
全国累计	960489	—	20343.2	—
总计	767940	80.0	16776.6	82.5
香港地区	472024	49.1	12192.3	59.9
台湾地区	119480	12.4	1312.0	6.5
日本	51906	5.4	1125.2	5.5
新加坡	25404	2.6	980.1	4.8
韩国	65298	6.8	771.9	3.8
澳门地区	17277	1.8	186.9	0.9
菲律宾	3021	0.3	40.9	0.2
泰国	4594	0.5	47.8	0.2
马来西亚	6919	0.7	90.0	0.4
印度尼西亚	2017	0.2	29.7	0.2

说明：见附表23说明。

附表25：截至2018年底欧盟十五国投资参考数据一览表

（将自由港数据根据实际来源地纳入，不含自由港）

国家	设立外商投资企业		实际使用外资	
	企业数（家）	占全国（%）	金额（亿美元）	占全国（%）
全国累计	960489	—	20343.2	—
总计	47241	4.9	1456.4	7.2
英国	12044	1.3	405.7	2.0
德国	10341	1.1	335.9	1.7
荷兰	3530	0.4	196.5	1.0
法国	5719	0.6	177.4	0.9
比利时	1100	0.1	19.9	0.1
瑞典	1545	0.2	50.2	0.3
芬兰	589	0.1	14.9	0.1
丹麦	1060	0.1	41.1	0.2
西班牙	2521	0.3	38.4	0.2
意大利	6096	0.6	73.1	0.4
希腊	170	0.0	1.0	0.0
奥地利	1305	0.1	21.5	0.1
葡萄牙	260	0.0	2.2	0.0
卢森堡	516	0.1	58.4	0.3
爱尔兰	445	0.1	20.2	0.1

说明：见附表23说明。

附表26：1979—2018年部分自由港对华投资一览表
（根据名义投资者注册地统计）

年份	部分自由港					
	外商投资企业数（家）	增幅（%）	占比（%）	实际使用外资（亿美元）	同比（%）	占比（%）
总计	40082		4.2	2662.6		13.1
1979—1982	0			0.0		
1983	0			0.0		
1984	0			0.0		
1985	0			0.0		
1986	0			0.0		
1987	1		0.0	0.0		0.0
1988	0	−100.0		0.0	−100.0	
1989	1		0.0	0.0		
1990	1	0.0	0.0	0.0		0.0
1991	2	100.0	0.0	0.0	2900.0	0.0
1992	14	600.0	0.0	0.0	174.0	0.0
1993	53	278.6	0.1	0.2	267.2	0.1
1994	99	86.8	0.2	1.6	955.1	0.5
1995	194	96.0	0.5	3.8	138.9	1.0
1996	243	25.3	1.0	7.5	96.1	1.8
1997	488	100.8	2.3	22.1	196.5	4.9
1998	757	55.1	3.8	47.0	112.4	10.3
1999	637	−15.9	3.8	35.0	−25.5	8.7
2000	1518	138.3	6.8	51.3	46.6	12.6
2001	2252	48.4	8.6	71.8	40.0	15.3
2002	3006	33.5	8.8	92.2	28.5	17.5
2003	3423	13.9	8.3	86.2	−6.5	16.1
2004	4019	17.4	9.2	109.7	27.2	18.1
2005	3909	−2.7	8.9	135.5	23.5	22.5
2006	4215	7.8	10.2	175.0	29.1	26.6
2007	3319	−21.3	8.8	237.1	35.5	31.7
2008	1736	−47.7	6.3	248.7	4.9	26.9
2009	1157	−33.4	4.9	178.2	−28.3	19.8
2010	1412	22.0	5.2	163.6	−8.2	15.5
2011	1478	4.7	5.3	162.4	−0.8	14.0
2012	1167	−21.0	4.7	134.6	−17.1	12.1
2013	1022	−12.4	4.5	114.8	−14.7	9.8
2014	960	−6.1	4.0	102.4	−10.8	8.6
2015	859	−10.5	3.2	119.2	16.4	9.4
2016	690	−19.7	2.5	142.6	19.6	11.3
2017	685	−0.7	1.9	91.2	−36.0	7.0
2018	765	11.7	1.3	129.1	41.5	9.6

说明：
1. 根据名义投资者注册地统计（见书第二章第六节第五部分），将自由港数据按照名义投资者的实际注册地纳入国别/地区中相应的自由港数据（含自由港）。
2. 部分自由港：英属维尔京群岛、开曼群岛、萨摩亚、毛里求斯、巴巴多斯、萨摩亚。
3. 数据来源：商务部外资统计数据。

附表27：截至2018年底主要投资来源地前15位国家/地区一览表

（根据名义投资者注册地统计，按实际使用外资金额排序，含自由港）

国别/地区	设立外商投资企业数（家）	占全国（%）	实际使用外资金额（亿美元）	占全国（%）
总计	960489	100	20343.2	100
香港地区	456900	47.6	10992.2	51.1
英属维尔京群岛	24478	2.5	1646.2	7.7
日本	51834	5.4	1119.8	5.2
新加坡	24869	2.6	952.4	4.4
美国	70181	7.3	851.9	4
韩国	65267	6.8	770.4	3.6
台湾地区	107190	11.2	678.2	3.2
开曼群岛	3537	0.4	415.7	1.9
德国	10272	1.1	333.9	1.6
萨摩亚	8907	0.9	290	1.3
英国	9400	1	245.4	1.1
荷兰	3486	0.4	194.9	0.9
法国	5686	0.6	175.3	0.8
澳门地区	17203	1.8	155.2	0.7
毛里求斯	2476	0.3	147.8	0.7
前15国/区总计	861686	89.71	18969.1	93.25
其他	98803	10.3	1374.1	11.7

数据来源：商务部外资统计数据。

附表28：2013—2018年"一带一路"国家/地区（64个）投资情况一览表

（根据名义投资者注册地统计，含自由港）

年度	企业数			实际使用外资金额		
	"一带一路"国家/地区（家）	全国（家）	比重（%）	"一带一路"国家/地区（亿美元）	全国（亿美元）	比重（%）
2013	1661	22819	7.3	86.6	1239.1	7
2014	1808	23794	7.6	66.0	1285.0	5.1
2015	2154	26584	8.1	82.5	1355.8	6.1
2016	2886	27908	10.3	67.9	1337.1	5.1
2017	3827	35662	10.7	54.3	1363.2	4
2018	4450	60560	7.3	60.8	1383.1	4.4

数据来源：商务部外资统计数据。

附表29：2010—2018年金砖国家投资情况一览表

（根据名义投资者注册地统计，含自由港）

年度	企业数			实际使用外资金额		
	金砖国家（家）	全国（家）	比重（%）	金砖国家（亿美元）	全国（亿美元）	比重（%）
2010	207	27420	0.8	2.1	1147.3	0.2
2011	224	27717	0.8	1.3	1249.9	0.1
2012	194	24934	0.8	1.5	1210.7	0.1
2013	163	22819	0.7	0.9	1239.1	0.1
2014	212	23794	0.9	1.3	1285.0	0.1
2015	294	26584	1.1	1.5	1355.8	0.1
2016	397	27908	1.4	1.1	1337.1	0.1
2017	568	35662	1.6	2.9	1363.2	0.2
2018	678	60560	1.1	1.8	1383.1	0.1

数据来源：商务部外资统计数据。

附表30：1983—2018年南美洲对华投资一览表

（根据名义投资者注册地统计，含自由港）

年份	设立外商投资企业数			实际使用外资金额		
	南美洲（家）	占全国（%）	全国（家）	南美洲（亿美元）	占全国（%）	全国（亿美元）
总计	32473	3.38	960489	2161.8	10.63	20343.2
1979—1982	0	0.00	920	0.0	0.00	17.7
1983	5	0.78	638	0.0276	0.30	9.2
1984	0	0.00	2166	0	0.00	14.2
1985	0	0.00	3073	0.0793	0.40	19.6
1986	1	0.07	1498	0	0.00	22.4
1987	2	0.09	2233	0.0205	0.09	23.1
1988	5	0.08	5945	0	0.00	31.9
1989	9	0.16	5779	0.014	0.04	33.9
1990	19	0.26	7273	0.068	0.19	34.9
1991	46	0.35	12978	0.145	0.33	43.7
1992	192	0.39	48764	0.242	0.22	110.1
1993	378	0.45	83437	0.774	0.28	275.1
1994	263	0.55	47549	2.3	0.68	337.7
1995	351	0.95	37011	4.6	1.23	375.2
1996	306	1.25	24556	6.5	1.56	417.3
1997	540	2.57	21001	19.8	4.37	452.6
1998	777	3.92	19799	45.6	10.03	454.6
1999	642	3.79	16918	32.0	7.94	403.2
2000	1450	6.49	22347	46.2	11.35	407.1
2001	1858	7.11	26140	63.1	13.46	468.8
2002	2366	6.92	34171	75.5	14.32	527.4
2003	2636	6.42	41081	69.1	12.92	535.0
2004	3128	7.16	43664	90.4	14.91	606.3
2005	2982	6.78	44001	112.9	18.72	603.2
2006	3262	7.87	41473	146.5	22.26	658.2
2007	2421	6.39	37871	201.2	26.91	747.7
2008	1337	4.86	27514	209.0	22.62	924.0
2009	926	3.95	23435	146.8	16.31	900.3
2010	992	3.62	27406	135.3	12.80	1057.4
2011	981	3.54	27712	125.0	10.77	1160.1
2012	765	3.07	24925	101.8	9.11	1117.2
2013	663	2.91	22773	82.1	6.98	1175.9
2014	637	2.68	23778	77.2	6.46	1195.6
2015	616	2.32	26575	91.4	7.24	1262.7
2016	558	0.02	27900	122.2	9.70	1260.0
2017	615	1.73	35652	63.6	4.85	1310.4
2018	744	1.23	60533	90.3	6.69	1349.7

说明：

1.根据名义投资者注册地统计（见书第二章第六节第五部分）。

2.南美洲对华投资前5位国家/地区是：英属维尔京群岛、开曼群岛、巴巴多斯、巴哈马和巴拿马。截至2018年底，上述5个国家/地区共计在华设立企业29024家，实际投入外资金额2135.9亿美元，占南美洲对华投资总量的89.38%和98.80%。

3.数据来源：商务部外资统计数据。

附表31：1979—2018年非洲对华投资参考数据一览表
（根据名义投资者注册地统计，含自由港）

年份	设立外商投资企业数			实际使用外资金额		
	非洲(家)	占全国(%)	全国(家)	非洲(亿美元)	占全国(%)	全国(亿美元)
总计	9761	1.02	960489	196.2	0.96	20343.2
1979—1982	0	0.00	920	0.0	0.00	17.7
1983	0	0.00	638	0.0	0.00	9.2
1984	2	0.09	2166	0.0	0.00	14.2
1985	1	0.03	3073	0.0	0.00	19.6
1986	2	0.13	1498	0.0	0.00	22.4
1987	2	0.09	2233	0.0	0.01	23.1
1988	2	0.03	5945	0.0	0.11	31.9
1989	2	0.03	5779	0.0	0.00	33.9
1990	5	0.07	7273	0.0	0.01	34.9
1991	5	0.04	12978	0.0	0.02	43.7
1992	52	0.11	48764	0.0	0.03	110.1
1993	111	0.13	83437	0.4	0.14	275.1
1994	55	0.12	47549	0.1	0.04	337.7
1995	27	0.07	37011	0.2	0.06	375.2
1996	42	0.17	24556	0.1	0.03	417.3
1997	55	0.26	21001	0.8	0.18	452.6
1998	80	0.40	19799	1.6	0.35	454.6
1999	81	0.48	16918	2.0	0.49	403.2
2000	119	0.53	22347	2.8	0.70	407.1
2001	234	0.90	26140	3.3	0.70	468.8
2002	376	1.10	34171	5.6	1.07	527.4
2003	506	1.23	41081	6.2	1.15	535.0
2004	478	1.09	43664	7.8	1.28	606.3
2005	496	1.13	44001	10.7	1.78	603.2
2006	468	1.13	41473	13.0	1.97	658.2
2007	402	1.06	37871	14.9	1.99	747.7
2008	321	1.17	27514	16.7	1.81	924.0
2009	345	1.47	23435	13.1	1.45	900.3
2010	551	2.01	27406	12.8	1.21	1057.4
2011	513	1.85	27712	16.4	1.41	1160.1
2012	371	1.49	24925	13.9	1.24	1117.2
2013	334	1.47	22773	13.8	1.17	1175.9
2014	383	1.61	23778	10.2	0.85	1195.6
2015	551	2.07	26575	5.9	0.46	1262.7
2016	677	2.43	27900	11.3	0.89	1260.0
2017	899	2.52	35652	6.6	0.50	1310.4
2018	1213	2.00	60533	6.1	0.45	1349.7

说明：

1. 根据名义投资者注册地统计（见书第二章第六节第五部分）。

2. 非洲对华投资前5位国家/地区是：毛里求斯、塞舌尔、南非、尼日利亚和利比里亚。截至2018年底，上述5个国家/地区共计在华设立企业6371家，实际投入外资金额187.6亿美元，占非洲对华投资总量的65.27%和95.61%。

3. 数据来源：商务部外资统计数据。

附表32：1992—2018年实际使用外资占全社会固定资产投资情况表

年度	全社会固定资产投资 (亿元)	(折合亿美元)	实际使用外资金额 (亿美元)	占固定资产投资比重 (%)
1992	8080.1	1465.2	110.1	7.5
1993	13072.3	2268.7	275.2	12.1
1994	17042.1	1977.3	337.7	17.1
1995	20019.3	2397.2	375.2	15.7
1996	22913.5	2756	417.3	15.1
1997	24941.1	3008.7	452.6	15
1998	28406.2	3431.1	454.6	13.3
1999	29854.7	3606.4	403.2	11.2
2000	32917.7	3976.3	407.2	10.2
2001	37213.5	4496	468.5	10.4
2002	43499.9	5255.5	527.4	10
2003	55566.6	6713.4	535.1	8
2004	70477.4	8515.1	606.3	7.1
2005	88773.6	10837	724.1	6.7
2006	109998.2	13798.4	727.2	5.3
2007	137323.9	18059.4	835.2	4.6
2008	172828.4	24884.9	1083.1	4.4
2009	224598.8	32879.3	940.7	2.9
2010	251683.8	37179.1	1147.3	3.1
2011	311485.1	48226.5	1239.9	2.6
2012	374694.7	59357.6	1210.7	2
2013	446294.1	72062	1239.1	1.7
2014	512020.7	83353	1285	1.5
2015	562000	90231.8	1355.8	1.5
2016	606466	91303.6	1337.1	1.5
2017	641238	94972.9	1363.2	1.4
2018	645675	97572.2	1383.1	1.4

说明：

1.全社会固定资产投资数据按当年平均汇率折合亿美元。

2.数据来源：《中国统计年鉴》、商务部外资统计数据，2018年全社会固定资产投资数据取自《2018年国民经济和社会发展统计公报》。

附表33：1992—2018年外商投资企业固定资产投资占全社会固定资产投资情况一览表

年度	全社会固定资产投资		外商投资企业固定资产投资		占全社会固定资产投资比重(%)
	金额（亿元人民币）	同比(%)	金额（亿元人民币）	同比(%)	
1992	8080.1	44.4			
1993	13072.3	61.8	783.77	—	6.00
1994	17042.1	30.4	1908.08	143.4	11.20
1995	20019.3	17.5	2228.88	16.8	11.13
1996	22913.5	14.8	2711.53	21.7	11.83
1997	24941.1	8.8	2893.09	6.7	11.60
1998	28406.2	13.9	2973.81	2.8	10.47
1999	29854.7	5.1	2651.47	−10.8	8.88
2000	32917.7	10.3	2606.27	−1.7	7.92
2001	37213.5	13.0	2998.76	15.1	8.06
2002	43499.9	16.9	3450.76	15.1	7.93
2003	55566.6	27.7	4908.80	42.3	8.83
2004	70477.4	26.6	6967.52	41.9	9.89
2005	88773.6	26.0	8424.38	20.9	9.49
2006	109998.2	23.9	10858.3	28.9	9.87
2007	137323.9	24.8	13353.9	23.0	9.72
2008	172828.4	25.9	15407.0	15.4	8.91
2009	224598.8	30.0	15487.7	0.5	6.90
2010	251683.8	23.8	17207.5	11.1	6.84
2011	311485.1	23.8	18716.9	8.8	6.01
2012	374694.7	20.3	20823.0	11.3	5.56
2013	446294.1	19.1	22158.0	6.4	4.96
2014	512020.7	15.2	22987.1	3.7	4.49
2015	562000	9.8	22676.8	−1.3	4.04
2016	606466	7.9	26069.5	15.0	4.30
2017	641238	7.0	24916.2	−4.4	3.89
2018	645675	5.9			

数据来源：《中国统计年鉴》。

附表34：1992—2018年规模以上外商投资工业企业工业增加值增长率一览表

年份	全国工业增加值（亿元）	增幅（%）	外商投资企业工业增加值增幅（%）
1992	10341	21.0	48.8
1993	14249	20.0	46.2
1994	19547	18.8	28.0
1995	25024	14.0	19.0
1996	29530	12.5	13.1
1997	33024	11.3	13.4
1998	34135	8.9	12.7
1999	36015	8.6	12.9
2000	40260	9.9	14.6
2001	43856	8.7	11.9
2002	47776	10.0	13.3
2003	55364	12.8	20.0
2004	65777	11.6	18.8
2005	77961	11.6	16.6
2006	92238	12.9	16.9
2007	111694	14.9	17.5
2008	131728	10.0	9.9
2009	138096	9.1	6.2
2010	165126	12.6	14.5
2011	195143	10.9	10.4
2012	208906	8.1	6.3
2013	222338	7.7	8.3
2014	233856	7.0	6.3
2015	236506	6.0	3.7
2016	247860	6.0	4.5
2017	279997	6.4	6.6
2018	305160	6.1	4.8

数据来源：各年度《国民经济和社会发展统计公报》；其中，工业增加值绝对数按现价计算，增幅按可比价格计算。

附表35：1992—2018年外商投资企业税收统计

年度	全国税收收入（亿元）	增幅（%）	其中：外商投资企业税收额（亿元）	增幅（%）	占全国（%）
1992	3084.2	—	122.3	—	4.0
1993	3998.8	29.7	226.6	85.3	5.7
1994	4854.2	21.4	402.6	77.7	8.3
1995	5746.2	18.4	604.5	50.1	10.5
1996	6608.0	15.0	764.1	26.4	11.6
1997	7914.6	19.8	993.0	30.0	12.6
1998	8949.8	13.1	1230.0	23.9	13.7
1999	10120.4	13.1	1648.9	34.1	16.3
2000	11831.0	16.9	2217.0	34.5	18.7
2001	14460.9	22.2	2883.0	30.0	19.9
2002	16932.2	17.1	3487.0	21.0	20.6
2003	19094.2	12.8	4268.0	22.4	22.4
2004	23121.9	21.1	5355.0	25.5	23.2
2005	27712.4	19.9	6391.3	19.4	23.1
2006	33662.6	21.5	7976.9	24.8	23.7
2007	44189.4	31.3	9972.6	25.0	22.6
2008	52453.8	18.7	12118.9	21.5	23.1
2009	58037.8	10.7	13615.2	12.4	23.5
2010	71183.0	22.7	16389.9	20.4	23.0
2011	87179.3	22.5	19638.1	19.8	22.5
2012	97830.4	12.2	21768.8	10.9	22.3
2013	107900.1	10.3	22574.9	3.7	20.9
2014	116331.9	7.8	24920.6	10.4	21.4
2015	124892.0	4.8	24817.2	-0.4	19.9
2016	140504.0	3.3	25659.2	3.4	18.3
2017	155739.3	10.8	29185.1	13.7	18.7
2018	169958.8	9.1	30397.5	4.2	17.9

数据来源：《中国统计年鉴》及相关部门统计数据；其中，2018年数据来自国家税务总局。

附表36：2000—2018年规模以上外商投资工业企业利润情况表

年度	全国规上工业企业		外商投资企业规上工业企业		占全国比重（%）
	利润（亿元）	同比（%）	利润（亿元）	同比（%）	
2000	4393.0	92.0	1282.5	—	29.2
2001	4733.0	7.7	1443.0	12.5	30.5
2002	5784.5	22.2	1877.2	30.1	32.5
2003	8337.2	44.1	2777.4	48.0	33.3
2004	11929.3	43.1	3876.0	39.6	32.5
2005	14802.5	24.1	4140.8	6.8	28.0
2006	19504.4	31.8	5384.1	30.0	27.6
2007	27155.2	39.2	7527.4	39.8	27.7
2008	30562.4	12.5	8242.6	9.5	27.0
2009	34542.2	13.0	10107.1	22.6	29.3
2010	53050.0	53.6	15019.6	48.6	28.3
2011	54544	25.4	14038	10.6	25.7
2012	55578	5.3	12688	-4.1	22.8
2013	62831	12.2	14599	15.5	23.2
2014	64715	3.3	15972	9.5	24.7
2015	63554	-2.3	15726	-1.5	24.7
2016	68803	8.5	17352	12.1	25.2
2017	75187	21.0	18753	15.8	24.9
2018	66351	10.3	16776	1.9	25.3

说明：

1. 2010年及之前数据采用国家统计局数据库数据，2011—2018年数据采用国家统计局年度统计公报数据。
2. 同比数据按可比口径计算。

附表37：1986—2018年外商投资企业进出口商品总值统计

年度	进出口 全国（亿美元）	进出口 外商投资企业（亿美元）	比重（%）	进口 全国（亿美元）	进口 外商投资企业（亿美元）	比重（%）	出口 全国（亿美元）	出口 外商投资企业（亿美元）	比重（%）
1986	738.5	29.9	4	429	24	5.6	309.4	5.8	1.9
1987	826.5	45.8	5.5	432.2	33.7	7.8	394.4	12.1	3.1
1988	1027.8	83.4	8.1	552.7	58.8	10.6	475.2	24.6	5.2
1989	1116.8	137.1	12.3	591.4	88	14.9	525.4	49.1	9.4
1990	1154.4	201.2	17.4	533.5	123	23.1	620.9	78.1	12.6
1991	1357	289.6	21.3	637.9	169.1	26.5	719.1	120.5	16.8
1992	1655.3	437.5	26.4	805.9	263.9	32.7	849.4	173.6	20.4
1993	1957	670.7	34.3	1039.6	418.3	40.2	917.4	252.4	27.5
1994	2366.2	876.5	37	1156.2	529.3	45.8	1210.1	347.1	28.7
1995	2808.5	1098.2	39.1	1320.8	629.4	47.7	1487.7	468.8	31.5
1996	2899	1371.1	47.3	1388.4	756	54.5	1510.7	615.1	40.7
1997	3250.6	1526.2	47	1423.6	777.2	54.6	1827	749	41
1998	3239.2	1576.8	48.7	1401.7	767.2	54.7	1837.6	809.6	44.1
1999	3606.5	1745.1	48.4	1657.2	858.8	51.8	1949.3	886.3	45.5
2000	4743.1	2367.1	49.9	2251	1172.7	52.1	2492.1	1194.4	47.9
2001	5097.7	2591	50.8	2436.1	1258.6	51.7	2661.6	1332.4	50.1
2002	6207.9	3302.2	53.2	2952.2	1602.9	54.3	3255.7	1699.4	52.2
2003	8512.1	4722.6	55.5	4128.4	2319.1	56.2	4383.7	2403.4	54.8
2004	11547.9	6631.6	57.4	5614.2	3245.6	57.8	5933.7	3386.1	57.1
2005	14221.2	8317.2	58.5	6601.2	3875.1	58.7	7620	4442.1	58.3
2006	17606.9	10364.4	58.9	7916.1	4726.2	59.7	9690.7	5638.3	58.2
2007	21744.4	12568.5	57.8	9562.8	5609.5	58.7	12181.5	6959	57.1
2008	25616.3	14105.8	55.1	11330.9	6199.2	54.7	14285.5	7906.2	55.4
2009	22072.7	12174.4	55.2	10056	5452.1	54.2	12016.6	6722.3	55.9
2010	29727.6	16003.1	53.8	13948.3	7380	52.9	15779.3	8623.1	54.6
2011	36419.4	18601.6	51.1	17460.4	8648.3	49.5	18986	9953.3	52.4
2012	38675.1	18940	49	18174	8712.5	47.9	20501.1	10227.5	49.9
2013	41603.3	19190.9	46.1	19502.9	8748.2	44.9	22100.4	10442.7	47.3
2014	43030	19840	46.1	19603	9093	46.4	23427	10747	45.9
2015	39586.4	18346	46.3	16820.7	8299	49.3	22765.7	10047	44.1
2016	36855.6	16871	45.8	15879.3	7703	48.5	20976.3	9168	43.7
2017	41045	18391.4	44.8	18409.8	8615.8	46.8	22635.2	9775.6	43.2
2018	46230.4	19681	42.6	21356.37	9321	43.6	24874.01	10360	41.6

说明：

1. 数据来源：海关统计数据。

2. 2018年数据来自商务部外资统计数据。

附表38：2000—2018年外商投资企业加工贸易进出口一览表

年度	外商投资企业加工贸易进出口				外商投资企业加工贸易出口				外商投资企业加工贸易进口			
	金额（亿美元）	同比（%）	占其进出口（%）	占全国加工贸易（%）	金额（亿美元）	同比（%）	占其进出口（%）	占全国加工贸易（%）	金额（亿美元）	同比（%）	占其进出口（%）	占全国加工贸易（%）
2000	1657.75	—	70.03	72.01	972.30	—	81.40	70.63	685.45	—	58.45	74.05
2001	1768.98	6.71	68.27	73.27	1065.97	9.63	80.01	72.29	703.01	2.56	55.86	74.80
2002	2287.40	29.31	69.27	75.70	1345.99	26.27	79.21	74.80	941.42	33.91	58.74	77.03
2003	3220.32	40.79	68.19	79.56	1902.70	41.36	79.17	78.67	1317.63	39.96	56.82	80.87
2004	4500.16	39.74	67.86	81.86	2663.53	39.99	78.66	81.21	1836.62	39.39	56.59	82.83
2005	5778.70	28.41	69.48	83.69	3466.27	30.14	78.03	83.23	2312.42	25.91	59.67	84.39
2006	7055.45	22.09	68.07	84.81	4311.59	24.39	76.47	84.48	2743.87	18.66	58.06	85.35
2007	8317.80	17.89	66.23	84.36	5214.26	20.94	74.94	84.43	3103.53	13.11	55.41	84.23
2008	8904.18	7.05	63.15	84.52	5720.43	9.71	72.37	84.73	3183.75	2.58	51.40	84.14
2009	7643.69	-14.16	62.78	84.07	4935.75	-13.72	73.44	84.10	2707.94	-14.95	49.65	84.02
2010	9708.75	27.02	60.66	83.86	6204.98	25.72	71.96	83.82	3503.77	29.39	47.45	83.93
2011	10841.84	11.67	58.29	83.08	6992.52	12.69	70.26	83.71	3849.32	9.86	44.52	81.94
2012	10983.26	1.30	57.99	81.72	7150.41	2.26	69.92	82.89	3832.85	-0.43	43.98	79.64
2013	11005.65	0.20	57.35	81.05	7132.52	-0.25	68.30	82.86	3873.13	1.05	44.27	77.93
2014	11171.43	1.51	56.31	79.30	7204.37	1.01	67.05	81.47	3967.06	2.43	43.62	75.64
2015	10245.09	-8.29	56.26	82.29	6674.73	-7.35	66.43	83.66	3570.35	-10.00	43.75	79.85
2016	9150.80	-10.68	54.23	82.31	5940.05	-11.01	64.79	83.04	3210.75	-10.07	41.66	80.99
2017	9831.51	7.44	53.45	82.61	6322.56	6.44	64.69	83.33	3508.95	9.29	40.71	81.36
2018	10308.35	4.85	52.38	81.32	6538.56	3.42	63.11	82.02	3769.78	7.43	40.45	80.14

说明：

1. 数据来源：海关统计数据。

2. 2018年数据来自商务部外资统计数据。

附表39：1994—2018年外商投资企业（投资总额项下）进口自用设备、物品一览表

年份	外商投资企业投资总额项下进口设备、物品			外商投资企业进口	
	金额（亿美元）	同比（%）	占比（%）	金额（亿美元）	同比（%）
1994	202.94	—	38.32	529.55	—
1995	187.36	-7.68	29.77	629.43	18.86
1996	248.61	32.69	32.88	756.04	20.12
1997	179.22	-27.91	23.06	777.21	2.80
1998	144.97	-19.11	18.90	767.17	-1.29
1999	110.73	-23.62	12.89	858.72	11.93
2000	130.94	18.25	11.17	1172.73	36.57
2001	145.15	10.85	11.53	1258.63	7.32
2002	171.44	18.11	10.70	1602.72	27.34
2003	209.68	22.31	9.04	2319.14	44.70
2004	312.03	48.81	9.61	3245.69	39.95
2005	276.74	-11.31	7.14	3875.13	19.39
2006	278.23	0.54	5.89	4726.16	21.96
2007	258.98	-6.92	4.62	5600.85	18.51
2008	275.84	6.51	4.45	6194.28	10.60
2009	151.52	-45.07	2.78	5454.04	-11.95
2010	163.06	7.62	2.21	7383.86	35.38
2011	174.65	7.11	2.02	8646.72	17.10
2012	134.18	-23.17	1.54	8715.07	0.79
2013	98.35	-26.71	1.12	8748.20	0.38
2014	90.70	-7.78	1.00	9094.77	3.96
2015	61.49	-32.20	0.75	8161.39	-10.26
2016	40.86	-33.55	0.53	7707.70	-5.56
2017	44.50	8.91	0.52	8615.76	11.78
2018	34.43	-22.64	0.37	9320.55	8.18
共计	4126.6				

说明：

1. 数据来源：海关统计数据。
2. 占比系指占外商投资企业进口总额的比重。

中国吸收外资四十年（1979—2018）

附件
对外开放40年吸收外商直接投资工作大事记
（1978—2019年）

年份	党中央、国务院决策		法律法规政策（依法行政）		机构设置		管理体制改革		投资促进（环境改善）		扩大开放路径		创新开放平台	
	重要事项	要点	名称	要点	事项	要点	重要措施	要点	主要事项	要点	事项	要点	事项	要点
1978	12月18日至22日，党的十一届三中全会召开。全会做出把党和国家的工作重点转移到社会主义现代化建设上来的战略决策，做出改革开放的战略决策，迈出对外开放的重要第一步，实现改革开放大决策，提出"采取一系列新的重大经济措施，对经济管理体制和经营管理方法着手认真地改革"，"在自力更生基础上积极发展同世界各国平等互利的经济合作，努力采取世界先进技术和先进设备"，开启了改革开放和社会主义现代化建设的新时期。													

续表

年份	党中央、国务院决策		法律法规政策（依法行政）		机构设置		管理体制改革		投资促进（环境改善）		扩大开放路径		创新开放平台	
	重要事项	要点	名称	要点	事项	要点	重要措施	要点	主要事项	要点	事项	要点	事项	要点
1979		(1) 给两省自主权，经济发展以省为主制定，并下放大部分中央直属单位；(2) 财政体制实行"划分收支，分级包干"，5 年不变，增收部分 70% 留地方使用；(3) 扩大外贸外汇出口权，以 1978 年为基数，增收部分 70% 留；(4) 搞活金融体制，吸收外资权，实行自借、自用、自还。	7月1日，经中国政府批准，全国人大五届二次会议审议通过《中华人民共和国中外合资经营企业法》，自7月8日起施行（其后1990年4月，2001年3月，2016年9月分别实行三次修订）。这是新中国第一部对外开放的法律法规，中国政府依法保护外资者的权益。	2月，国务院成立进出口领导小组，建立进出口工作办公会议，下设办公室。	其主要职责包括：制定引进技术发展对外贸易和同各国经济合作进行的方针政策及有关法令、条例，研究进出口工作体制改革，制定和协调中外经济合作，引进新技术，外汇收支和进出口长期规划和年度计划，协调进出口及有关工作。						日本输出入银行在北京设立了中国的第一家外资代表处，代表外国银行业对外开放拉开了序幕。	改革开放初期，外资银行在中国的代表处从事与代表行业相关的联络调研、市场调查、咨询等非营业性活动。	7月，中央、国务院批准（1）广东、福建两省在对外经济活动中实行特殊政策和灵活措施；(2) 批复同意创办出口特区。特区在建设上以吸收外资、侨资为主，对外商投资给予较大的优惠和方便，实行特区管理权限和突破现行经济体制。	(1) 扩大两省经济管理权限，在发展外贸和引进先进技术等业务中，给予一定机动权；(2) 两省新增财政收入大部分留两省安排建设；(3) 试办 4 个特区，以外资为主，对外商投资实行优惠税率，积极开展对外经济技术交流，以取得改革开放、发展经济的经验。

续表

年份	党中央、国务院决策		法律法规政策（依法行政）		机构设置		管理体制改革		投资促进（环境改善）		扩大开放路径		创新开放平台	
	重要事项	要点	名称	要点	事项	要点	重要措施	要点	主要事项	要点	事项	要点	事项	要点
1979	1979年底，国务院批准全国进出口工作会议提出的致励出口、利用外资、引进技术、人才培养的各项政策措施。	（1）改革外贸体制。（2）扩大出口。（3）抓好利用外资和引进技术。（4）重视外贸人才培养。（5）利用外资应遵循调整国民经济、加强薄弱环节、主要用于加快能源和交通运输建设，与老厂挖潜改造相结合，与扩大出口、改变出口商品结构相结合等12项指导原则。	9月3日，国务院颁布《开展对外加工装配和中小型补偿贸易办法》。	支持有条件的地方与外商合作开展对外加工装配、中小型补偿贸易，包括有关部门调剂发展进出口贸易、进出口产品结构的方针、政策、条例、规章、办法，研究总结经验、改革有关管理体制；继续制订颁布有关部门法规、组织协调有关部门和企业的协调工作，合同章程合同统筹管理各部门、各地方协力招排外国资金和建设设备，促进有关引进的技术、以提高国内的制造能力和技术水平等。	7月，全国人大常委会批准成立国家进出口管理委员会和国家外国投资管理委员会；中央8月，国务院下发《关于成立国家进出口管理委员会、国家外国投资管理委员会和国务院机构的通知》。	时任国务院副总理的谷牧兼任两委主任。主要职责包括：会同有关部门制定发展对外经济合作的方针、政策、规章、条例、研究总结经验、改革有关管理体制。	外国投资委员会是全国利用外资的归口管理机构，代表中共中央和国务院通报进出口委和外资委的职责，还要明确进出口委和外资委的关系，两委成立后不久，全国各省、自治区、市、计划单列市，有力推动对外开放方针、政策物落实。体系已经短短两年内完成了对外开放局面的任务。外经贸管理委员会外资企业法、外商投资企业法等有关部门的规定，对合营企业组织和合同的协议、合同和章程在3个月内批复。						

1979

续表

年份	党中央、国务院决策		法律法规政策（依法行政）		机构设置		管理体制改革		投资促进（环境改善）		扩大开放路径		创新开放平台	
	重要事项	要点	名称	要点	事项	要点	重要措施	要点	主要事项	要点	事项	要点	事项	要点
1980	5月16日，中共中央、国务院转发了广东、福建两省座谈会纪要。	座谈会研究完善在经济特区施行的特殊政策和灵活措施，提出将"出口特区"更名为"经济特区"。	7月26日，国务院公布施行《中华人民共和国中外合资经营企业登记管理办法》《中华人民共和国中外合资经营企业劳动管理规定》。8月26日，五届全国人大常委会第十五次会议通过并公布了在广东省的深圳、珠海、汕头以及福建省的厦门四个市分别划出一定区域，设置经济特区，施行经济特区相关政策，并批准《中华人民共和国广东省经济特区条例》。	两个法规分别规定了中外合资经营企业设立、变更及注销登记的程序及管理权限，明确中外合资经营企业应开立相应银行账户及进行税务登记；明确合资经营企业职工雇佣、解雇和辞职、工资和奖惩、劳动保险福利和劳动保护等事宜，为合资经营活动提供保障。条例明确，一切在广东省经济特区从事经营活动的行业中具有积极意义的行业，鼓励外国客商投资设厂，依法保护其资产，应得利流，							4月4日，国家外国投资管理委员会颁发北京航空食品有限公司等第一批3家合资企业的批准证书。	国设立外商投资企业成为我国引进资金、先进技术和管理经验，充分利用国内国际两个市场、两种资源的重要手段。		

续表

年份	党中央、国务院决策		法律法规政策（依法行政）		机构设置		管理体制改革		投资促进（环境改善）		扩大开放路径		创新开放平台	
	重要事项	要点	名称	要点	事项	要点	重要措施	要点	主要事项	要点	事项	要点	事项	要点
1980			9月10日，五届全国人大第三次会议通过《中华人民共和国中外合资经营企业所得税法》。12月18日，国务院公布《中华人民共和国外汇管理暂行条例》。	消和其他合法权益；规定了特区企业在用地、税收、劳动管理、外籍人员出入境等方面的特殊支持政策。明确合营企业所得税优惠、投资退税者再投资退税等相关规定。明确外汇管理原则，外汇业务经营机构，对境内机构和个人外汇管理的相关要求。										
1981	1月，中共中央办公厅转发《广东、福建两省特殊政策、灵活措施座谈会纪要》。	中共肯定两省工作成绩，重申中央在两省实行特殊政策和灵活措施的方针政策不变，要求把改革开放工作做好。											7月，中共中央和国务院转发广东、福建两省经济特区工作会议纪要。	总结两省和经济特区工作情况，进一步统一思想，提出四个经济特区的发展方向。

续表

年份	党中央、国务院决策		法律法规政策(依法行政)		机构设置		管理体制改革		投资促进(环境改善)		扩大开放路径		创新开放平台	
	重要事项	要点	名称	要点	事项	要点	重要措施	要点	主要事项	要点	事项	要点	事项	要点
1982	12月,五届人大五次会议通过《中华人民共和国宪法》。	将对外开放和吸收外资写入国家根本大法。第十八条规定:中华人民共和国允许外国的企业和其他经济组织或者个人依照中华人民共和国法律的规定在中国投资,同中国的企业或者其他经济组织进行各种形式的经济合作。在中国境内的外国企业和其他外国经济组织以及中外合资经营的企业,都必须遵守中华人民共和国的法律。它们的合法的权利和利益受中华人民共和国法律的保护。	1月,国务院发布《中华人民共和国对外合作开采海洋石油资源条例》。	允许外国企业参与开发中国海洋石油资源。第三条:中华人民共和国政府保护参与合作开采海洋石油资源的外国企业的投资、应得利润和其他合法权益,依法保护外国企业的合作开采活动。外国企业可以依照本条例取得的投资、利润和其他合法收益汇往国外。	3月,五届全国人大常委会第二十二次会议决定,设立对外经济贸易部。	时任国务院委员陈慕华任首任部长。基本职责包括:研究制订发展对外经济贸易的战略方针、规划和政策并组织实施;对利用外资实施归口管理;负责限额以上的对外投资项目的审批,签订和执行对外协议;内设对外投资管理司等。	国家对吸收外资实行统一计划、分级管理;抽出中长期利用外资的综合管理由国家计划委员会和对外经济贸易部三部门分工负责。国家经济委员会分三部门负责对外商投资企业的管理,归口管理对外商投资企业的法规和财政。各省、自治区、直辖市和国务院有关部门负责本部门、各地区外资工作。	三部门具体分工:国家计委根据国民经济发展要求,提出利用外资的综合规划和建议,组织编制以上项目建议书和可行性研究报告,对中央经济贸易部是审批限额以上的外商投资企业,负责审批利用外资的法律法规和财政管理的具体事项,签订和执行对外协议,合同章程,内部审批项目谈判、审批、合同管理和规章制度等;国务院各部委办会负责协调各地区利用外资情况,指导各地区利用外资工作,指导外商投资企业生产经营的问题,审批本部门的外资改造项目的建议书和可行性研究报告。	3月,中国与瑞典政府签订双边投资保护协定。这是我国与其他国家签订的首个投资保护协定,组织有关部门对来华投资的首个投资者在一方开放以外的另一方境内所享受的低所受投资者的首个投资者的受投资保护原则。7月,对外经济贸易部与联合国工发组织联合举办"中国国际投资促进大会"。	约定保证一方合同投资者有合约以方投资所,为协缔约另一方境内所享受的受低所投资者的待遇。这是改革开放以来我国境内首次举办的专题对外投资促进活动,广泛宣传我国对外开放吸收外资政策方针,商定了对外经济技术合作项目。	4月,中国人民银行代表有关机构批准香港上海汇丰银行等8家外资银行在深圳设立代表机构。	外资银行代表机构伴随着外商制造业领域外商投资落户特区,近距离为其客户提供服务,深圳特区金融领域对外开放步伐加快。		

续表

年份	党中央、国务院决策		法律法规政策（依法行政）		机构设置		管理体制改革		投资促进（环境改善）		扩大开放路径		创新开放平台	
	重要事项	要点	名称	要点	事项	要点	重要措施	要点	主要事项	要点	事项	要点	事项	要点
1983	5月11—20日，国务院召开第一次全国利用外资工作会议。	总结对外开放政策和利用外资工作的初步经验，统一认识，进一步放宽政策，进一步做好吸收外商投资的政策。	3月16日，国务院批转国家经委、对外经济贸易部《关于进一步办好中外合资经营企业的报告》。9月3日，中共中央、国务院发布关于加强利用外资工作的指示。9月20日，国务院发布《中华人民共和国中外合资经营企业法实施条例》。	国务院要求各地各部门统一思想认识，进一步放宽政策，健全和建立有关的经济立法。文件指出，改革开放以来我国利用外资工作取得了显著进展，在国民经济调整和发展中开始发挥重要作用，进一步解放思想，总结经验，统一认识，放宽政策，调动各方面的积极性，有效地开创利用外资工作的新局面。明确了允许企业应符合的要求，以及合营企业设立与组织形式、注册登记、经营管理机构、外汇等具体经营事宜。										

续表

年份	党中央、国务院决策 重要事项 要点	法律法规政策（依法行政） 名称 要点	机构设置 事项 要点	管理体制改革 重要措施 要点	投资促进（环境改善） 主要事项 要点	扩大开放路径 事项 要点	创新开放平台 事项 要点
1984	5月4日，中共中央、国务院批转《沿海部分城市座谈会纪要》。决定：（1）开放14个沿海港口城市；（2）在每个开放城市可划出一定区域建立经济技术开发区，享受经济特区的某些政策；（3）对大连、厦门实行自由港的某些政策。沿海地区利用外资和引进技术方面给予更多自主权，实行某些特殊政策，放宽利用外资项目审批权限，增加外汇额度和外汇贷款，积极支持老企业改造，用外资和先进技术改造老企业，对外商投资企业给予优惠政策。沿海地区实现了由重点对外开放的《关于经济体制改革的决定》，指出十一届三中全会以来，我们把对外开放作为长期的基本国策，加快社会主义现代化建设的战略措施，在实践中已经取得显著成效。		1984年初，邓小平同志南方视察，强调"深圳经济特区的发展和经验证明，我们建立经济特区的政策是正确的"。从此，对深圳及特区的争论逐渐淡化。7月，国务院决定在原国务院特区工作办公厅基础上组建成立特区办公室。	其主要职责包括：调查研究沿海地区经济发展战略的实施情况，对需要国家确定的重要政策问题向国务院提出建议；研究经济特区、沿海开放城市和经济技术开发区的政策方针。			9月起，国务院先后批准兴办大连、秦皇岛、青岛、烟台、连云港、南通、上海、宁波、温州、福州、广州、湛江、北海等14个沿海经济技术开发区。经济技术开发区主要依托所在城市，目的是形成吸收外资、引进先进技术，发展以工业生产为主的产业第三产业和科研开发的良好环境，老城市产业结构调整结合，增加出口创汇，并向内地传播新技术和管理经验。投资企业所得税收减免优惠。

续表

年份	党中央、国务院决策		法律法规政策（依法行政）		机构设置		管理体制改革		投资促进（环境改善）		扩大开放路径		创新开放平台	
	重要事项	要点	名称	要点	事项	要点	重要措施	要点	主要事项	要点	事项	要点	事项	要点
1984	10月，中国共产党第十二届中央委员会第三次全体会议召开。	今后必须继续放宽政策，积极扩大对外经济技术交流和合作的规模，努力办好经济特区，进一步开放沿海港口城市。利用外资、引外商来我国举办合资经营企业、合作经营企业和独资企业，也是对我国社会主义经济必要的有益的补充。我们一定要充分利用国内和国外两种资源、国内和国外两个市场，学会组织国内建设和发展对外经济关系两套本领												

续表

年份	党中央、国务院决策		法律法规政策（依法行政）		机构设置		管理体制改革		投资促进（环境改善）		扩大开放路径		创新开放平台	
	重要事项	要点	名称	要点	事项	要点	重要措施	要点	主要事项	要点	事项	要点	事项	要点
1985	1月，国务院召开长江三角洲、珠江三角洲和闽南厦漳泉三角地区座谈会。	国务院决定将这三个地带（含9个地市49个县）开辟为沿海经济开放区，以加快该地区发展。	3月，全国人大常委会第十次会议通过《中华人民共和国涉外经济合同法》。	规定了在经济特区设立外资银行和中外合资银行业务的行为程序和条件范围，并明确中国人民银行经济特区分行对外资银行进行管理监督。									12月，全国经济特区工作会议召开。	会议提出，经济特区建设要转向"抓生产、上水平、求效益"，努力建立以工业为主、工贸结合的外向型经济。
	2月，国务院批准并转发《中央、国务院关于批转长江、珠江三角洲和闽南厦漳泉三角地区座谈会纪要的通知》，进一步明确沿海地带开放方针。	会议纪要，沿海地带开放要面向世界、开拓市场，引进技术和管理，引导大出口、引进技术和管理先进，成为对外开放的两个扇面枢纽。	4月，国务院发布《中华人民共和国外资银行和中外合资银行管理条例》。	国家外汇管理局研究吸收外资情况，就投资管理、平衡减免、税收供应等问题深入讨论。										
	5月，国务院召开部分省市经济特区和沿海部分开放城市参加的第一次全国利用外资工作会议。		9月，国务院发布《关于对中外合资经营企业口岸建设港口码头优惠待遇的暂行规定》。	对口岸开放计划、口岸检查检验设施建设资金来源等做了具体规定，从政策层面引导口岸开放、扩大明确了合资港口码头企业的税收优惠等规定。										

续表

年份	党中央、国务院决策		法律法规政策（依法行政）		机构设置		管理体制改革		投资促进（环境改善）		扩大开放路径		创新开放平台	
	重要事项	要点	名称	要点	事项	要点	重要措施	要点	主要事项	要点	事项	要点	事项	要点
1986			2月，国务院批准对外经济贸易部、国家经济委员会、国家计划委员会共同上报的《关于加强吸收外商投资工作的报告》；4月，六届全国人大四次会议通过《中华人民共和国外资企业法》（其后于2000年10月和2016年9月两次修订）；7月，国务院《关于进一步改善外商投资企业生产经营条件的通知》；10月，国务院发布《关于鼓励外商投资的规定》。	文件指出，对外开放7年多来，吸收外商投资工作已初步打开局面，一批外商投资项目已开始对国民经济补充作用。在新形势下，必须加强对外商投资的管理。在宏观上，要把外商投资纳入国民经济发展统一计划之内，注意引导外资投向，使吸收外资符合国家建设需要；微观上，要为外商投资企业创造良好经营环境，使它们能够取得较好经益。文件要求有关部门分别制订具体实施办法，报国务院批准下达执行。	6月，国务院决定国务院特区办公室承担外国投资领导小组办公室的工作。									

续表

年份	党中央、国务院决策		法律法规政策（依法行政）		机构设置		管理体制改革		投资促进（环境改善）		扩大开放路径		创新开放平台	
	重要事项	要点	名称	要点	事项	要点	重要措施	要点	主要事项	要点	事项	要点	事项	要点
1986				允许外国的企业和其他经济组织或者个人在中国境内举办全部资本由外国投资者投资的企业。设立外资企业必须有利于中国国民经济的发展，采用先进的技术和设备，或者产品全部或者大部分出口。外资企业必须遵守中国的法律、法规，不得损害中国的社会公共利益。外国投资者在中国境内的投资、获得的利润和其他合法权益，受中国法律保护。对外商投资企业在固定资产投资、流动资金、外汇平衡、原材料供应、进										

续表

年份	党中央、国务院决策		法律法规政策（依法行政）		机构设置		管理体制改革		投资促进（环境改善）		扩大开放路径		创新开放平台	
	重要事项	要点	名称	要点	事项	要点	重要措施	要点	主要事项	要点	事项	要点	事项	要点
1986				出口许可证，企业依法行使自主权等方面临的困难，各地各部门要妥善安排举办外商投资企业所需的资金，调剂解决外汇收支不平衡问题，鼓励出口，进一步改善外商投资企业生产经营条件，改进管理，简化手续，提高效率。系统制订了对外商投资企业的税收优惠、生产经营和用工行政管理，明确对产品出口企业和先进技术企业给予特别优惠政策。										

续表

年份	党中央、国务院决策		法律法规政策（依法行政）		机构设置		管理体制改革		投资促进（环境改善）		扩大开放路径		创新开放平台	
	重要事项	要点	名称	要点	事项	要点	重要措施	要点	主要事项	要点	事项	要点	事项	要点
1987	10月，中国共产党第十三次全国代表大会召开。	党的十三大报告指出，根据党的十三大提出的要求，各地各部门还要根据国内资金和国外资金和国外资金的利用，还要根据国内资源、物资配套能力，保持适当的规模和合理的结构，大力提高外资使用的综合经济效益。要进一步健全涉外经济立法，落实优惠政策，改善投资环境，使我国企业能够按照国际惯例同外商企业，以吸引更多的外来投资。必须继续巩固和发展已初步形成的"经济特区一沿海开放城市一沿海经济开发区一内地"这样一个逐步推进的开放格局。							11月，中国外商投资企业协会经批准成立。	中国外商投资企业协会是外商投资企业自愿加入的社团组织，承担保护外商投资企业合法权益、沟通政府和企业信息、传达政策、反映政府和企业诉求等任务。				

243

续表

年份	党中央、国务院决策		法律法规政策（依法行政）		机构设置		管理体制改革		投资促进（环境改善）		扩大开放路径		创新开放平台	
	重要事项	要点	名称	要点	事项	要点	重要措施	要点	主要事项	要点	事项	要点	事项	要点
1988	根据1988年1月23日小平同志在沿海地区开放开发问题的重要批示，中央于2月6日印发《中央关于沿海地区经济发展战略的报告》并批转，全面加快沿海地区经济发展战略部署，国务院于3月18日印发《关于进一步扩大沿海经济开放范围的通知》。主要措施包括：（1）东南沿海、闽南三角地区和海南岛进行对外开放试验；把福建、广东特殊政策、灵活措施延续下去，过去3-5年取得的成绩继续扩大又有新发展，政策不变，又要在改革开放方面继续发展；加快基础设施建设，加快教育事业发展，争取在经济体制，金融体制，价格体系，企业管理体制，财政体制等方面深化改革，要建立有利于社会主义有计划商品经济和对外开放型经济发展的新的经济体制框架。	3月，国务院出台《关于扩大沿海地区对外经济开放的若干规定》的补充规定。七届人大一次会议通过了《中华人民共和国中外合作经营企业法》(2000年10月、2016年9月、2016年11月和2017年11月4次修订)。	扩大吸收外资审批权限下发审批贸易型企业权限，扩大外汇调剂所需生产资料及生活辅助用品的外汇调剂等；允许外国企业或其他经济组织或个人同中国企业或其他经济组织在中国境内共同举办中外合作经营企业通过合同约定合作条件、收益或者产品的分配、风险和亏损的分担、经营管理的方式和合作企业终止时财产的归属等事项；合作企业必须遵守中国的法律、法规，不得损害中国的国家利益；国家依法保护合作企业和中国合作者、外国合作者的合法权益。				凡符合国家鼓励投资项目的生产性和非生产性项目产品以及不需要国家平衡的原材料进口许可证的，海南、广东、福建、浙江、江苏、上海、北京、辽宁、河北、山东、广西11个省市自治区和宁波、大连5个计划单列市和经济特区审批地权限为3000万美元，中央其他部委和计划单列市的省级部门审批权限为1000万美元，要求加强宾馆和礼堂基本建设管理，所有涉及新建宾馆，礼堂的项目，总投资2亿元以上的由国务院审批，其余由国家计委审批报国务院审批。9月，国务院颁发《关于礼堂管理暂行条例》。				3月18日国务院发布《关于进一步扩大沿海经济开放范围的通知》。7月，国务院发布《关于鼓励台湾同胞投资的规定》。	辽东半岛、山东半岛、环渤海地区和长江三角洲的一些县城市，划为沿海经济开放区，享受相应的特殊政策；鼓励台湾投资者到大陆沿海经济特区、经济开放区，各省、自治区、直辖市投资，台湾投资者可以在福建省所辖地区从事土地开发经营。	4月，全国人大一次会议通过《关于设立海南省的决定》及《关于建立海南经济特区的决定》，国务院批准海南岛划定为经济特区。6月，国务院发布《关于加快海峡两岸经济发展的规定》，进一步活跃对台经贸活动，并在厦门、泉州、沧州、漳州兴建台商投资区，实行更加灵活的经济贸易政策，推动海峡两岸经济发展。	批准海南岛建立海南省并设立海南经济特区，随后批准公布5个沿海经济开放区。

244

续表

年份	党中央、国务院决策		法律法规政策（依法行政）		机构设置		管理体制改革		投资促进（环境改善）		扩大开放路径		创新开放平台	
	重要事项	要点	名称	要点	事项	要点	重要措施	要点	主要事项	要点	事项	要点	事项	要点
1988	海南岛要实行比现行经济特区更放宽、更灵活的政策，以吸引更多外资，建设步伐，有步骤地发展外向型经济。（2）扩大沿海经济开发区范围，批准将珠三角、长三角、闽三角分别扩大范围，并将辽东半岛和胶东半岛一些市县划定为经济开放区。（3）加快外贸体制改革，实行"自负盈亏、放开经营、工贸结合、推行代理制"。（4）进一步改善投资环境，扩大吸收外商直接投资。抓好国务院"二十二条"及实施细则的落实。													

续表

年份	党中央、国务院决策		法律法规政策（依法行政）		机构设置		管理体制改革		投资促进（环境改善）		扩大开放路径		创新开放平台	
	重要事项	要点	名称	要点	事项	要点	重要措施	要点	主要事项	要点	事项	要点	事项	要点
1988		将沿海经济开放区范围扩大至天津市、河北省、辽宁省、江苏省、浙江省、福建省、山东省、广西壮族自治区的140多个县、市，沿海从南到北形成有32万平方公里土地、人口1.6亿的连片对外开放前沿地带。												
1989	4月，国务院召开全国外商投资工作会议，总结利用外资工作经验，分析研究如何进一步改善投资环境，继续做好吸收外商直接投资工作。	1989年开始治理整顿中国经济陷入较大困境，议研究通过进一步改善投资环境，继续做好吸收外商直接投资工作。	11月，党的十三届五中全会通过《关于进一步治理整顿和深化改革的决定》。	决定要求更加积极地吸收外资，调整我国吸收外资的产业政策，多渠道利用外资，一些利用现有厂房、设备进行改造的合资、合作企业，一些利用现有企业富余能力和市场原料"两头在外"的加工贸易项目。					11月，利用外资展览10年成果展览会在北京举行。	时任国务院总理李鹏为展览会剪彩开幕，江泽民、朱镕基、李瑞环、胡锦涛、李岚清等党和国家领导人参观了展览。展览主要是展出口先进型出的外商投资企业、改革开放10年来吸收外资取得的成就。				

续表

年份	党中央、国务院决策		法律法规政策（依法行政）		机构设置		管理体制改革		投资促进（环境改善）		扩大开放路径		创新开放平台	
	重要事项	要点	名称	要点	事项	要点	重要措施	要点	主要事项	要点	事项	要点	事项	要点
1990	2月，国务院召开经济特区工作会议，强调特区政策不变，坚持"特"字，调整"特"的内容，把经济特区办得更好，成效更好，抓出新水平。3月，国务院发会议纪要，要求稳中求发展，充分利用10年来发展的成就，积极发挥引进外资、技术先进和外向型经济成效大的特区作用。更有成效地发展对外贸易和外交流，引进外资，对老企业改造，鼓励更多外资企业参与，给两头企业更多优惠。		5月，国务院发布《外商投资企业在经济特区开发区和沿海开放城市土地使用权有关规定》。12月12日，国务院批复发布《中华人民共和国外资企业法实施细则》。	允许外商投资企业在取得国有土地使用权后，依照规划对土地进行成片开发建设、平整建设用地、建设供水、供电、供热、道路、通信等公用设施，形成工业用地和其他建设用地条件后，用于经营、或者建成通用工厂房以及生产生活服务设施等地面建筑物，并对这些地面建筑物转让或出租经营；企业以注册形式与外汇以及生产经营等方面的规定。					3月16日，中日相继设立"日中投资促进机构"和"中日投资促进委员会"。	这是由中日两国领导人倡议，正式设立的首个政府间双边投资促进机构，为宣传中国对外开放政策和吸引外商投资，促进日来投资发挥了积极作用。	6月，国务院做出《关于开发和开放浦东问题的批复》。8月，国务院发布《关于鼓励华侨和香港、澳门同胞投资的规定》。	在浦东新区实行经济技术开发区和某些经济特区的政策，加快上海浦东产业结构调整，增强上海城市综合功能，发展成为国际性的经济、贸易、金融中心，进而带动长江三角洲整个流域经济起飞。华侨、港澳投资者可以在各省、自治区、直辖市的特区、经济技术开发区、沿海经济开放区及其他地方投资，可以兴办工业、农业、服务业、以及社会和经济发展方向允许的行业。国家依照有关规定给予华侨、港澳投资者相应的优待。华侨、港澳投资者投资兴办的企业依照国家有关规定从事经营。	6月，国务院批准设立上海外高桥保税区。	保税区是兼有出口加工和对外贸易等特殊功能，实行特殊的税收政策和特殊的海关监管手段的海关监管区。

247

续表

年份	党中央、国务院决策 重要事项	法律法规政策（依法行政）		机构设置		管理体制改革		投资促进（环境改善）		扩大开放路径		创新开放平台	
	要点	名称	要点	事项	要点	重要措施	要点	主要事项	要点	事项	要点	事项	要点
1991	1991年12月，国务院在厦门召开经济特区工作座谈会。会议强调特区要在开拓国际市场，扩大对外贸易，引进国外资金技术，发展国际经济交流中思想更解放一点，胆子更大一点，步子更快一点，不断提高对外开放水平，提高经济效益，更好地吸引外资和开拓国际市场，在改革开放中继续发挥"排头兵"作用。	4月，第七届全国人民代表大会第四次会议通过《中华人民共和国外商投资企业和外国企业所得税法》；6月，国务院发布《中华人民共和国外商投资企业和外国企业所得税法实施细则》。	规定外商投资企业所得税税率、对经济特区等特殊区域及港口、农业、生产型外商投资企业的减免税政策；规定国外商投资企业和先进技术型外商投资企业出口型产品结构，调整产品结构和产业结构，高新技术发展，向高新技术产品和先进技术企业倾斜。									3月，国务院印发《关于批准国家高新技术产业开发区和有关政策规定的通知》。12月，国务院办公室在上海召开全国沿海城市经济技术开发区工作座谈会。	决定继1988年首批推北京市高新技术产业开发区试验开发区之后，在全国再选定一批开发区作为国家高新技术产业开发区，旨在促进高新技术成果商品化、产业化，调整产业结构，推动劳动生产率，提高国际竞争能力，促进我国高新技术产业健康发展。明确"八五"期间经济技术开发区发展方向：以工业项目为主，吸收外商投资企业为主，举办产品出口型和先进技术型企业为主。

续表

年份	党中央、国务院决策		法律法规政策（依法行政）		机构设置		管理体制改革		投资促进（环境改善）		扩大开放路径		创新开放平台	
	重要事项	要点	名称	要点	事项	要点	重要措施	要点	主要事项	要点	事项	要点	事项	要点
1992	1月18日至2月21日，邓小平视察武昌、深圳、珠海、上海等地并发表南方谈话。	南方谈话回答了长期困扰和束缚人们的思想的许多重大同题。指出要坚持党的十一届三中全会以来的路线方针政策，关键是坚持"一个中心、两个基本点"。基本点。发展才是硬道理。	7月，国务院对经贸部等部门关于商业零售领域利用外资问题的请示同题的请示同意做出批复。8月，国务院办公厅印发《关于严格执行国家涉外税收法律、行政法规的通知》。	同意在北京等6个城市和5个经济特区各试办一家中外合资或合作商业零售企业，并对其经营范围作出规定。要求各地各部门增强法制观念，严格执行国家涉外税收法律、行政法规，不得超越法规规定制定优惠政策。思想要转变观念，深化改革，努力提高经济效益，而不要在减税让利方面做文章。对需要调整的政策，应逐级报告，由国务院统一规定。							国务院决定扩大对外开放，进一步开放重庆、岳阳、武汉、九江、芜湖等5个沿江城市，享受沿海开放城市的政策。3月，国务院印发《关于进一步对外开放黑河等4个边境城市的通知》。6月，印发《关于进一步对外开放南宁、昆明及凭祥、畹町等5个边境城镇的通知》。	扩大对外经济合作权限，支持引进先进技术改造老企业，对外商投资企业实行优惠管理经验，各城市可设立一个经济技术开发区。开放沿边城市鼓励内地企业到沿边城市投资，经批准沿边开放城市在沿边开放城市举办了14个边境经济合作区。	批准设立新的保税区，国务院相继批准天津港、深圳福田等保税区，并明确了保税仓储、商品展示、转口贸易功能、国际贸易服务功能和出口加工功能。	继上海外高桥保税区、国务院批准天津、深圳福田等保税区具有保税仓储、商品展示、转口贸易功能、国际贸易服务功能和出口加工功能。截至1992年底，国家级经济技术开发区数量达到32个。

附件

249

续表

年份	党中央、国务院决策		法律法规政策（依法行政）		机构设置		管理体制改革		投资促进（环境改善）		扩大开放路径		创新开放平台	
	重要事项	要点	名称	要点	事项	要点	重要措施	要点	主要事项	要点	事项	要点	事项	要点
1993			10月，国务院发布《中华人民共和国对外合作开采陆上石油资源条例》。12月，国务院发布《关于进一步加强外商投资工作若干问题的通知》。12月，八届全国人大常委会第五次会议通过《关于外商投资企业适用增值税、消费税、营业税等税收暂行条例的决定》。	中方石油公司在国务院批准的区域内，与外国企业订立合作合同，共同开采陆上石油气等资源（后扩大到煤层气资源）。明确和规范国有出售股权或以存量产与外商进行合资合作经营的相关要求，指导各地吸收外商投资工作，规范外商投资行为，保证我国外商投资工作积极健康地发展。统一税制，公平税负，自1994年1月1日起，对外商投资企业统一适用增值税、消费税和营业税，不再适用工商统一税。										

续表

年份	党中央、国务院决策		法律法规政策（依法行政）		机构设置		管理体制改革		投资促进（环境改善）		扩大开放路径		创新开放平台	
	重要事项	要点	名称	要点	事项	要点	重要措施	要点	主要事项	要点	事项	要点	事项	要点
1994	1月，国务院印发《关于进一步深化我国外贸体制改革的决定》。	明确我国外贸体制改革的目标，即统一政策、开放经营、平等竞争、自负盈亏、工贸结合、推行代理制，建立适应国际经济通行规则的运行机制。决定要求改革外汇管理、完善立法、转换外贸企业经营机制，继续鼓励外商投资企业发展出口。	2月，国务院发布《中华人民共和国外资金融机构管理条例》。	明确外资银行、外国银行分行、合资银行、外资财务公司等金融机构设立程序、条件、业务范围等相关规定。			5月，成立全国外资工作领导小组。	领导小组负责组织各有关部门研究全国利用外资的重大问题，协调有关利用外资政策，指导全国地方政府外商投资管理委员会（局、办），一些地方成立外商投资管理机构，作为职能机构，专门负责外商投资企业的审批和管理工作；有的地方采取职能部门联合办公、"一条龙"服务等方式，提高管理和服务效率。			3月，八届人大常委会第六次会议通过《中华人民共和国台湾同胞投资保护法》。8月，国务院发布《关于股份有限公司境外募集股份及上市的特别规定》。1995年12月发布《关于股份有限公司境内上市外资股的规定》。	将对台湾同胞投资的保护上升到法律层级，进一步鼓励台胞投资力度。明确了股份公司境外募集股份及上市的外资条件和程序，进一步拓宽了吸收外资的渠道和方式。	2月，国务院批复《关于开发建设苏州工业园区的有关问题》。	决定中国与新加坡合资建设苏州工业园区。

251

续表

年份	党中央、国务院决策 重要事项	党中央、国务院决策 要点	法律法规政策（依法行政）名称	法律法规政策（依法行政）要点	机构设置 事项	机构设置 要点	管理体制改革 重要措施	管理体制改革 要点	投资促进（环境改善）主要事项	投资促进（环境改善）要点	扩大开放路径 事项	扩大开放路径 要点	创新开放平台 事项	创新开放平台 要点
1995			1月，对外经济贸易合作部印发《关于设立外商投资股份有限公司若干问题的暂行规定》。6月，国务院批准《指导外商投资方向暂行规定》及《外商投资产业指导目录》（其后2002年、2004年、2007年、2011年、2015年6次修订）。8月，国务院发布《中华人民共和国中外合作经营企业法实施细则》。	明确中外投资者可以发起设立外商投资股份有限公司，股份公司的设立方式及股东出资形式等相关申请文件的申报要求。首次明确投资领域分为鼓励、限制、禁止和允许四类，鼓励和禁止的外商投资项目以《外商投资产业指导目录》为依据，为中国外商投资管理体系建立和政策发展奠定基础。根据中国社会经济发展要求修订，引导和发挥外资积极作用，明确了合作组织形式、合作资本、投资方式、合作条件、分配机构及具有法人资格的中外合作经营企业回收投资以及不具有法人资格的特别规定。							4月，经贸部印发《关于外商投资举办投资性公司的暂行规定》（其后多次补充修订）。8月，中国国际金融有限公司正式成立。	首次明确外国投资者在中国以独资或合资形式投资设立投资公司从事业务所应具备的条件及申请程序等。中外投资者在我国首家合资银行的成立，标志着我国金融业对外开放的稳步推进。		

续表

年份	党中央、国务院决策		法律法规政策（依法行政）		机构设置		管理体制改革		投资促进（环境改善）		扩大开放路径		创新开放平台	
	重要事项	要点	名称	要点	事项	要点	重要措施	要点	主要事项	要点	事项	要点	事项	要点
1996			7月，国务院批准发布《外商投资企业清算办法》。9月，国务院批准发布《关于在上海浦东新区和深圳经济特区试点举办中外合资外贸易公司试点暂行办法》。	明确了外商投资企业清算的条件、程序和债务清偿相关规定。允许在上海浦东新区和深圳经济特区试点办中外合资外贸公司，明确了相应资格条件和经营范围。			8月，国务院印发《关于扩大内地省、自治区、计划单列市和国务院有关部门等单位吸收外商投资项目审批权限的通知》。6月，中国人民银行宣布，中国将对外商投资企业实行银行结售汇，并于1996年底之前实行人民币经常项目可兑换。	将内地有关省、市、部门及自治区单位的外商投资审批权限，由现行项目投资额1000万美元以下提高到3000万美元以下。标志着我国外汇管理逐步走向宽松，更加适合外商投资的实际经营需要，为外商投资企业创造了宽松环境和便利条件。			4月，经济特区工作会议在珠海召开。	会议要求经济特区以二次创业精神，现有基础，充分利用现有优势，增创新优势，更上一层楼。		

续表

年份	党中央、国务院决策		法律法规政策（依法行政）		机构设置		管理体制改革		投资促进（环境改善）		扩大开放路径		创新开放平台	
	重要事项	要点	名称	要点	事项	要点	重要措施	要点	主要事项	要点	事项	要点	事项	要点
1997	12月，国务院召开全国外资工作会议。	会议强调要更加努力完善全方位、多层次、宽领域的对外开放格局，把利用外资提高到新水平。会议部署了办好现有外商投资企业，进一步改善加强法制建设、保护知识产权，大力培养人才，建设合理的外商在华投资结构，优惠政策、完善促进对外开放等工作。	12月，国务院印发《关于调整进口设备税收政策的通知》。	决定从1998年1月1日起，对国家鼓励发展项目内外资项目进口设备，在规定的范围内免征关税和进口环节增值税。这一政策对于中国应对亚洲金融危机的不良影响，扩大吸收外资起到积极作用。					9月，首届"投洽会"中国国际投资贸易洽谈会在厦门举行。	"投洽会"是经国务院批准的全国唯一一个以促进双向投资为目的的国际投资促进活动，迄今已举办20届，多位党和国家领导人出席投洽会。投洽会不仅全面展示和介绍中国的投资环境、政策、项目和企业产品，同时也吸引了数十个国家和地区的投资促进机构纷纷前来参展，并举办会、说明会、推介。				

续表

年份	党中央、国务院决策		法律法规政策（依法行政）		机构设置		管理体制改革		投资促进（环境改善）		扩大开放路径		创新开放平台	
	重要事项	要点	名称	要点	事项	要点	重要措施	要点	主要事项	要点	事项	要点	事项	要点
1998									11月，经国务院批准，中国利用外资20年成果展览会在北京举行。	江泽民等党和国家领导同志参观展览，充分肯定改革开放带来的巨大变化，并指出：利用外资为改革开放和社会主义现代化建设服务，是邓小平理论的重要组成部分，是对外开放基本国策的重要内容，是建设有中国特色社会主义经济的伟大实践之一。要进一步扩大对外开放，更多更好地利用外资，促进国民经济持续快速健康发展。				

续表

年份	党中央、国务院决策		法律法规政策（依法行政）		机构设置		管理体制改革		投资促进（环境改善）		扩大开放路径		创新开放平台	
	重要事项	要点	名称	要点	事项	要点	重要措施	要点	主要事项	要点	事项	要点	事项	要点
1999	8月，国务院办公厅转发外经贸部等部门关于进一步鼓励外商投资意见的通知。	提出了鼓励外商投资企业技术开发和创新、加大对外商投资的金融支持力度、改善对外商投资管理和服务等4方面22条政策措施。	1999年6月，经国务院批准，国家经贸委和原国家计委联合发布《外商投资商业企业试点办法》。	允许在省会、自治区首府、直辖市、计划单列市和经济特区设立中外合资或中外合作商业企业，暂不允许外商独资。所设立的合营商业企业必须符合的商业发展规划，能够带动国内商业经营管理现代化，先进的营销技术，促进国内产品出口，产生良好的经济和社会效益。										为中西部地区增设国家级经济技术开发区。	国务院办公厅转发国家经贸部等部门关于进一步鼓励外商投资意见的通知，允许中西部各省、自治区、直辖市省会城市在其首府所在地选择一个已建成的开发区申办国家级经济技术开发区。
2000	10月，国务院发布《关于实施西部大开发若干政策措施的通知》。	明确西部大开发的重点区域、重点任务和战略目标，提出增加资金投入、改善投资环境、扩大对内对外开放、吸引人才和发展科教等方面的政策措施。							6月，国务院批准发布《中西部地区外商投资优势产业目录》（其后于2004年、2008年和2013年3次修订）。	将中西部各省（市、区）在环境、资源、生产、人力、技术、市场等方面有显著优势的产业中符合鼓励类产业方向的产品纳入目录并进行动态调整，享受鼓励外商投资的相关政策。				

续表

年份	党中央、国务院决策		法律法规政策（依法行政）		机构设置		管理体制改革		投资促进（环境改善）		扩大开放路径		创新开放平台	
	重要事项	要点	名称	要点	事项	要点	重要措施	要点	主要事项	要点	事项	要点	事项	要点
2001	7月，国务院召开全国外资工作会议。9月，国务院办公厅转发国家发展计划委员会等部门关于西部大开发若干政策措施实施意见的通知。	会议部署加入世贸组织后进一步扩大开放的各项工作，强调要坚持对外开放基本国策不动摇，更多更好地吸收和利用外资，促进经济发展。对西部大开发政策进一步具体化，提出持续健康发展的意见。下一步要注重研究新情况和解决新问题，及时总结经验和做好创新，进一步明确政策适用范围，不断提高从严工作水平，进一步细化了18个方面政策措施，扩大开放领域，拓宽外商投资渠道，放宽外资利用及投资条件等。	10月，经贸部、外经贸部等发布《金融资产管理公司吸收外资参与资产重组与处置的暂行规定》。12月，国务院颁布《中华人民共和国外资金融机构管理条例》。12月，国务院颁布《中华人民共和国外资保险公司管理条例》。12月，国务院颁布《外商投资电信企业管理规定》。	金融资产管理公司吸收外资参与资产重组与处置应符合国家的产业政策。金融领域禁止外商投资参与重组的类别与方式。明确外资金融机构设立、登记与监管的程序等。明确我国加入世贸组织承诺，加强和完善外资保险公司登记、业务监管要求。履行我国加入世贸组织承诺，对外商投资电信企业加以规范，明确基础电信业务和增值电信业务可以设立外商投资电信企业，对注册资本等设立条件、投资者资格等做出规定。							11月10日，世贸组织第四次部长级会议通过《关于中华人民共和国加入的决定》和《中华人民共和国加入议定书》。8月，外经贸部等出台《关于设立外商投资创业投资企业的规定》（后于2003年修订）。	12月11日中国成功加入世贸组织，成为第143个成员，中国对外开放进入新阶段。允许外国投资者设立有限责任或股份有限公司性质的中外合作创业投资企业，向未上市的高新技术企业提供创业投资管理服务。		

年份	党中央、国务院决策		法律法规政策（依法行政）		机构设置		管理体制改革		投资促进（环境改善）		扩大开放路径		创新开放平台	
	重要事项	要点	名称	要点	事项	要点	重要措施	要点	主要事项	要点	事项	要点	事项	要点
2002	11月，中国共产党第十六次全国代表大会召开。	大会通过的《全面建设小康社会，开创中国特色社会主义事业新局面》进一步要求，吸引外商直接投资，提高利用外资的质量和水平。逐步推进服务领域开放，通过多种方式利用中长期国外投资，把利用外资与国内经济结构调整、国有企业改组改造结合起来，鼓励跨国公司投资农业、制造业和高新技术产业。大力引进海外人才和智力。改善投资环境，对外商投资实行国民待遇，提高法规和政策透明度。							3月，经国务院批准，2002迦奈贸易洽谈会暨中国对外开放和吸收外资政策、投资示范项目联谊会在阿联酋举行。9月，时任国务院副总理吴仪在京主持召开跨国公司座谈会并发表重要讲话。	洽谈会宣介中国对外开放和吸收外资政策，展示投资环境，推介投资项目。北京、上海、广东等17个省市的109家企业参加了展会。此后，国务院领导多次主持跨国公司座谈会，听取跨国公司对中国对外开放和吸收外资、改善投资环境的政策建议，交流对华投资经验。座谈会成为政府部门与跨国公司沟通的有效渠道。				

续表

年份	党中央、国务院决策		法律法规政策（依法行政）		机构设置		管理体制改革		投资促进（环境改善）		扩大开放路径		创新开放平台	
	重要事项	要点	名称	要点	事项	要点	重要措施	要点	主要事项	要点	事项	要点	事项	要点
2003	10月，国务院出台《关于实施东北地区等老工业基地振兴战略的若干意见》。	扩大对外开放，积极引外资参与老工业基地改造，调整；扩大与周边国家的经贸合作。							9月和10月，内地分别与香港、澳门签订关于建立更紧密经贸关系的安排。此后至2013年共进行10次补充和修正。	自2004年1月1日对港澳服务提供者并服务贸易放相关服务贸易领域，且逐年扩大开放领域，减少准入限制；在投资领域开展促进合作。	3月，外经贸部等部门发布《外国投资者并购境内企业暂行规定》（于2006年和2009年两次修订）。	对外国投资者对境内企业开展股权并购、资产并购等加以规范，进一步丰富吸收外资的方式。		
2004	7月，国务院下发《国务院关于投资体制改革的决定》。	企业不使用政府投资建设的项目，一律不再实行审批制，区别不同情况实行核准制和备案制。将投资1亿美元以下鼓励类、5000万美元以下限制类项目审批权和总投资权下放至地方人民政府。	3月，国务院发布《国务院关于进一步扩大商业领域利用外资工作的批复》（国函〔2004〕19号）。5月，经准发布《外商投资商业领域管理办法》。	同意商业工作由外商试点转入正常开放，按照我国加入世界贸易组织承诺，逐步扩大开放的领域。为确保利用外资工作健康有序地进行，由商务部依法制订外商投资商业企业管理办法并发布施行。明确了商业领域开放的时间进程，部分下放审批权限，对商业领域逐步对外开放和深化。										

续表

年份	党中央、国务院决策		法律法规政策（依法行政）		机构设置		管理体制改革		投资促进（环境改善）		扩大开放路径		创新开放平台	
	重要事项	要点	名称	要点	事项	要点	重要措施	要点	主要事项	要点	事项	要点	事项	要点
2005	4月，国务院出台《关于促进中部地区崛起的若干意见》。	加强政策引导和组织协调，为中部地区企业与东部地区企业对接搭建平台，更好地承接东部地区和国际产业的转移。												
2006			11月，国务院颁布《中华人民共和国外资银行管理条例》。	经批准在中国境内设立的外商独资银行、中外合资银行、外国银行分行和外国银行代表处必须遵守中国法律法规，外资银行的正当活动和合法权益受中国法律保护。					9月，经国务院批准，商务部与中部六省共同主办首届中国中部投资贸易博览会。	中博会在湖南、河南、湖北、安徽、江西、山西六省轮流举办，至今已成功举办十一届，为促进中部崛起、提高中部经济发展水平、扩大对外开放和开展对外合作发挥积极作用。				

续表

年份	党中央、国务院决策		法律法规政策（依法行政）		机构设置		管理体制改革		投资促进（环境改善）		扩大开放路径		创新开放平台	
	重要事项	要点	名称	要点	事项	要点	重要措施	要点	主要事项	要点	事项	要点	事项	要点
2007			3月，十届全国人大五次会议通过《企业所得税法》。8月，十届全国人大常委会第二十九次会议通过《反垄断法》。	统一规范内外资企业所得税征集、管理和优惠政策，对外商投资企业和国内企业征收的企业所得税实行统一的税率以产业优惠为主、区域优惠为辅的税收减免政策。具有市场支配地位的经营者不得滥用市场支配地位、排除、限制竞争。国务院设立反垄断委员会，组织协调指导反垄断工作。										
2008														

261

续表

年份	党中央、国务院决策		法律法规政策（依法行政）		机构设置		管理体制改革		投资促进（环境改善）		扩大开放路径		创新开放平台	
	重要事项	要点	名称	要点	事项	要点	重要措施	要点	主要事项	要点	事项	要点	事项	要点
2009											11月，国务院颁布《外国企业或者个人在中国境内设立合伙企业管理办法》。	国家鼓励具有先进技术和管理经验的外国企业或者个人在中国境内设立合伙企业，促进合伙服务业的发展。外国企业或者个人在中国境内设立合伙企业，应当遵守中国的法律法规和外商投资产业政策，其合法权益受法律保护。		
2010	4月，国务院发布《关于进一步做好利用外资工作的若干意见》。	若干意见要求，优化利用外资结构，促进投资方式多样化，营造良好投资环境，提高利用外资质量和水平，更好发挥利用外资在推动科技创新、产业升级、区域协调发展等方面的积极作用。												

续表

年份	党中央、国务院决策		法律法规政策（依法行政）		机构设置		管理体制改革		投资促进（环境改善）		扩大开放路径		创新开放平台	
	重要事项	要点	名称	要点	事项	要点	重要措施	要点	主要事项	要点	事项	要点	事项	要点
2011			2月，国务院办公厅印发《国务院关于建立外国投资者并购境内企业安全审查制度的通知》。	国务院建立外国投资者并购境内企业安全审查制度，审查外国投资者并购境内企业安全审查制度对国防安全、国家经济稳定运行、社会基本生活秩序、涉及国家安全关键技术研发能力的影响，明确了审查范围、内容、机制和程序。										
2012														

263

年份	党中央、国务院决策		法律法规政策（依法行政）		机构设置		管理体制改革		投资促进（环境改善）		扩大开放路径		创新开放平台	
	重要事项	要点	名称	要点	事项	要点	重要措施	要点	主要事项	要点	事项	要点	事项	要点
2013	11月，十八届三中全会审议通过《中共中央关于全面深化改革若干重大问题的决定》。	决定要求，实行统一的市场准入制度，在制定负面清单基础上，各类市场主体可依法平等进入清单之外领域。探索对外商投资实行准入前国民待遇加负面清单的管理模式。											9月，国务院批准《中国（上海）自由贸易试验区总体方案》。此后，国务院先后批准在广东、天津、福建、浙江、辽宁、河南、重庆、四川、陕西、湖北、海南、江苏、广西、云南、山东、河北和黑龙江设立自贸试验区，并在海南建设自由贸易港。	自贸试验区是我国深化改革扩大开放先行先试的田，建立以完善投资管理为核心的外商投资管理制度、以贸易便利化为重点的贸易监管制度、以资本项目可兑换和金融服务业开放为目标的金融制度，以及政府职能转变为核心的事中事后监管制度等方面先行先试，积累经验后成功复制向全国推广。

续表

年份	党中央、国务院决策		法律法规政策（依法行政）		机构设置		管理体制改革		投资促进（环境改善）		扩大开放路径		创新开放平台	
	重要事项	要点	名称	要点	事项	要点	重要措施	要点	主要事项	要点	事项	要点	事项	要点
2014									12月，内地分别与香港、澳门签署关于广东与内地《服务贸易基本实现自由化的协议》。	除协议中明确保留的限制性措施及文化、电信、公共机构领域外，内地与香港、澳门在实现服务贸易基本实现自由化相关法律规定及办理、投资法变更按现行外商投资法律法规办理，内地在广东省与香港、澳门基本实现服务贸易自由化。			9月，全国国家经济技术开发区电视电话工作会议在北京召开后，国务院办公厅印发《关于促进国家经济技术开发区转型升级创新发展的若干意见》。	若干意见明确新形势下国家级经开区的发展定位，要求把国家级经开区建设成为带动地区经济发展和实施区域发展战略的重要载体，构建开放型经济新体制的排头兵，培育吸引外资新优势和科技创新驱动和绿色集约发展的示范区。
2015									11月，内地分别与香港、澳门签署内地与香港、澳门关于建立更紧密经贸关系的安排《服务贸易协议》。	除协议中明确保留的限制性措施及文化、电信、金融等领域外，内地对香港、澳门服务贸易基本实现自由化；内地服务提供者在内地对港澳投资本协议设立及变更公司的服务开放改为备案管理。	5月，国务院印发《关于北京市服务业扩大开放综合试点总体方案的批复》。	同意在北京市开展服务业扩大开放综合试点，紧紧围绕京津冀协同发展战略，着力推动北京市代表服务业提升服务和开放水平，试点期为自批复之日起3年。	9月，国务院批准苏州工业园区开展开放创新综合试验区总体方案。	要求苏州工业园区紧紧围绕加快实施创新驱动发展战略，主动对接自贸试验区并积极复制成功经验，探索建立开放型经济新体制，推动产业结构迈向中高端水平，为经开区转型升级开发区创新发展提供经验。

续表

年份	党中央、国务院决策		法律法规政策（依法行政）		机构设置		管理体制改革		投资促进（环境改善）		扩大开放路径		创新开放平台	
	重要事项	要点	名称	要点	事项	要点	重要措施	要点	主要事项	要点	事项	要点	事项	要点
2016	9月，《中外合资经营企业法》等三部法律经全国人大常委会第二十二次会议批准修订。						10月，经国务院批准，国家发展改革委、商务部发布公告，商务部发布《外商投资企业设立及变更备案管理暂行办法》，将不涉及实施准入特别管理措施的外商投资企业设立及变更，由审批改为备案管理。	进一步扩大对外开放，完善改革法治化、国际化、便利化的营商环境，在总结上海自贸试验区试点经验基础上，对外商投资相关法律行政法规进行全面修改，建立外商投资准入前国民待遇加负面清单管理模式。在负面清单以外事项应建立与备案管理模式相适应的事中事后监管体系。	6月和11月先后签署内地与香港、澳门关于更紧密经贸关系的安排投资协议。	促进和保护双向投资，逐步减少或取消歧视性措施，保护投资者权益，推动逐步实现投资自由化、便利化。			3月印发《国务院办公厅关于完善国家级经济技术开发区考核制度促进国家级经济技术开发区创新驱动发展的指导意见》。4月28日国务院召开全国国家级经济技术开发区工作电视电话会议。	《指导意见》通过国务院会议审议要求，完善考核，分类综合指导，综合促进，促进国家级经济技术开发区创新驱动，为稳增长调结构继续发挥生力军作用。

续表

年份	党中央、国务院决策		法律法规政策（依法行政）		机构设置		管理体制改革		投资促进（环境改善）		扩大开放路径		创新开放平台	
	重要事项	要点	名称	要点	事项	要点	重要措施	要点	主要事项	要点	事项	要点	事项	要点
2017	1月，国务院印发《关于扩大对外开放积极利用外资若干措施的通知》。8月，国务院印发《关于促进外资增长若干措施的通知》。	通知要求充分认识利用外资工作的重要性，要进一步扩大开放，创造公平竞争环境，加强吸引外资工作，继续深化简政放权、放管结合、优化服务改革，降低制度性交易成本，实现互利共赢。要求进一步减少外资准入限制，制定财税支持政策，完善国家开发区综合投资环境，便利人才出入境，进一步提升我国外商投资环境法治化、国际化、便利化，促进增长，提高利用外资质量。							6月和12月，内地先后与香港、澳门签署关于建立更紧密经贸关系的安排经济技术合作协议。	进一步深化内地与港澳在金融、旅游、会展、环保、科技、创新、教育、电子商务等重点领域的合作，推动贸易投资便利化，促进共同发展。	6月，国务院印发《关于深化北京市服务业扩大开放综合试点推进服务业扩大开放工作方案的批复》。	进一步深化北京市服务业扩大开放综合试点，探索服务业大开放模式，突出服务业体制机制改革，加快服务业与国际规则相衔接的服务贸易基本框架，进一步提升北京市服务业发展水平，使北京服务业扩大开放综合试点成功推进供给侧结构性改革和国家全方位主动开放实践，为全面深化改革、探索开放型经济新体制作出新贡献。		

续表

年份	党中央、国务院决策 重要事项	党中央、国务院决策 要点	法律法规政策（依法行政）名称	法律法规政策（依法行政）要点	机构设置 事项	机构设置 要点	管理体制改革 重要措施	管理体制改革 要点	投资促进（环境改善）主要事项	投资促进（环境改善）要点	扩大开放路径 事项	扩大开放路径 要点	创新开放平台 事项	创新开放平台 要点
2018	6月，国务院印发《关于积极有效利用外资推动经济高质量发展若干措施的通知》。	要求推动形成全面开放新格局，加大对外开放力度，进一步提高利用外资水平，营造国际一流、公平竞争的营商环境，更加便利、更有吸引力地保持我国投资目的地主要国家地位，进一步稳定外商投资增长，实现以高水平开放推动经济高质量发展。					6月，经国务院批准，发展改革委、商务部发布《外商投资准入特别管理措施（负面清单）（2018年版）》。							
2019	3月15日第十三届全国人民代表大会第二次会议通过《中华人民共和国外商投资法》，于2020年1月1日起施行。10月，国务院印发《关于进一步做好利用外资工作的意见》。	确立了准入前国民待遇加负面清单管理模式，强调了对外商投资的促进和保护，建立了投资和投资者权益保护体制机制，护航涉外投资的制度建设，将为新时代外商投资提供根本遵循。					6月，经党中央、国务院批准，国家发展改革委、商务部发布《鼓励外商投资产业目录（2019年版）》。	包括全国鼓励外商投资产业目录（415条）和中西部地区外商投资优势产业目录（693条），进一步扩大鼓励外商投资范围与制造业高质量发展，鼓励服务业生产性服务业扩大开放，加大对中西部地区适用劳动密集型技术设备产业目录，支持中西部承接产业转移。			2月，国务院印发《全面推进北京市服务业扩大开放综合试点工作方案》；11月，国务院同意《关于调整在北京市暂时调整有关行政法规、国务院文件和经国务院批准的部门规章规定的批复》。	同意在北京市继续开展全面推进服务业扩大开放综合试点，并确定北京为首批"服务业扩大开放综合示范区"，落实京津冀协同发展战略，持续推进北京服务业扩大开放，更高水平对外开放，营造一流国际化营商环境，为全方位对外开放做出贡献。	2019年5月国务院印发《关于推进国家级经济技术开发区创新提升打造改革开放新高地的意见》。	

续表

年份	党中央、国务院决策		法律法规政策（依法行政）		机构设置		管理体制改革		投资促进（环境改善）		扩大开放路径		创新开放平台	
	重要事项	要点	名称	要点	事项	要点	重要措施	要点	主要事项	要点	事项	要点	事项	要点
2019	10月，国务院发布《优化营商环境条例》，自2020年1月1日起施行。2019年12月26日，国务院发布《中华人民共和国外商投资法实施条例》，2020年1月1日起施行。12月30日，商务部、市场监管总局联合制定《外商投资信息报告办法》。	从深化"放管服"改革、加大投资促进和保护力度、便利化度等4方面提出20条稳外资政策措施。总结了近年来深化"放管服"改革、优化营商环境的成功经验，从制度层面明确了打造市场化法治化国际化营商环境的具体要求。根据《外商投资法》及其实施条例有关外商投资信息报告制度的规定，对外商投资信息报告的主体、内容、方式、报送途径以及报告信息的具体要求做出明确规定。逾期未改正的，应当给予处罚。					6月，经党中央、国务院批准，国家发展改革委、商务部发布《外商投资准入特别管理措施（负面清单）（2019年版）》和《自由贸易试验区外商投资准入特别管理措施（负面清单）（2019年版）》。	投资者可以依照法律、行政法规或者国务院的规定享受财政、税收、金融、用地等优惠待遇。进一步减少外商投资准入限制，全国外商投资准入负面清单条目减至40项，自由贸易试验区外商投资准入负面清单条目缩减至37项。					从提升开放型经济质量、赋予经济技术开发区更大改革自主权、打造现代产业体系、完善对内对外合作平台功能、加强要素集约利用和生态环保、深刻认识各地部门各级加快推进国家级经济技术开发区创新提升的重要意义等5个方面提出22项任务措施。本措施又一次有效推进国家级经济技术开发区开放水平和高质量发展。

注：
1. 主要参考文献：《中国利用外资基础知识》，中共中央党校出版社；《中国特色商务发展道路——对外开放30年探索》，中央文献出版社2008年版；《中国商务年鉴》（2004年以来）；《中国经济外贸年鉴》；《定图——国门初开的岁月》，中央文献出版社1995年版；《对外开放起始录》，经济管理出版社2008年版；《中国对外经济贸易文告》（2004年以来）；《中国经济特区——1984—2003年》；以及中央、全国人大及其常委会审议通过的相关法律法规，地方人民政府相关部门，国务院相关部门、国务院相关部门出台的有关对外开放、吸收外资的政策措施，以及国务院相关部门、地方人民政府经授权或批准发布采取的相关重大举措。
2. 本大事记主要收录改革开放以来中央、国务院相关的相关重大事项。

269

中国吸收外资四十年（1979—2018）

附录

附录1：与吸收外商投资相关的部分重要文件
（截至2019年12月31日）

第一部分 关于扩大开放和平台载体建设		
序号	文件名、文号	发布日期
1	中共中央、国务院批转广东省委、福建省委关于对外经济活动实行特殊政策和灵活措施的两个报告	1979年7月19日
2	中共中央、国务院关于《广东、福建两省会议纪要》的批示	1980年5月16日
3	国务院批转《海南岛问题座谈会纪要》	1980年7月24日
4	国务院对福建省关于厦门经济特区的批复	1980年10月7日
5	中共中央办公厅转发《广东、福建实行特殊政策、灵活措施座谈会纪要》	1981年1月21日
6	中共中央、国务院批转《广东、福建两省和经济特区工作会议纪要》的通知	1981年7月19日
7	中共中央批转《广东、福建两省座谈会纪要》的通知	1982年3月1日
8	中共中央、国务院关于批转《当前试办经济特区工作中若干问题的纪要》的通知	1982年12月3日
9	中共中央、国务院关于批转《加快海南岛开发建设问题讨论纪要》的通知	1983年4月1日
10	中共中央、国务院关于批转《沿海部分城市座谈会纪要》的通知	1984年5月4日
11	国务院批转《关于广东、福建两省继续实行特殊政策、灵活措施的会议纪要》的通知	1985年3月28日
12	国务院关于厦门经济特区实施方案的批复（国发〔1985〕85号）	1985年6月29日
13	国务院关于口岸开放的若干规定（国发〔1985〕113号）	1985年9月18日
14	国务院关于批转《经济特区工作会议纪要》的通知（国发〔1986〕21号）	1986年2月7日
15	中共中央、国务院关于建立海南省及其筹建工作的通知	1987年9月26日
16	国务院关于广东省深化改革、扩大开放、加快经济发展请示的批复（国函〔1988〕25号）	1988年2月10日
17	国务院关于扩大沿海经济开放区范围的通知（国发〔1988〕21号）	1988年3月18日
18	国务院关于沿海地区发展外向型经济的若干补充规定（国发〔1988〕22号）	1988年3月23日
19	国务院关于福建省深化改革、扩大开放、加快外向型经济发展请示的批复（国函〔1988〕58号）	1988年4月11日
20	国务院批转《关于海南岛进一步对外开放加快经济开发建设的座谈会纪要》（国发〔1988〕24号）	1988年4月14日
21	国务院关于批转《沿海地区对外开放工作会议纪要》的通知（国发〔1989〕5号）	1989年1月13日
22	国务院关于在福建省沿海地区设立台商投资区的批复（国函〔1989〕35号）	1989年5月20日
23	国务院批转《一九九〇年经济特区工作会议纪要》的通知	1990年5月28日
24	中共中央、国务院关于开发和开放浦东问题的批复	1990年6月2日
25	国务院关于进一步对外开放黑河等四个边境城市的通知（国函〔1992〕21号）	1992年3月9日
26	国务院关于海南省吸收外商投资开发洋浦地区的批复（国函〔1992〕22号）	1992年3月9日

续表

27	国务院关于开发建设苏州工业园区有关问题的批复（国函〔1994〕9号）	1994年2月21日
28	国务院关于调整进口设备税收政策的通知（国发〔1997〕37号）	1997年12月29日
29	国务院办公厅转发国家经贸委等部门《<关于进一步完善加工贸易银行保证金台帐制度意见>的通知》（国办发〔1999〕35号）	1999年4月5日
30	国务院关于实施西部大开发若干政策措施的通知（国发〔2000〕33号）	2000年10月26日
31	国务院办公厅转发国务院西部开发办关于西部大开发若干政策措施实施意见的通知（国办发〔2001〕73号）	2001年9月29日
32	国务院办公厅转发公安部外交部等部门关于为外国籍高层次人才和投资者提供入境及居留便利规定的通知（国办发〔2002〕32号）	2002年4月29日
33	中共中央国务院关于实施东北地区等老工业基地振兴战略的若干意见（中发〔2003〕11号）	2003年10月
34	国务院办公厅转发商务部等部门关于促进国家级经济技术开发区进一步提高发展水平若干意见的通知（国办发〔2005〕15号）	2005年3月21日
35	国务院办公厅关于促进东北老工业基地进一步扩大对外开放的实施意见（国办发〔2005〕36号）	2005年6月30日
36	商务部办公厅关于扩大开放、提高吸收外资水平、促进中部崛起的指导意见（商资字〔2005〕130号）	2005年12月28日
37	国务院关于推进天津滨海新区开发开放有关问题的意见（国发〔2006〕20号）	2006年5月26日
38	国务院关于同意苏州工业园区开展具有保税港区综合保税功能的海关特殊监管区域试点的批复（国函〔2006〕128号）	2006年12月17日
39	国务院关于实施企业所得税过渡优惠政策的通知（国发〔2007〕39号）	2007年12月26日
40	国务院关于经济特区和上海浦东新区新设立高新技术企业实行过渡性税收优惠的通知（国发〔2007〕40号）	2007年12月26日
41	国务院关于进一步实施东北地区等老工业基地振兴战略的若干意见（国发〔2009〕33号）	2009年9月9日
42	国务院办公厅关于促进服务外包产业发展问题的复函（国办函〔2009〕9号）	2009年1月15日
43	国务院关于推进海南国际旅游岛建设发展的若干意见（国发〔2009〕44号）	2009年12月31日
44	国务院关于支持喀什霍尔果斯经济开发区建设的若干意见（国发〔2011〕33号）	2011年9月30日
45	国务院关于支持深圳前海深港现代服务业合作区开发开放有关政策的批复（国函〔2012〕58号）	2012年6月27日
46	国务院办公厅关于促进国家级经济技术开发区转型升级创新发展的若干意见（国办发〔2014〕54号）	2014年10月30日
47	国务院关于促进服务外包产业加快发展的意见（国发〔2014〕67号）	2014年12月24日
48	国务院关于苏州工业园区开展开放创新综合试验总体方案的批复（国函〔2015〕151号）	2015年9月30日
49	国务院关于实行市场准入负面清单制度的意见（国发〔2015〕55号）	2015年10月2日
50	国务院关于支持沿边重点地区开发开放若干政策措施的意见（国发〔2015〕72号）	2015年12月24日
51	国务院关于促进加工贸易创新发展的若干意见（国发〔2016〕4号）	2016年1月4日

续表

52	国务院关于同意开展服务贸易创新发展试点的批复（国函〔2016〕40号）	2016年2月22日
53	国务院办公厅关于完善国家级经济技术开发区考核制度促进创新驱动发展的指导意见（国办发〔2016〕14号）	2016年3月16日
54	国务院关于发布政府核准的投资项目目录（2016年本）的通知（国发〔2016〕72号）	2016年12月12日
55	国务院关于同意深化服务贸易创新发展试点的批复（国函〔2018〕79号）	2018年6月1日
56	国务院办公厅关于聚焦企业关切进一步推动优化营商环境政策落实的通知（国办发〔2018〕104号）	2018年10月29日
57	国务院关于推进国家级经济技术开发区创新提升打造改革开放新高地的意见（国发〔2019〕11号）	2019年5月18日

第二部分　关于鼓励外商投资

序号	文件名、文号	发布日期
1	中共中央、国务院关于进出口管理委员会、外国投资管理委员会的任务和机构的通知	1979年8月23日
2	国务院关于加强利用外资工作的指示	1983年9月3日
3	国务院办公厅转发国家工商行政管理局关于做好外资企业登记管理工作的报告的通知（国办发〔1984〕62号）	1984年8月2日
4	国务院发布关于华侨投资优惠的暂行规定的通知（国发〔1985〕49号）	1985年4月2日
5	中华人民共和国国务院关于中外合资建设港口码头优惠待遇的暂行规定	1985年9月30日
6	国务院关于中外合资经营企业外汇收支平衡问题的规定	1986年1月15日
7	国务院办公厅关于加强利用外资统计报告工作的通知（国办发〔1986〕8号）	1986年1月31日
8	国务院批转对外经济贸易部、国家经委、国家计委关于加强吸收外商投资工作报告的通知（国发〔1986〕25号）	1986年2月17日
9	关于成立国务院外国投资工作领导小组的通知（国办发〔1986〕51号）	1986年6月27日
10	国务院关于进一步改善外商投资企业生产经营条件的通知（国发〔1986〕76号）	1986年7月11日
11	国务院关于鼓励外商投资的规定（国发〔1986〕95号）	1986年10月11日
12	中外合资经营企业中方投资者分得利润分配和管理的暂行办法（1987年5月20日国务院批准财政部等部门发布）	1987年6月3日
13	国务院办公厅转发国家计委关于《指导吸收外商投资方向暂行规定》的通知（国办发〔1987〕76号）	1987年12月15日
14	国务院办公厅转发经贸部关于抓住有利时机进一步发展来料加工装配等业务请示的通知（国办发〔1987〕80号）	1987年12月23日
15	国务院办公厅转发劳动部、人事部关于进一步落实外商投资企业用人自主权意见的通知	1988年4月25日
16	国务院关于授权省、自治区、直辖市、经济特区和计划单列市人民政府审批外资企业的通知（国发〔1988〕36号）	1988年6月9日
17	国务院关于扩大内地省、自治区、计划单列市和国务院有关部门吸收外商投资审批权限的通知	1988年7月3日

续表

18	国务院关于施行《鼓励台湾同胞投资的规定》若干问题的通知（国发〔1988〕41号）	1988年7月3日
19	国务院批转物资部关于改善外商投资企业物资供应请示的通知（国发〔1990〕39号）	1990年6月29日
20	国务院批准《中外合资经营企业合营期限暂行规定》	1990年9月30日
21	国务院关于加强外资企业重大项目审批工作的通知（国发〔1991〕14号）	1991年3月13日
22	国务院关于商业零售领域利用外资问题的批复（国函〔1992〕82号）	1992年7月14日
23	国务院关于进一步加强外商投资管理工作若干问题的通知（国发〔1993〕第83号）	1993年12月6日
24	国务院关于外商投资企业和外国企业适用增值税、消费税、营业税等税收暂行条例有关问题的通知（国发〔1994〕10号）	1994年2月22日
25	国务院办公厅关于成立全国外资工作领导小组的通知	1994年5月28日
26	国务院批准《指导外商投资方向暂行规定》和《外商投资产业指导目录》	1995年6月
27	国务院关于经济特区企业进出口经营权问题的批复（国函〔1996〕13号）	1996年3月5日
28	国务院批准《外商投资企业清算办法》	1996年6月15日
29	国务院关于扩大内地省、自治区、计划单列市和国务院有关部门等单位吸收外商直接投资项目审批权限的通知（国发〔1996〕34号）	1996年8月22日
30	国务院批准《中外合资经营企业合营各方出资的若干规定》的补充规定	1997年9月2日
31	国务院办公厅关于香港特别行政区中国公民来内地投资有关问题的通知	1997年12月22日
32	国务院关于《外商投资产业指导目录》的批复	1997年12月29日
33	国务院批准《外商投资商业企业试点办法》	1999年6月17日
34	国务院关于扩大外商投资企业从事能源交通基础设施项目税收优惠规定适用范围的通知	1999年7月2日
35	国务院办公厅转发外经贸部等部门关于当前进一步鼓励外商投资意见的通知（国办发〔1999〕73号）	1999年8月20日
36	国务院办公厅转发国土资源部等部门关于进一步鼓励外商投资勘查开采非油气矿产资源若干意见的通知	2000年10月24日
37	国务院关于进一步扩大商业领域利用外资工作的批复（国函〔2004〕19号）	2004年3月18日
38	国务院关于《中西部地区外商投资优势产业目录》有关问题的批复（国函〔2004〕43号）	2004年6月7日
39	国务院关于投资体制改革的决定（国发〔2004〕20号）	2004年7月16日
40	国务院关于《外商投资产业指导目录》有关问题的批复（国函〔2004〕90号）	2004年10月26日
41	国务院关于进一步做好利用外资工作的若干意见（国发〔2010〕9号）	2010年4月6日
42	国务院关于统一内外资企业和个人城市维护建设税和教育费附加制度的通知（国发〔2010〕35号）	2010年10月18日
43	国务院办公厅关于建立外国投资者并购境内企业安全审查制度的通知（国办发〔2011〕6号）	2011年2月3日
44	国务院关于发布政府核准的投资项目目录（2014年本）的通知（国发〔2014〕53号）	2014年10月31日

续表

45	国务院关于在广东省对香港、澳门服务提供者暂时调整有关行政审批和准入特别管理措施的决定（国发〔2015〕12号）	2015年3月3日
46	国务院关于北京市服务业扩大开放综合试点总体方案的批复（国函〔2015〕81号）	2015年5月5日
47	国务院关于在北京市暂时调整有关行政审批和准入特别管理措施的决定（国发〔2015〕60号）	2015年10月15日
48	国务院关于在内地对香港、澳门服务提供者暂时调整有关行政审批和准入特别管理措施的决定（国发〔2016〕32号）	2016年5月31日
49	国务院关于扩大对外开放积极利用外资若干措施的通知（国发〔2017〕5号）	2017年1月12日
50	国务院关于深化改革推进北京市服务业扩大开放综合试点工作方案的批复（国函〔2017〕86号）	2017年6月25日
51	国务院关于促进外资增长若干措施的通知（国发〔2017〕39号）	2017年8月8日
52	国务院关于在北京市暂时调整有关行政审批和准入特别管理措施的决定（国发〔2017〕55号）	2017年12月10日
53	国务院关于积极有效利用外资推动经济高质量发展若干措施的通知（国发〔2018〕19号）	2018年6月10日
54	国务院关于全面推进北京市服务业扩大开放综合试点工作方案的批复（国函〔2019〕16号）	2019年1月31日
55	国务院关于进一步做好利用外资工作的意见（国发〔2019〕23号）	2019年10月30日
56	国务院关于同意在北京市暂时调整实施有关行政法规和经国务院批准的部门规章规定的批复（国函〔2019〕111号）	2019年11月12日

第三部分　关于自由贸易试验区建设

序号	文件名、文号	发布日期
1	国务院关于印发中国（上海）自由贸易试验区总体方案的通知（国发〔2013〕38号）	2013年9月18日
2	国务院关于在中国（上海）自由贸易试验区内暂时调整有关行政法规和国务院文件规定的行政审批或者准入特别管理措施的决定（国发〔2013〕51号）	2013年12月31日
3	国务院关于在中国（上海）自由贸易试验区内暂时调整实施有关行政法规和经国务院批准的部门规章规定的准入特别管理措施的决定（国发〔2014〕38号）	2014年9月4日
4	国务院关于推广中国（上海）自由贸易试验区可复制改革试点经验的通知（国发〔2014〕65号）	2014年12月21日
5	国务院关于同意建立国务院自由贸易试验区工作部际联席会议制度的批复（国函〔2015〕18号）	2015年2月7日
6	国务院关于印发中国（广东）自由贸易试验区总体方案的通知（国发〔2015〕18号）	2015年4月8日
7	国务院关于印发中国（天津）自由贸易试验区总体方案的通知（国发〔2015〕19号）	2015年4月8日
8	国务院关于印发中国（福建）自由贸易试验区总体方案的通知（国发〔2015〕20号）	2015年4月8日
9	国务院关于印发进一步深化中国（上海）自由贸易试验区改革开放方案的通知（国发〔2015〕21号）	2015年4月8日

续表

10	国务院办公厅关于印发自由贸易试验区外商投资准入特别管理措施（负面清单）的通知（国办发〔2015〕23号）	2015年4月8日
11	国务院办公厅关于印发自由贸易试验区外商投资国家安全审查试行办法的通知（国办发〔2015〕24号）	2015年4月8日
12	国务院关于在自由贸易试验区暂时调整有关行政法规、国务院文件和经国务院批准的部门规章规定的决定（国发〔2016〕41号）	2016年7月1日
13	国务院关于做好自由贸易试验区新一批改革试点经验复制推广工作的通知（国发〔2016〕63号）	2016年11月2日
14	国务院关于印发中国（辽宁）自由贸易试验区总体方案的通知（国发〔2017〕15号）	2017年3月15日
15	国务院关于印发中国（浙江）自由贸易试验区总体方案的通知（国发〔2017〕16号）	2017年3月15日
16	国务院关于印发中国（河南）自由贸易试验区总体方案的通知（国发〔2017〕17号）	2017年3月15日
17	国务院关于印发中国（湖北）自由贸易试验区总体方案的通知（国发〔2017〕18号）	2017年3月15日
18	国务院关于印发中国（重庆）自由贸易试验区总体方案的通知（国发〔2017〕19号）	2017年3月15日
19	国务院关于印发中国（四川）自由贸易试验区总体方案的通知（国发〔2017〕20号）	2017年3月15日
20	国务院关于印发中国（陕西）自由贸易试验区总体方案的通知（国发〔2017〕21号）	2017年3月15日
21	国务院关于印发全面深化中国（上海）自由贸易试验区改革开放方案的通知（国发〔2017〕23号）	2017年3月30日
22	国务院办公厅关于印发自由贸易试验区外商投资准入特别管理措施（负面清单）（2017年版）的通知（国办发〔2017〕51号）	2017年6月5日
23	国务院关于在自由贸易试验区暂时调整有关行政法规、国务院文件和经国务院批准的部门规章规定的决定（国发〔2017〕57号）	2017年12月25日
24	国务院关于做好自由贸易试验区第四批改革试点经验复制推广工作的通知（国发〔2018〕12号）	2018年5月3日
25	国务院关于印发进一步深化中国（广东）自由贸易试验区改革开放方案的通知（国发〔2018〕13号）	2018年5月4日
26	国务院关于印发进一步深化中国（天津）自由贸易试验区改革开放方案的通知（国发〔2018〕14号）	2018年5月4日
27	国务院关于印发进一步深化中国（福建）自由贸易试验区改革开放方案的通知（国发〔2018〕15号）	2018年5月4日
28	国务院关于同意设立中国（海南）自由贸易试验区的批复（国函〔2018〕119号）	2018年9月24日
29	国务院关于印发中国（海南）自由贸易试验区总体方案的通知（国发〔2018〕34号）	2018年9月24日
30	国务院关于支持自由贸易试验区深化改革创新若干措施的通知（国发〔2018〕38号）	2018年11月7日
31	国务院关于做好自由贸易试验区第五批改革试点经验复制推广工作的通知（国函〔2019〕38号）	2019年4月14日
32	国务院关于同意设立中国（上海）自由贸易试验区临港新片区的批复（国函〔2019〕68号）	2019年7月27日

续表

33	国务院关于印发中国（上海）自由贸易试验区临港新片区总体方案的通知（国发〔2019〕15号）	2019年7月27日
34	国务院关于同意新设6个自由贸易试验区的批复（国函〔2019〕72号）	2019年8月2日
35	国务院关于印发6个新设自由贸易试验区总体方案的通知（国发〔2019〕16号）	2019年8月2日
36	国务院关于在自由贸易试验区开展"证照分离"改革全覆盖试点的通知（国发〔2019〕25号）	2019年11月6日

附录2：吸收外商投资相关法律、法规及部分部门规章
（截至2019年12月31日）

第一部分　相关法律		
序号	法律名称及文号	颁布及施行日期
1	《中华人民共和国中外合资经营企业法》 （1979年7月1日第五届全国人民代表大会第二次会议通过，1990年4月4日第七届全国人民代表大会第三次会议《关于修改〈中华人民共和国中外合资经营企业法〉的决定》第一次修正，2001年3月15日第九届全国人民代表大会第四次会议《关于修改〈中华人民共和国中外合资经营企业法〉的决定》第二次修正，2016年9月3日第十二届全国人民代表大会常务委员会第二十二次会议《关于修改〈中华人民共和国外资企业法〉等四部法律的决定》第三次修正）	1979年7月1日颁布并生效
2	《中华人民共和国中外合资经营企业所得税法》 （全国人民代表大会常务委员会委员长令五届第10号公布，1983年9月2日第六届全国人民代表大会常务委员会第二次会议《关于修改〈中华人民共和国中外合资经营企业所得税法〉的决定》修订）	1980年9月10日公布、施行
3	《中华人民共和国外资企业法》 （1986年4月12日第六届全国人民代表大会第四次会议颁布，2000年10月31日第九届全国人民代表大会常务委员会第十八次会议《关于修改〈中华人民共和国外资企业法〉的决定》第一次修正，2016年9月3日第十二届全国人民代表大会常务委员会第二十二次会议《关于修改〈中华人民共和国外资企业法〉等四部法律的决定》第二次修正）	1986年4月12日颁布、施行
4	《中华人民共和国中外合作经营企业法》 （1988年4月13日第七届全国人民代表大会第一次会议公布，2000年10月31日第九届全国人民代表大会常务委员会第十八次会议《关于修改〈中华人民共和国中外合作经营企业法〉的决定》第一次修正，2016年9月3日第十二届全国人民代表大会常务委员会第二十二次会议《关于修改〈中华人民共和国外资企业法〉等四部法律的决定》第二次修正，2016年11月7日第十二届全国人民代表大会常务委员会第二十四次会议《关于修改〈中华人民共和国对外贸易法〉等十二部法律的决定》第三次修正，2017年11月4日第十二届全国人民代表大会常务委员会第三十次会议《关于修改〈中华人民共和国会计法〉等十一部法律的决定》第四次修正）	1988年4月13日公布、施行
5	《中华人民共和国外商投资企业和外国企业所得税法》（主席令七届第45号） （1991年4月9日第七届全国人民代表大会第四次会议通过，1993年12月13日国务院发布的《中华人民共和国企业所得税暂行条例》同时废止）	1991年4月9日公布 1991年7月1日施行
6	《全国人民代表大会常务委员会关于外商投资企业和外国企业适用增值税、消费税、营业税等税收暂行条例的决定》 （1993年12月29日第八届全国人民代表大会常务委员会第五次会议通过）	1993年12月29日颁布、施行
7	《中华人民共和国台湾同胞投资保护法》 （1994年3月5日主席令八届第20号颁布，2016年9月3日主席令十二届第51号《关于修改〈中华人民共和国外资企业法〉等四部法律的决定》第一次修正，2019年12月28日主席令十三届第41号《关于修改〈中华人民共和国台湾同胞投资保护法〉的决定》第二次修正）	1994年3月5日颁布、施行

续表

序号	法规名称及文号	颁布及施行日期
8	《全国人民代表大会常务委员会关于授权国务院在中国(上海)自由贸易试验区暂时调整有关法律规定的行政审批的决定》 (2013年8月30日第十二届全国人民代表大会常务委员会第四次会议通过)	2013年8月30日颁布 2013年10月1日施行
9	《全国人民代表大会常务委员会关于授权国务院在中国(广东)自由贸易试验区、中国(天津)自由贸易试验区、中国(福建)自由贸易试验区以及中国(上海)自由贸易试验区扩展区域暂时调整有关法律规定的行政审批的决定》 (2014年12月28日第十二届全国人民代表大会常务委员会第十二次会议通过)	2014年12月28日颁布 2015年3月1日施行
10	《关于修改〈中华人民共和国外资企业法〉等四部法律的决定》(主席令十二届第51号)	2016年9月3日颁布 2016年10月1日施行
11	《中华人民共和国外商投资法》 2019年3月15日第十三届全国人民代表大会第二次会议通过	2019年3月15日颁布 2020年1月1日施行
12	《全国人民代表大会常务委员会关于授权国务院在自由贸易试验区暂时调整适用有关法律规定的决定》 (2019年10月26日第十三届全国人民代表大会常务委员会第十四次会议通过)	2019年10月26日颁布 2019年12月1日施行

第二部分　部分行政法规

序号	法规名称及文号	颁布及施行日期
1	《中华人民共和国中外合资经营企业登记管理办法》 (国务院发布)	1980年7月26日颁布、施行
2	《中华人民共和国中外合资经营企业劳动管理规定》 (国务院发布)	1980年7月26日颁布、施行
3	《中华人民共和国对外合作开采海洋石油资源条例》 (1982年1月12日国务院常务会议通过,2001年9月23日国务院令第318号,2011年9月30日国务院令第607号修订)	1982年1月30日颁布、施行
4	《中华人民共和国中外合资经营企业法实施条例》 (1983年9月20日国务院发布,1986年1月15日国务院第一次修订,1987年12月21日国务院第二次修订,2001年7月22日国务院令第311号《国务院关于修改〈中华人民共和国中外合资经营企业法实施条例〉的决定》修订)	1983年9月20日颁布、施行
5	《中华人民共和国经济特区外资银行、中外合资银行管理条例》 (1985年4月2日国务院发布)	1985年4月2日颁布、施行
6	《中华人民共和国国务院关于中外合资建设港口码头优惠待遇的暂行规定》	1985年9月30日颁布、施行
7	《中华人民共和国中外合资经营企业合营各方出资的若干规定》 (1987年12月30日国务院批准,1988年1月1日对外经济贸易部、国家工商行政管理局发布,1997年9月2日国务院批准,1997年9月29日对外贸易经济合作部、国家工商行政管理局发布补充规定)	1988年1月1日颁布、施行
8	《国务院关于鼓励台湾同胞投资的规定》(国务院令第7号)	1988年7月3日、施行
9	《中华人民共和国外商投资开发经营成片土地暂行管理办法》(国务院令第56号)	1990年5月19日颁布、施行

续表

10	《国务院关于鼓励华侨和香港澳门同胞投资的规定》（国务院令第64号）	1990年8月19日颁布、施行
11	《中华人民共和国中外合资经营企业合营期限暂行规定》（1990年9月30日国务院批准，1990年10月22日对外经济贸易部发布）	1990年10月22日发布、施行
12	《中华人民共和国外资企业法实施细则》（1990年10月28日国务院批准，1990年12月12日对外经济贸易部发布，2001年4月12日国务院令第301号《国务院关于修改〈中华人民共和国外资企业法实施细则〉的决定》第一次修订，2014年2月19日国务院令第648号《国务院关于废止和修改部分行政法规的决定》第二次修订）	1990年12月12日发布、施行
13	《中华人民共和国外商投资企业和外国企业所得税法实施细则》（国务院令第85号）	1991年6月30日颁布 1991年7月1日施行
14	《中华人民共和国对外合作开采陆上石油资源条例》（国务院令第131号发布）（2001年9月23日国务院令第317号、2007年9月18日国务院令第506号、2011年9月30日国务院令第606号修订）	1993年10月7日颁布、施行
15	《国务院关于股份有限公司境外募集股份及上市的特别规定》（国务院令第160号）	1994年8月4日颁布、施行
16	《中华人民共和国外资金融机构管理条例》（国务院令第148号）（2001年12月20日国务院令第340号修订）	1994年2月25日颁布 1994年4月1日施行
17	《中华人民共和国中外合作经营企业法实施细则》（1995年8月7日国务院批准，外经贸部1995年第6号发布）	1995年9月4日颁布、施行
18	《国务院关于股份有限公司境内上市外资股的规定》（国务院令第189号）	1995年12月25日颁布、施行
19	《中华人民共和国台湾同胞投资保护法实施细则》（国务院令第274号）	1999年12月5日、施行
20	《外商投资电信企业管理规定》（国务院令第333号，2008年9月10日国务院令第534号修订）	2001年12月11日发布 2002年1月1日施行
21	《中华人民共和国国际海运条例》（国务院令第335号）	2001年12月11日发布 2002年1月1日施行
22	《中华人民共和国外资保险公司管理条例》（国务院令第336号发布，2013年5月30日国务院令第636号，2016年2月6日国务院令第666号《国务院关于修改部分行政法规的决定》，2019年9月30日国务院令第720号修订）	2001年12月12日公布 2002年2月1日施行
23	《中华人民共和国指导外商投资方向规定》（国务院令第346号）	2002年2月21日颁布 2002年4月1日起施行
24	《中华人民共和国中外合作办学条例》（国务院令第372号）	2003年3月1日颁布 2003年9月1日施行
25	《中华人民共和国外资银行管理条例》（国务院令第478号，2014年11月27日国务院令第657号、2019年9月30日国务院令第720号修订）	2006年11月11日颁布 2006年12月11日施行
26	《外国企业或者个人在中国境内设立合伙企业管理办法》（国务院令第567号）	2009年11月25日颁布 2010年3月1日施行
27	《优化营商环境条例》（国务院令第722号）	2019年10月22日发布 2020年1月1日施行

续表

28	《中华人民共和国外商投资法实施条例》（国务院令第723号）	2019年12月26日发布 2020年1月1日施行

第三部分　部分部门规章		
序号	部门规章名称及文号	发布及施行日期
1	《中华人民共和国外资金融机构管理条例实施细则》 （1994年3月29日人民银行发布试行，1996年4月30日、2002年1月29日、2004年7月26日银监会令2004年第4号修订）	1994年3月29日发布、施行
2	《关于设立外商投资广告企业的若干规定》 工商广字〔1994〕第304号国家工商行政管理局、外经贸部发布，（2004年3月2日被工商总局 商务部令第8号《外商投资广告企业管理规定》废止，2008年8月22日工商总局 商务部令第35号修订）	1994年11月3日 1995年1月1日施行
3	《关于设立外商投资股份有限公司若干问题的暂行规定》 对外贸易经济合作部令1995第1号	1995年1月10日发布、施行
4	《关于外商投资举办投资性公司的暂行规定》（对外贸易经济合作令1995第3号发布，2003年6月10日商务部令2003年第1号《关于外商投资举办投资性公司的规定》及2004年4月23日商务部令2004年第2号、2004年11月17日商务部令2004年第22号修订，2006年5月26日商务部令2006年第3号补充规定）	1995年4月4日发布、施行
5	《外商投资产业指导目录》 （国家计委、国家经贸委、外经贸部发布，1997年12月31日、2002年3月4日第21号国家计委等部门令第21号、2004年11月30日发展改革委等部门令第24号、2007年10月31日发展改革委等部门令第57号、2011年12月24日发展改革委等部门令第12号、2015年3月10日发展改革委等部门令第22号、2017年6月28日发展改革委等部门令第4号修订）	1995年6月20日发布、施行
6	《关于外国船公司在华设立独资船务公司有关问题的通知》 （对外贸易经济合作部、交通部发布）	1995年12月22日发布、施行
7	《外商投资企业档案管理暂行规定》 （国家档案局发布）	1995年12月29日发布、施行
8	《外商投资企业清算办法》 （外经贸部令1996年第2号发布）	1996年7月9日发布、施行
9	《关于设立中外合资对外贸易公司试点暂行办法》 （外经贸部令1996年第3号发布，2003年1月31日外经贸部令2003年第1号《关于设立中外合资对外贸易公司暂行办法》修订，2003年12月7日商务部令2003年第10号补充规定）	1996年9月30日发布、施行
10	《设立外商投资资产评估机构若干暂行规定》 （国家国有资产管理局、外经贸部）	1997年4月7日发布
11	《外商投资企业投资者股权变更的若干规定》 （外经贸部、工商总局发布）	1997年5月28日发布、施行
12	《中外合资旅行社试点暂行办法》 （国家旅游局、外经贸部发布）	1998年12月2日发布、施行
13	《外商投资商业企业试点办法》 （国家经贸委、外经贸部发布）	1999年6月25日发布、施行

续表

14	《关于外商投资企业合并与分立的规定》（外经贸法发〔1999〕第395号发布，2001年11月22日外经贸部 国家工商总局令2001年第8号修订）	1999年9月23日发布 1999年11月1日施行
15	《关于外商独资船务公司审批管理暂行办法》（交通部、外经贸部令2000年第1号发布，2015年7月5日以交通运输部 商务部令2015年第16号修订为《外商独资船务公司审批管理办法》，2018年11月14日交通运输部、商务部令2018年第29号修订为《外商独资船务公司设立管理办法》）	2000年1月28日发布、施行
16	《外经贸部关于外商投资设立研发中心有关问题的通知》	2000年4月18日发布、施行
17	《关于中外合资、合作医疗机构管理暂行办法》（卫生部、对外贸易经济合作部发布）	2000年5月15日发布 2000年7月1日施行
18	《中西部地区外商投资优势产业目录》（国家经贸委 国家计委 外经贸部令第18号发布，2004年7月23日发展改革委 商务部令2004年 第13号、2008年12月23日发展改革委等部门令第4号、2013年5月9日发展改革委等部门令第1号、2017年2月17日修订）	2000年6月16日发布、施行
19	《关于外商投资企业境内投资的暂行规定》（对外贸易经济合作部令2000年第6号发布）	2000年7月25日发布 2000年9月1日施行
20	《外商投资铁路货物运输业审批与管理暂行办法》（铁道部 外经贸部令第4号）	2000年8月29日发布、施行
21	《外商投资电影院暂行规定》［广电总局、外经贸部、文化部令第3号发布，2003年11月25日广电总局等部门令第21号修订，2005年4月8日广电总局令第49号补充规定，2006年1月18日广电总局令第51号补充规定（二）］	2000年10月25日发布、施行
22	《外商投资租赁公司审批管理暂行办法》（外经贸部2001年第3号发布，2005年2月3日被商务部令2005年第5号《外商投资租赁业管理办法》废止）	2001年8月14日发布 2001年9月1日施行
23	《关于设立外商投资创业企业的暂行规定》（外经贸部、工商总局令2001年第4号，外经贸部、科技部、工商总局、税务总局、外汇局令2003年第2号《外商投资创业投资企业管理规定》修订）	2001年8月28日发布 2001年9月1日施行
24	《中外合资中外合作职业介绍机构设立管理暂行规定》（劳动和社会保障部 工商总局令第14号）	2001年10月9日发布 2001年12月1日施行
25	《金融资产管理公司吸收外资参与资产重组与处置的暂行规定》（对外贸易经济合作部令2001年第6号）	2001年10月26日发布、施行
26	《外商投资道路运输业管理规定》（交通部 外经贸部2001年第9号，2003年11月30日交通部、商务部令2003年第12号补充规定，2014年1月11日交通运输部令2014年第4号修订）	2001年11月20日发布、施行
27	《中外合作音像制品分销企业管理办法》（文化部 外经贸部令2001年第20号，2004年2月9日文化部、商务部令第28号修订，2009年8月20日新闻出版总署、商务部令第46号补充规定）	2001年12月10日发布 2002年1月10日施行

续表

28	《外商投资国际货物运输代理企业管理规定》（外经贸部2001年第31号，2002年12月21日以外经贸部令2002年第36号《外商投资国际货物运输代理企业管理办法》修定，2003年12月7日商务部令2003年第12号补充规定，2005年12月1日商务部令2005年第19号修订）	2001年12月19日发布 2002年1月1日施行
29	《设立外商投资印刷企业暂行规定》[新闻出版总署、外经贸部令第16号，2008年11月12日新闻出版总署商务部令第38号补充规定，2012年12月12日新闻出版总署商务部令第54号补充规定（二）]	2002年1月29日发布、施行
30	《外商投资企业自动进口许可管理实施细则》（对外贸易经济合作部令2002年第4号）	2002年2月8日发布、施行
31	《外资参股证券管理公司设立规则》（证监会令第8号，2007年11月29日证监会令第52号、2012年10月11日证监会令第81号修订）	2002年6月1日发布 2002年7月1日施行
32	《外资参股基金管理公司设立规则》（证监会令第9号）	2002年6月1日发布 2002年7月1日施行
33	《外商投资民用航空业规定》（民航总局、外经贸部、国家计委令2002年第110号，2005年1月24日民航总局等部门令第139号补充规定，2007年1月4日民航总局等部门令第174号《补充规定（二）》，2007年8月31日民航总局等部门令第189号《补充规定（三）》，民航总局等部门令第205号《补充规定（四）》，2016年4月26日交通运输部等部门令第54号《补充规定（五）》，2017年4月1日交通运输部等部门令2017年第6号《补充规定（六）》）	2002年6月21日发布 2002年8月1日施行
34	《外商投资建筑业企业管理规定》（建设部 外经贸部令第113号发布，2003年12月19日建设部、商务部令第121号《补充规定》）	2002年9月27日发布 2002年12月1日施行
35	《外商投资建设工程设计企业管理规定》（建设部、外经贸部令第114号，2003年12月19日建设部 商务部令第122号《补充规定》）	2002年9月27日发布 2002年12月1日施行
36	《利用外资改组国有企业暂行规定》（国家经贸委等部门令2002年第42号）	2002年11月18日发布 2003年1月1日施行
37	《外商投资企业授权登记管理办法》（工商总局令第4号）	2002年12月10日发布 2003年2月1日施行
38	《国际海运条例实施细则》（交通部令2003年第1号，2013年8月29日交通部2013年第9号、交通运输部令2017年3月7日第4号、2019年6月21日第21号、2019年11月28日第41号修订）	2003年1月20日发布 2003年3月1日施行
39	《外商投资城市规划服务企业管理规定》（建设部、外经贸部令第116号，2003年12月19日建设部、商务部令第123号补充规定）	2003年2月13日发布 2003年5月1日施行
40	《外国投资者并购境内企业暂行规定》（对外贸易经济合作部等部门令2003年第3号，2006年8月8日商务部等部门令第10号《关于外国投资者并购境内企业的规定》修订，2009年6月22日商务部令2009年第6号再次修订）	2003年3月7日发布 2003年4月7日施行
41	《外商投资图书、报纸、期刊分销企业管理办法》（新闻出版总署、外经贸部令第18号，2007年4月2日新闻出版总署 商务部令第33号补充规定，2009年8月20日新闻出版总署、商务部令2009年第45号《补充规定（二）》）	2003年3月17日发布 2003年5月1日施行

续表

42	《设立外商控股、外商独资旅行社暂行规定》(国家旅游局、商务部令2003年第19号,2005年2月17日国家旅游局、商务部令第20号修订,2005年12月29日国家旅游局、商务部令第25号补充规定)	2003年6月12日发布 自发布之日起30日后施行
43	《外商投资国际海运业管理规定》(交通部、商务部令2004年第1号,2014年4月23日交通运输部、商务部令2014年第8号修订)	2004年2月25日发布 2004年6月1日施行
44	《外资保险公司管理条例实施细则》(保监会令2004年第4号,2018年2月13日保监会令2018年第4号、2019年11月29日银保监会令2019年第4号修订)	2004年3月15日发布 2004年6月15日施行
45	《外商投资商业领域管理办法》(商务部令2004年第8号,2006年1月9日商务部令2005年第30号《补充规定》、2006年11月3日商务部令2006年第22号《补充规定(二)》、2007年11月5日商务部令2007年第18号《补充规定(三)》、2009年2月5日商务部令2009年第4号《补充规定(四)》、2012年4月10日商务部令2012年第4号《补充规定(五)》)	2004年4月16日发布 2004年6月1日施行
46	《中外合作办学条例实施办法》(教育部令第20号)	2004年6月2日发布 2004年7月1日施行
47	《外国投资者对上市公司战略投资管理办法》(商务部等部门令2005年第28号)	2005年12月31日 自发布之日起30日后施行
48	《商务部外商投资企业投诉工作暂行办法》(商务部令2006年第2号)	2006年9月1日发布 2006年10月1日施行
49	《外资银行管理条例实施细则》(银监会令2006年第6号,2015年7月1日银监会令2015年第7号、2019年12月18日银保监会令2019年第6号修订)	2006年11月24日发布 2006年12月11日施行
50	《外商投资建设工程服务企业管理规定》(建设部 商务部令第155号)	2007年1月22日发布 2007年3月26日施行
51	《外商投资矿产勘查企业管理办法》(商务部、国土资源部令2008年第4号)	2008年7月18日发布 2008年8月20日施行
52	《中外合资经营旅行社试点经营出境旅游业务监管暂行办法》(国家旅游局、商务部令第33号)	2010年8月29日
53	《外商投资合伙企业登记管理规定》(工商总局令2010年第47号,2014年2月20日工商总局令第63号、2019年8月8日市场监管总局令第14号修订)	2010年1月29日发布 2010年3月1日施行
54	《商务部实施外国投资者并购境内企业安全审查制度有关事项的暂行规定》(商务部公告2011年第8号)	2011年3月4日发布、施行
55	《商务部实施外国投资者并购境内企业安全审查制度的规定》(商务部公告2011年第53号)	2001年8月25日发布 2001年9月1日施行
56	《商务部关于涉及外商投资公司股权出资的暂行规定》(商务部令2012年第8号)	2012年9月21日发布 2012年10月22日施行
57	《台湾投资者经第三地转投资认定暂行办法》(商务部、国台办公告2013年第12号)	2013年2月20日发布、施行
58	《关于跨境人民币直接投资有关问题的公告》(商务部公告2013年第87号)	2013年12月3日发布、施行
59	《关于外商投资设立营利性养老机构有关事项的公告》(商务部、民政部公告2014年第81号)	2014年11月24日发布、施行

续表

60	《港澳服务提供者在广东省投资备案管理办法（试行）》（商务部公告2015年第7号）	2015年2月28日发布 2015年3月1日施行
61	《自由贸易试验区外商投资备案管理办法（试行）》（商务部公告2015年第12号）	2015年4月8日发布 自发布之日起30日后施行
62	《港澳服务提供者在内地投资备案管理办法（试行）》（商务部公告2016年第20号）	2016年5月18日发布 2016年6月1日施行
63	《外商投资企业设立及变更备案管理暂行办法》（商务部令2016年第3号，2017年7月30日商务部令2017年第2号、2018年6月29日商务部令2018年第6号修订）	2016年10月8日发布、施行
64	《关于外商投资准入特别管理措施范围》（国家发展改革委、商务部公告2016年第22号）	2016年10月8日发布、施行
65	《关于外商投资企业设立及变更备案管理有关事项的公告》（商务部公告2017年第37号）	2017年7月30日发布、施行
66	关于内地与香港、澳门《〈关于建立更紧密经贸关系的安排〉投资协议》实施后有关备案工作的公告（商务部公告2017年第86号）	2017年12月20日发布 2018年1月1日起施行
67	《外商投资准入特别管理措施（负面清单）（2018年版）》（发展改革委 商务部令2018年第18号）	2018年6月28日发布 2018年7月28日施行
68	《自由贸易试验区外商投资准入特别管理措施（负面清单）（2018年版）》（发展改革委 商务部令2018年第19号）	2018年6月30日发布 2018年7月30日施行
69	《外商投资期货公司管理办法》（证监会令第149号）	2018年8月24日发布、施行
70	《外商投资准入特别管理措施（负面清单）（2019年版）》（发展改革委 商务部令2019年第25号）	2019年6月30日发布 2019年7月30日施行
71	《自由贸易试验区外商投资准入特别管理措施（负面清单）》2019年版（发展改革委 商务部令2019年第26号）	2019年6月30日发布 2019年7月30日施行
72	《鼓励外商投资产业目录》2019年版（发展改革委 商务部令2019年第27号）	2019年6月30日发布 2019年7月30日施行
73	《关于继续执行研发机构采购设备增值税政策的公告》（财政部、商务部、税务总局公告2019年第91号）	2019年11月11日发布 2019年1月1日至2020年12月31日施行
74	《外商投资信息报告办法》（商务部、国家市场监督管理总局令第2号）	2019年12月30日发布 2020年1月1日施行
75	《关于外商投资信息报告有关事项的公告》（商务部公告2019年第62号）	2019年12月31日发布 2020年1月1日施行

致谢

本书由中国国际投资促进会在马秀红会长的指导下编写。

本书得到了部分长期从事吸收外资工作的老领导、老同志及对外资工作进行长期研究的专家、学者的大力支持。我们要特别感谢石广生部长和所有特邀顾问、特邀专家的支持、指导和提出的宝贵意见。对商务部外资司提供的支持表示由衷的感谢。

非常重要的是，我们要对外资调研合作伙伴南开大学跨国公司研究中心为顺利进行调研工作提供的帮助，对中心副主任葛顺奇教授积极参与调研工作和为此付出的努力表示衷心感谢。对范文洁女士，马宇、詹晓宁先生参与编写此书的部分内容表示衷心感谢。

本书是合作努力的成果。感谢编委会和外资调研小组所有人员付出的努力，感谢河仁慈善基金会为此书出版提供的帮助，感谢中国财政经济出版社的高度重视、精心编辑、专业水准和高效工作。感谢所有为本书付出的个人、机构和组织。